戰後補償の論理

高木健一

(株)れんが書房新社
東京, 1994

전후보상의 논리

高木健一 지음
최용기 옮김

한울

역자서문

우리에게는 몰라도 좋은 일이 있고, 꼭 알아 두어야 할 일이 있다. 잊어 버려도 좋은 일이 있으나 절대로 잊어서는 안될 일이 있는 것이다.

나는 어느 책방에서 우연히 『전후보상의 논리』라는 책을 발견하고는 그 자리에서 구입하여 단숨에 읽어버렸다. 세상에 이렇게도 처참하고 비정하며, 이다지도 억울한 일이 또 있을까! 전신에 소름이 일고 사지가 분노에 떨리며 눈물이 저절로 쏟아졌다.

이것이야말로 역사의 증언이 아니고 무엇인가! 기어코 알아두어야 할 일이 아니냐! 영원히 잊어서는 안될 일이 아니냐!

책을 다 읽고난 다음날 나는 부리나케 저자인 다카기 겐이치(高木健一) 변호사를 찾아갔다. 다카기 변호사는 '사할린 거주 한국교포 문제' '종군위안부 문제' '전후보상 문제' 등 한국뿐만 아니라 아시아 각국의 억울한 사람들을 대변하고 있었다.

나는 다카기 변호사에게 "『전후보상의 논리』는 일본사람들이 꼭 알아두어야 할 문제입니다만, 한국사람들도 몰라서는 결코 안될 일입니다. 한국말로 출판하게 해주시오"라고 말했다. 다카기 변호사는 "당신이 번역해 주신다면 그렇게 하지요"라고 하였다. 이것이 이 책을 번역하게 된 사정이다.

　우리는 사실을 사실대로 받아들이고 후세에 올바르게 전함으로써, 그러한 전철을 다시는 밟지 않도록 해야 할 것이며, 모름지기 역사의 교훈으로 삼아야 할 것이다.

　두 번 다시 인권이 유린되어서는 안될 것이라는 생각과 함께, 인류의 평화와 아시아의 화해를 염원하고 나아가서는 한-일 양 민족의 영원한 우호와 친선을 기원하면서 이 책을 번역하였다.

1995년 5월 도쿄에서

최용기(崔龍基)

한국어판 저자서문

나는 지난 20년간 전후보상 문제에 관여해오면서, 일본이 과거문제에 대해 정면으로 대응하지 않고 국가의 도의를 확립하는 데 노력을 기울이지 않아 왔다는 점이 일본의 최대 약점이라고 생각하고 있다.

전후 들어 일본인이 정치이념에 소홀한 것은 분명하다. 그런 한편 적어도 전후 헌법 하에서 개별적이고 구체적인 인권문제에 대해서는 어느 정도 대응해 온 것 또한 사실이다.

예를 들면 사할린 잔류 한국·조선인의 일시 및 영구귀국이나 재한 피폭자 지원운동은 일본인이 중심이 되어 추진해 왔고 최근 들어서도 종군위안부 문제에 대해 많은 시민과 단체가 일본내에서 다양한 운동을 펼치고 있다. 그런 점에서 필자가 1989년 한국정부로부터 국민훈장 모란장을 받은 것은 사할린 잔류 한국인의 일시 귀국 등의 문제에 관해 그들에 대한 지원을 일본내에서 구체적으로 성사시킨 데 대한 평가였다고 생각한다. 이른바 '다카기 루트'로서 사할린으로부터 당시 유일한 것이었다고 할 만한 가족 재회, 일시 귀국 통로를 만들어 도합 1천 명의 사할린 잔류 한국인을 받아들임으로써 가족재회를 성사시킨 것은 일본적인 인권운동의 성과였다고 생각한다.

어느 한국신문에서 필자가 언급했듯이 일본이 각론에 강하고 총론(이념)에 약한 경향이 있는 데 비해 한국은 그 반대로 일반론에는 강하나 각론은 약하다는 느낌을 갖고 있다.

이 책은 그런 의미에서 필자의 개인적인 체험을 바탕으로 개별적인 전쟁피해 사실을 제시하면서 그 전체에 공통되는 논리를 총론으로서 전개한 것이다.

특히 전후보상이 현재에 일본과 아시아에서 가지는 중요성과, 국가 도의의 기준을 국제법의 준수 차원에서 찾는 입장을 정면으로 제기하고 있다. 이 책이 한국만이 아니라 아시아의 전쟁희생자들의 실태에도 눈을 돌리는 계기가 되고, 앞으로 일본에 대한 전후보상 요구를 포함해 일본과의 관계를 생각하는 데도 도움이 된다면 다행이겠다.

아직 불충분한 논지도 많을 것으로 여겨지지만 이 책이 일본 및 한국에서는 그 첫 시도로서 생각되기 때문에, 한국에서의 출판을 환영하면서 비판 또한 바라 마지않는다.

끝으로 이 책의 한국어판을 출판하는 데 번역의 수고를 아끼지 않으셨던 메이지대학의 최용기 선생, 번역상의 도움을 주신 국제인권연맹 한국지부의 강승희 씨, 그리고 한국에서의 출판을 강력히 지원해 주신 한국의 경북대 김영호 교수에게 깊이 감사드린다. 아울러 언제나 존경하는 한국의 많은 선배 여러분들에게 이 자리를 빌어서 감사의 말씀을 드린다.

1995년 5월
다카기 겐이치(高木健一)

저자서문
죄와 책임

아시아로부터의 각종 호소에 접할 경우, 그런 옛날 일은 나하고는 아무 상관이 없다는 사람들이 많다. 반대로 아시아 사람들에게 자기가 직접적인 가해자인 양 사죄하는 사람도 있다. 나는 그 어느 쪽도 아니다.

전쟁중 아시아 사람들을 괴롭히거나 살해하는 등의 죄악을 저지른 사람에게는 죄가 있다. 전쟁범죄라는 죄다. 그러나 그 죄는 개인적인 것이며, 자손들이라 하더라도 죄를 이어받을 아무런 이유가 없는 것이다. 말하자면 그 당시에 어린 나이였다든지 아직 태어나지 않았던 우리들에게는 죄가 없다는 얘기다.

그러나 아시아 사람들에게 손해를 준 것은 일본군대였으며, 일본국가와 일본사회였던 것이다. 그 손해를 회복해야 하는 책임, 즉 전후책임(戰後責任)은 국가 전체가 부담해야 할 것이다. 일본 병사 개개인에 의한 위법행위였더라도 그 행위로 인해 생긴 민사책임은 국가와 사회에 있기 때문이다. 전후보상(戰後補償)이 일본사회에서 극복해야 할 커다란 과제라는 것은 그러한 의미에서도 말할 수 있을 것으로 생각된다.

독일에서도 죄와 책임을 명확히 구별하고 있는데, 전후 과거에 대하여 아무 뉘우침 없이 정당화하려 한다든지 피해를 회복하지 않는 것을 '제2의 죄'라고 말하고 있다. 지금도 여전히 전쟁피해로 신음하는 아시아 사람들을 방치해두는 것이 곧 그같은 죄에 해당한다고 할 수 있을 것이다. 우리 일본사람들은 각자가 져야 할 책임을 다함으로써만이 '제2의 죄'로부터 해방될 수 있을 것이다.

한편에서는 국가의 논리라든가 국익, 또는 외교의 정합성(整合性)이라는 이유를 들어 전후보상에 반대하는 사람들이 있다. 피해자의 인권구제라는 면에서 볼 때 그것이 과연 어느 정도의 것일까를 생각해본다. 도의를 관철하지 못하는 국가의 논리는 논리라 할 수 없는 것이다. 아시아의 신뢰를 얻을 수 있는 전후보상의 실행이 국익에 어긋날 리가 없는 것이다. 외교나 행정의 잘못을 바로잡고 수정할 수 없는 정치는 그 존재의미가 없는 것이다. 일본과 한국, 일본과 중국, 그리고 일본과 아시아·태평양 사이에서 빚어진 과거의 잘못에 대해서 일본이 성실히 대처한다면, 아시아 사람들의 마음도 열려 하나하나 그 실마리가 풀려나갈 것이다. 결코 무한(無限)한 것은 아니다. 걸프전에 1백 30억 달러, ODA에 매년 1백억 달러 이상을 간단히 쏟아붓는 일본의 경제력만 보더라도, 그보다 훨씬 뜻깊고 효과적인 자금의 사용을 국민들이 납득하지 못할 리 없는 것이다.

우리는 정부의 행위만을 바라는 것이 아니다. 도의를 실행하는 사회를 이룩하기 위해서라면 우리 시민들도 기꺼이 나서리라고 본다.

독일사람과 독일국가를 미워하던 한 유태인 여성은, 전후 많은 세월이 지난 뒤 우연히 어느 독일 여성의 성의를 알게 되면서 독일사람에게 품었던 자신의 증오심을 사죄했다고 한다. '화해'의 다리는 그와 같이 만들어지는 것이다. 일본의 경우에는 언제쯤이나 그 다리가 놓이게 되는지!

1994년 7월

차례

제2부 전후보상을 요구하는 사람들

제3부 전후보상의 실현을 위하여

제/1/부

전후보상의 논리

서장
왜 이제서야 전후보상인가

1. 이미 늦었는가

전후 일본의 가장 큰 잘못은 아시아에 대한 침략과 잔학행위에 대하여 솔직하고 효과적인 사죄와 보상을 하지 않은 데 있다고 할 수 있다.

일본사람의 장점 내지 특징이라면 본래 깔끔하고 체념이 빠르다는 것을 들 수 있다. 개인적으로는 타인에 대해 사과하는 것을 구미인들보다 덜 주저하면서 국가적 차원이나 사회적 차원에 이르면 왜 이렇게도 시원스럽게 하지 못할까. 그 때문에 아시아 각국과의 관계가 악화되고 세계의 신용마저 얻을 수 없는 판에, 끝내 사죄하려 들지 않음으로써 국익에 결정적인 손상을 입혀 왔다.

1993년 호소카와 모리히로(細川護熙) 수상의 자발적인 사죄 발언은 이러한 의미에서 일본이라는 국가가 도의를 실천할 수 있는 나라임을 처음으로 나타낸 것이라는 국제적 평가를 얻었다. 한국을 비롯한 아시아 여러 나라가 환영하였고 또 기대도 하였다. 그러나 일본이 저지른 전쟁으로 말미암아 많은 피해를 본 아시아 사람들은 일본이 사죄는 하지만 보상을 하려 하지 않는 것은 기만이라고 실망했다. 그러자 이듬해인 94년 나가노(永野) 법무장관은 호소카와 수상의 사죄의 뜻마저도 무너뜨리는 발언을 해버렸다. 그런 만큼 이제야말로 우리 일본국가와 사회가 온 힘을 다하여 사죄 및 전후보상을 실행하지 않으면 안될 상황에 놓여 있는 것이다.

전쟁이 끝난 지 49년, 1년만 더하면 반세기에 이르는 지금에 와서 무슨 전후보상이냐는 소리도 들린다. 독일의 과거에 대한 극복은 1950년대부터 시작되었는데, 유태인 피해자는 물론 신티·로마, 장해자 등에 이르기까지 오늘날에도 계속하여 보상을 하고 있다. 미국이나 캐나다는 전후 43년이 지났는데도 불구하고 일본인 강제수용 문제의 피해자들에게 보상을 하였다. 옛날의 로마, 영국, 프랑스 등에서도 1백 년에 걸쳐서 정의를 회복한 역사가 있다. 따라서 그같은 세계의 역사를 뒤돌아보면, 정의의 회복에 50년이라는 세월이 걸렸다 한들 결코 더딘 것이라고 할 수 없는 것이다.

그러나 일본의 경우 이렇게까지 늦어진 데는 나름대로의 이유가 있다.

2. 포츠담선언과 일본 헌법의 이념

2차 대전중의 카이로선언과 포츠담선언에 명시되어 있는 연합국의 이념은 침략체제의 부정과 타민족에 대한 노예화의 부정을 통한 민주주의 세계의 건설을 목표로 한 것이었다. 1943년 11월 27일에 발표된 미, 영, 중 3국에 의한 성명은 다음과 같이 말한다.

"3대 동맹국은 일본의 침략을 제지하고 처벌하기 위하여 이번 전쟁을 수행하고 있다. 동맹국의 목적은 1914년 1차 대전 개전 이후 일본이 탈취했거나 점령한 태평양의 모든 도서(島嶼)를 일본으로부터 박탈할 것과 만주, 대만 및 팽호도(膨湖島)와 같이 일본국이 청국에서 도취(盜取)한 모든 지역을 중화민국에 반환시키는 데 있다.

또 일본은 폭력과 강욕(强欲)에 의하여 약취(略取)한 다른 모든 지역으로부터도 구축(驅逐)되어야 한다.
위의 3대국은 조선인민의 노예상태에 유의하여 머지않아 조선을 자주독립국가가 되도록 하는 결의를 갖는다."

이와 같이 카이로선언의 이행까지도 요구한 포츠담선언은 노예상태의 조선인민과 침략의 희생이 된 아시아의 피해자들을 그 사슬에서 해방하고 피해를 회복하지 않으면 안된다고 일본에 요구하였던 것이다.

포츠담선언 제11조에는 '공정한 실물배상의 이행'을 대원칙으로 들고 있다. 1945년 9월 2일에 조인된 항복문서는 연합국과 일본 사이의 정식 협정이다. 그 항복문서 제6항에는 포츠담선언의 각 조항을 성실히 이행할 것을 거듭 확인하였고, 이는 일본의 전후 및 연합국의 점령 방침의 대원칙으로 되었던 것이다.

이 원칙에 따라 일본 헌법은 그 전문에서 과거에 일본이 아시아 각국에 대하여 자행한 '억압과 편협,' '전제와 예종'의 극복이야말로 국제사회에서 '명예로운 지위'를 획득할 수 있는 조건임을 명기하였던 것이다. 이와 같이 아시아 각국에 대한 일본의 전쟁범죄의 보상은 포츠담선언을 수락한 전후 일본의 원점이 되어야 하는 것이었다. 다시 말하면 전후보상은 재출발하는 일본이 맨 먼저 실행해야 할 과제였다고 할 수 있다.

1945년 12월 2일 국회결의

전쟁 직후 일본인들의 의식을 살펴보는 데는 패전 4개월 후에 이루어진 국회결의가 참고로 될 것이다. 당시 하토야마 이치로(鳩山一郎) 의원 등에 의한 「의원의 전쟁책임에 관한 결의」와 동시에 제출된 「전쟁책임에 관한 결의」는 다음과 같이 말한다.

"바야흐로 우리나라는 일대패전의 결과 사상, 정치, 경제, 사회의 모든 분야에서 건국 이래 미증유의 위기상황에 직면하고 있음에 즈음하여 도의일본(道義

日本) 건설의 방도를 확립하고 이로써 만세를 위하여 태평을 누릴 수 있기를 바란다면 이번 패전의 인유(因由)를 명확히 하고 그 책임 소재를 따져 장래에 이와 같은 불상사 재발의 위기를 두절하는 방도를 강구하여야 할 것이다.”

이는 도의일본을 바로세우기 위하여 책임을 추궁해야 한다는 것인데, 그 책임에 대해서는 다음과 같이 지적하고 있다.

“생각컨대, 전쟁책임이라는 것은 이것을 국제적으로 말할 것 같으면 세계평화를 교란하는 무모한 전쟁을 일으킨 개전책임과 개전 후 국제조규에 배반되는 잔학행위를 자행한 형사범죄에까지 이른다. 이는 선전(宣戰) 이후 국가의 명령에 따라서 합법적으로 전쟁수행을 위해 각자 직역(職域)에 정신(挺身)한 일반국민에게 미치는 것은 아니다.”

여기서 ‘책임’이란, 침략전쟁을 개시한 (A급) 전쟁범죄와, 전시중에 지켜야 할 국제법 위반 (BC급) 전쟁범죄에 대한 형사책임이라는 인식을 보이고 있다는 점이 중요하다. ‘국제조규’를 준수하는 것이 ‘도의일본’ 건설의 최저의 조건이라는 점을 명확히 인식하고 있기 때문이다. 그러나 국제법에서 전쟁범죄는 형사책임만을 가져오는 것이 아니다. 형사책임이 있으면 반드시 민사책임도 수반된다는 것은 당연한 일이다. 전쟁범죄라는 불법행위는 논리상 필연적으로 보상의 책임을 발생하는 것이다.

또한 이 국회결의는 ‘책임’은 ‘군벌관료’뿐만 아니라 ‘정계, 재계, 사상계의 일부 인사들’에게도 있다고 지적하였다. ‘형사책임’을 물을 수 있는 범위는 확실히 지적한 그대로 일 것이다. 그러나 일본의 이름으로 행해진 것이기 때문에, 피해자에 대한 민사책임인 ‘보상’은 일본국가와 일본사회 전체가 그 책임을 지지 않으면 안될 것이다. 이처럼 전쟁범죄의 피해자들에게 눈을 돌리지 않은 것이 이 국회결의의 결점인 것이다. 그렇다손치더라도 이 국회결의가 뜻깊은 것은, 국제법을 짓밟았다는 것을 인정하고, 그 책임을 이행함으로써 ‘도의’를 실천하는 것을 전후 일본의 재출발로 삼고 있다는 점에 있는 것이다.

3. 냉전구조에 따른 왜곡

미국의 점령정책 수정

그런데 포츠담선언은 "우리는 무책임한 군국주의가 세계에서 축출될 때까지 … 일본국민을 기만하고 이로써 세계 정복의 행동으로 나간 과오를 범하게 한 자의 권력과 세력은 영원히 제거되어야 할 것"(제6항)이라 하고, "그 목적을 위하여 점령을 행한다"(제7항)고 하고 있다. 그래서 어느 정도는 충실히 실행하려고 하였다.

그러나 냉전하의 미국은 일본에 대하여 군국주의의 제거와 도의의 회복을 바라는 것보다는 천황, 정치지도자, 관료 등의 구체제를 이용하는 정책으로 일찍이 전환하였다. 미국은 일본을 대소냉전에서 자신의 수하로 삼는 데 우선하였던 것이다. 전후 일본의 절대지배자가 된 미국은 전쟁범죄의 추궁은 어중간히 한 채, 기시 노부스케(岸信介)나 고다마 요시오(兒玉譽士夫) 등 천황제국가의 정치지도자나 우익 정상배들을 전범형무소에서 석방하였다. 그들은 당당히 수상이나 막후의 권력자가 되어 미국과의 이익 공동체로서 활약하였다. 이것은 분명히 미국 자신도 준수하여야 할 포츠담선언을 스스로가 파괴하는 행위였다.

뿐만 아니라 미국은 생체실험 등 세균병기 개발을 행한 제731부대의 성과를 획득하는 대가로 그들의 전쟁범죄인을 면죄하였다. 아시아의 여성을 일본군의 성적 노예로 삼은 전쟁범죄에 대해서도 미군은 전쟁중에 그 사실을 파악하고 있었음에도 불구하고 트락도(島)의 조선인 위안부를 전후 진주과정에서 미군의 위안부로 삼은 것과 같이, 일본군의 전쟁범죄의 '성과'를 미군이 이용하는 데에 우선하였던 것이다. 미국을 비롯한 연합국은 일본군의 전쟁범죄에 대하여 구미인 포로 학대 등 일부를 제외하고는 진지하게 다루려고 하지 않았다. '종군위안부'라는 여성의 성적 노예화가 전쟁범죄로서 처벌된 것은 인도네시아의 네덜란드인 여성의 경우뿐이었다. 분명히 말하지만 아시아의 피해자는 완전히 무시당했던 것이다. 이와 같이 미국은 아시아인들이 피해를 입은 일본의 전쟁범죄를 일부만을 제외하고는 추궁하지도 않았으며, 피해의 회복문제에 관심을 두지도 않았다.

연명(延命)한 일본의 지배층

아시아를 깔보고 침략을 감행한 일본의 지배층은 군대와 일부 정부 고관을 제외하고는 거의가 아무런 상처없이 전후의 일본사회에서 연명하였다. 미국의 간접통치라는 점령정책으로 말미암아 구정치세력의 지배구조도 그대로 유지되었다. 그들은 겉으로는 신헌법을 준수하고 민주주의를 실천한다고는 하지만 본심은 역사를 왜곡해서라도 아시아를 침략한 과거를 정당화하려고 서둘고 있었다. 기시 수상이 스가모(巢鴨) 형무소에서 석방되었을 때 "신헌법의 개정이야말로 나에게 부과된 사명이라고 맹서하였다"라고 자서전에 명백히 드러낸 것은 놀라울 정도로 당당한 본심이었다고 하겠다. 이러한 일본에 대해서 모든 아시아가 전쟁 때와 같은 위협을 느끼고 있다는 것은 당연한 일이다. 통상적으로는 일본의 '힘'과 '돈'에 대하여 우호적인 척은 하지만 기회만 있으면 언제든지 '반일본의 횃불'이 타오르고 있다. 70년대의 다나카 가쿠에이(田中角榮) 수상의 동남아시아 순방 때의 반일운동, 80년대의 교과서 문제, 또 86년의 후지오 마사유키(藤尾正行) 문교장관이나 88년의 오쿠노 세이스케(奧野誠亮) 국토청장관 그리고 94년의 나가노 법무장관 등에 의한 잇단 망언과 과거에 대한 위압적인 발언은 지금까지도 아시아를 긴장케 하고 있다. 그것은 침략국 일본의 재현을 연상시키기 때문이다. 이와 같은 지배층을 일본사회가 인정하고 있는 한 아시아에 대한 전후책임과 전후보상은 생각조차 할 수 없다는 것은 당연한 일이라고 할 수 있다. 그러나 정치가란 국민의 생각을 반영시키면서 역사적 인식을 갖고 국가로서의 도의를 실천하고 국정을 담당하지 않으면 안될 것이다. 그런 뜻에서 전후 반세기란 기나긴 시간에 아시아와의 관계를 경시하고 전후보상에 힘쓰지 않았던 일본 정치가들의 책임이야말로 실로 막중한 것이었다고 할 수 있다.

4. 전후보상을 방해하는 여러 사정들

미국의 대일·대독 점령정책의 차이

같은 패전국이면서도 독일과 일본에 대한 미국의 전후정책에는 커다란 차이가 있었다. 왜 그랬을까?

첫째로 피해국의 차이를 들 수 있다. 구미에 대하여 커다란 영향력을 갖는 유태인들과 피식민지의 아시아인들을 비교할 때 구미의 관심 정도는 전혀 달랐다는 것이다.

둘째로 연합국 최고사령관을 지낸 미국의 사령관이 유럽에서는 자유주의적인 아이젠하워 장군이었는 데 비해 일본의 경우는 군사중심주의의 맥아더 장군이었다는 영향도 없지 않았다.

셋째로 항복시기의 차이다. 파시즘 극복을 지상명제로 해서 열기가 충만했던 독일의 항복 시점(45년 5월)과 미·소냉전의 개시와 겹쳐진 일본의 패전 시점(45년 8월) 간의 차이는 전쟁범죄를 철저히 추궁한 뉘른베르크 재판과 어물쩍 넘어간 도쿄 재판에서 단적으로 드러난다.

넷째로 이것이 가장 큰 요인이지만, 독일의 주변 제국에는 근대화와 민주화의 역사를 가진 프랑스나 영국 등 미국에 호락호락 넘어가지 않는 국가가 많았고 나치 범죄의 재발을 막기 위한 작업이 진지하게 이루어진 데 비해 일본의 주변 제국에는 미국이나 소련의 말을 잘 듣지 않으면 안될 나라가 많아 일본을 추궁할 힘이 약했던 것도 사실이다. 그뿐 아니라 많은 피해자들이 그러한 나라에 살고 있었기 때문이다.

얼어붙은 아시아의 피해자 소리

근대화가 늦고 민주주의가 뿌리내리지 못한 아시아에서는 본래 '동양적 관용'의 풍토가 있다. 장개석 정권이나 중국이 "나쁜 것은 일본제국주의였지 일본인민도 중국인민도 그 피해자였다"며 용서함으로써 일본인들 사이에서는 중국에 대하여 은의를 느끼는 분위기가 늘어나, 결국 전쟁범죄와 그 원상회복에 대하여 진지하게 다루어보자는 움직임이 강력하지 못했던 아쉬움도 있었다. 그러나 아시아 지역에서는 독재체제(한국, 필리핀, 대만, 동남아 제국)나 사회주의체제(중국, 북한, 소련) 혹은 식민지(홍콩, 미크로네시아)가 전후 얼마 동안 안정된 상태인데다 미소냉전의 냉기에 휩싸인 나머지 일본의 피해국이 양쪽 진영으로 갈라져 적대적인 상태를 오랫동안 지속해왔다. 냉전이 우선했기 때문에 민주주의와 인권이 등한시되었던 것이다. 그러한 상황 하에서 전쟁 피해자가 자국 정부의 의향에 반하는 목소리를 낸다는 것은 거의 불가능하였던 것이다.

피해자 의식에 선 일본의 혁신세력

전후 일본의 자세를 생각하는 데는 지식인과 혁신세력의 역할이 대단히 중요하다. 독일과 마찬가지로 일본에서도 잘못을 저지른 체제에 대해 정면으로 비판하고 사회를 근본적으로 바로잡기 위해서는 지식인들이 스스로 과거를 비판하면서 일어서지 않으면 안되었다. 또한 체제에 맞선 정당, 노동조합, 평화운동가들에게도 침략체제의 일환으로서의 반성을 통하여 두 번 다시 과오를 되풀이하지 않는 사회를 만들기 위한 노력이 요구되었던 것이다.

그러나 전쟁중의 식량난, 공습의 피해, 전상(戰傷), 전사 그리고 원폭 등 일본국민이 받은 괴로움만 강조되어 피해자 의식만이 만연하였다. 그러한 이유 때문에 아시아와의 관계에서 스스로를 돌아보려는 세력은 거의 없었다.

일본의 혁신세력은 전후 일본사회의 일대 쟁점이었던 일-미 안보조약이나 일-한 조약체결 문제 등을 통하여 냉전하의 미국 및 일본의 보수층에 대한 저항운동을 했을 뿐 아시아의 전쟁피해자는 염두에도 두지 않았다. 스스로 침략전쟁의 실태를 외면함으로써, 설득력을 갖는 보편적인 평화운동으로 전개되기 힘들었던 것이다.

일본 헌법전문에 "우리는 어느 나라든 자국의 문제에만 전념해 타국을 무시해서는 안될 것이며, 정치도의의 법칙은 보편적인 것이며" 이러한 도의를 지키는 것이 "책무라고 믿는다"라고 큰소리치고 있다. 그러나 전후 일본은 이 헌법정신에 반하여 자국 일에만 전념하고 타민족을 철저히 무시해왔다.

예컨대, 일본정부는 사할린에 잔류하고 있던 29만 명의 자국민 귀국에는 열성을 다하였지만 그들처럼 일본의 전쟁정책에 협력하게 된 조선인 잔류자에 대해서는 아무런 노력도 하지 않았다.

이와 같은 전후 일본인의 성격은 진보적이라는 사람들한테서도 뚜렷이 엿볼 수 있었다. 예를 들면 같은 전후처리의 중요 과제인 피폭자 문제의 경우, 히로시마와 나가사키의 피폭자 약 35만 명의 전국조직인 '일본원수폭피해자단체협의회(日本原水爆被害者團體協議會, 약칭 日本被團協)'는 전후 일본의 평화운동의 상징적 단체이다. 이 일본피단협의 30년 내의 최대목표는 국가보상에 따른 피폭자원호법(被爆者援護法)의 제정으로, 1989년에는 의원입법으로 참의원(參議院)을 통과시킨 실적도 갖고 있다. 그러나 이 피단협의 원호법 제정 주장에는 긴요한 원호대상자의 범위를 일본내 거주자로 한정하고 있으며, 2만 3천 명의 재한 피폭자나 기타 외국에 흩어져 있는 피폭자들은 묵살되고 말았다. 식민지 조선에서 끌려와 미쓰비시(三菱) 중공업 등 군수산업에 동원된 히로시마, 나가사키의 10만이 넘는 조선인 피폭자의 대다수는 사망했으며 생존자도 귀환 후 한국에서 비참한 생활에 신음하고 있다. 이러한 사람들을 염두에 두지 않고 침략국 일본의 피폭자가 그같은 운동만 했다면 이 역시 자기네들 일에만 '전념'하고 있다고 해도 할 말이 없을 것이다. 재한 피폭자를 우선 고려하는 것까지는 기대하지 못하더라도 같은 피폭자로서 함께 요구한다는 자세가 없으면 운동의 보편성과 설득력을 가질 수는 없을 것이다. 이 점과 관련해서 근래에 이르러 피단협 안(案)을 놓고 재한 피폭자들과 교류를 하자는 움직임이 있다는 것은 환영할 만한 일이다.

'유능'한 일본의 관료

이와 같은 냉전의 테두리와 일본사회의 분위기 속에서, 일본은 50~60년대에 걸쳐 전쟁으로 피해를 당한 각 나라들과 전후처리조약을 체결해 나갔다. 그 과정에서 일본정부는 피해국에서 제의한 청구 내용이 과대하다면서 오로지 깎으려고만 들었다. 일본 외무관료의 유능함에 대하여 당시 중국의 주은래 수상은 '법비(法匪)'라고 비꼬는 찬사를 보낼 정도였다. 그뿐 아니라 미국은 아시아 각국에 대하여 위협과 압력을 가하여 일본과 타협하도록 종용하였다. 1951년 2월 덜레스 미 사절단은 필리핀, 오스트레일리아, 뉴질랜드를 순방하면서 소련 및 중국 공산주의에 대한 방벽으로서의 일본의 중요성을 강조하고 배상의 포기를 설득하면서 돌아다녔다. 이렇게 해서 낮게 지불된 배상금이나 경제협력 명목의 각출금(醵出金)은 당사국의 경제건설이나 아니면 일본의 경제진출을 위하여 쓰여졌다. 즉 국가간의 문제해결과 더불어 결과적으로 일본경제의 재생과 아시아로의 진출이라는 일석이조나 일석삼조의 효과를 거두었던 것이다. 그러한 한편에서는 가장 중요한 수천만 명에 이르는 아시아의 피해자들에게는 거의 아무런 보상도 하지 않았다. 일본이 지불한 배상금이 일부의 예외를 제외하고는 피해자의 수중에 들어가지 않았다는 사실은 일본정부도 잘 알고 있었다. 일본정부는 피해자의 소리를 묵살하는 권력자들과 손을 맞잡고 있었던 것이다. 결국 일본이 '해결'한 것은 문제를 안고 있던 당사국 정부와의 관계였지 아시아 사람들과는 아무런 해결도 이루어지지 않은 것이다.

과거로부터 도피하는 국민

정부나 혁신세력 그리고 지식인들은 이와 같은 상태에 있었는데, 그러면 전쟁을 체험한 사람들은 어떠했는가? 전후 7백만 명의 군인, 군속, 민간인이 해외의 전장에서 돌아왔다. 그들은 중국이나 아시아에서 있었던 일들을 뭐라고 말했던가. 전시중 일본 국내에 있던 2백만 명 이상의 조선인·중국인들이 어떠한 상태에 놓여 있었던가를 당시 이웃이었던 일본사람들은 그 실상을 정확히 알리려고 했던가? 일본군이나 정부기관이 모든 기록을 소각해버리려고 하였듯이 입을 다물어버리려고 하지들 않았던가. 중국인을 죽이고 조선인 위안부에 대하여 자행한 죄악을 전우회에서 자랑삼아 이야기하는 사람은 있었던 것 같으나 역사의 반성으로 후세에 전하려고 한 사람은 극히 드물었다. 전지에서 고생한 이야기는 하더라도 스스로의 뉘우침을 가져오는 체험에 관해서는 입을 열려고들 하지 않았다. 몇 년 동안이었지만 아시아 각 지방에 있으면서 그 지방사람과 다소의 교류 같은 것이 있었을텐데, 그 중요한 시기 및 사건들에 대해서는 말문을 열지 않고 스스로의 세계와 삶에 매몰되어 있는 것이다. 수많은 아시아 사람들의 시체와 황폐, 괴로움과 원망 위에 살고 있으면서도 그것들을 외면하고 자기 긍정만 되풀이하고 있다면 그것은 기만 외에 다른 아무 것도 아닐 것이다.

무슨 일이 있었던가, 왜 그랬던가, 그 당시 어떠한 태도를 취했던가에 대하여 진지하게 생각하며 가슴 터놓고 아시아 사람들과 교류하기 위해서는 전쟁 체험자뿐 아니라 전후 세대도 다같이 전후보상 문제와 맞붙지 않으면 안될 것이다.

5. 냉전구조의 붕괴와 아시아의 민주화

1980년대 중반 이후, 소련의 페레스트로이카는 민주화의 진전을 가져

왔으며, 민주화의 진전은 전후보상을 진전시켰다. 유태인의 소련으로부터의 출국 문제 진전에 따라 사할린 잔류 한국인의 출국 문제에서도 규제가 풀려 87년부터 일본에서의 가족 재회가 늘어났다. 지난 88년 서울올림픽은 사할린에서의 한국방문을 실현시켰다. 한－소 및 한－중 국교수립은 냉전의 붕괴과정을 상징하는 것이었으나, 냉전의 붕괴는 사할린 잔류 한국인 문제뿐 아니라 모든 전후보상 문제를 분출시켰다.

한편 일본의 전쟁 때문에 피해를 당한 여러 지역에서도 민주화가 서서히 진행되었고 경제력도 향상되어왔다. 이러한 환경 속에서 전쟁 피해자들은 자국 정부의 의향에 맞지 않더라도 개인의 인권회복을 위하여 소리를 높일 수 있게 되었다.

예를 들면, 전후보상요구운동의 선두에 선 한국에서는 노태우 대통령 이후 민주화과정에서 일본과의 과거청산 문제가 커다란 사회적 문제로 떠올랐다. 일본에서 전후보상청구재판 22건 중 19건의 원고가 한국, 러시아, 일본에 거주하고 있는 한국인들이다. 한국인 이외에는 필리핀, 홍콩 그리고 네덜란드인 피해자만이 재판을 하고 있다. 이러한 상황을 보더라도 민주화가 전후보상이라고 하는 개인의 인권회복과 얼마만큼 밀접하게 한 관계되어 있는지를 알 수 있다.

6. 일본의 전후보상의 의미

이와 같이 냉전구조가 무너지면서 국제정치로부터의 압력 요소가 없어진 결과, 전후보상 문제는 마침내 일본의 국민적 과제로 떠올랐다. 즉 미국의 아시아정책의 비호 하에서 정치생명을 유지하여 온 전전(戰前) 이래의 일본 지배층은 역사와 정면으로 대좌하지 않으면 안되게 된 것이다. 이제는 아시아에 대하여 속임수가 통하지 않게 되었다.

94년 5월 나가노 법무장관의 "침략이 아니었고, 남경학살(南京虐殺)은 조작된 것이며 종군위안부는 공창(公娼)"이라는 발언은 명백히 시대 흐름에 대한 감수성이 얼마나 둔한가를 나타내고 있다. 냉전의 붕괴과정과 궤를 같이한 일본수상의 아시아에 대한 사죄는 아시아의 중요성을 의식하기 시작한 필연적인 대응이었다.

그리고 무엇보다도 냉전으로 말미암아 동결되었던 일본의 민주화와 참된 국제화가 제대로 이룩되지 않으면 안될 것이다. 포츠담선언의 수락과 헌법에서 요구하고 있는 국제적 도의의 실천을 이제는 지키지 않을 수 없을 것이다. 자신의 일에만 전념하는 습관에서 탈피하지 않으면 안된다. 다행히도 소수이기는 하나 아시아의 전쟁피해자와 연대하여 전후보상 문제에 나서는 시민들이 있다. 특히 종군위안부 문제가 주목을 끌어 일본에서 이 문제에 관여하는 시민단체가 늘어났다. 이 시민단체들은 기존 정당이나 단체들과 별다른 관련 없이 생겨났기 때문에 전후의 원점에 서서 일본의 바람직한 이념을 찾아 아시아에 대한 전후책임과 전후보상을 제기하고 있다.

전쟁 피해자들은 이미 고령이다. 불과 몇 년만 지나도 당사자들의 소리를 직접 들을 수 없게 된다. 피해자들에 대해 직접 보상하는 기회를 놓친다면 그 유족과 민족의 한(恨)이 영원히 남게 되어 아시아와의 화해는 그 가능성이 없어지게 된다.

이러한 의미에서 지금이야말로 전후보상이 이루어져야 하는 것이다.

7. 아시아와의 신뢰관계 확립을 위하여

현재 일본과 아시아의 관계는 세월이 갈수록 넓고 또 깊어지고 있다. 일본은 관광이나 여행이라는 차원의 교류뿐만 아니라 투자 면에서도 한국, 대만, 태국, 말레이시아, 중국 등 전아시아로 확대되어, 그들 국가는 일본의 산업에 없어서는 안될 존재가 되고 있다. 그들 지역은 과거 일본이 제 마음대로 침략한 지역이다. 그렇기 때문에 투자나 거래, 노사관계 등에서 경제 논리가 관철되지 않고, 과거의 미청산으로 양 당사자의 판단을 그르치는 경우도 허다하다.

아시아를 깔보고 역사를 왜곡해서라도 과거를 정당화하려는 나가노 법무장관과 같은 발언이 계기가 되어 아시아에서는 언제든 반일의 횃불이 타오를지도 모른다. 전쟁을 긍정하고 과거의 가해를 부정하려고 하는 이들 발언은 침략국의 이미지를 다시 떠올리게 한다. 현실적으로 일본의 지배층에는 과거와 같은 역사관과 국가관으로써 일본의 장래를 설계하려는 세력도 있다. 94년 3월, 구 육군참모였던 세지마 류조(瀨島龍三) 씨는 산동(山東) 출병은 일본 역사상 최초의 PKO(平和維持活動)였다고 발언하고 있다.[1]

우리들이 전후보상을 요구하는 것은 첫째는 피해자의 인권회복이지만 동시에 일본으로 하여금 지난 과오를 되풀이하지 않는 사회로 변혁하는 데 있다. 일본이 그러한 사회로 바뀌지 않는다면, 아시아와의 참된 신뢰관계의 구축은 도무지 기대하기 힘든 것이다.

그러한 사회를 이룩하기 위하여 이제야말로 전후보상이 필요한 것이다.

---

1) ≪朝日新聞≫ 1994년 5월 28일.

제1장 전후보상에 관한 논의

1. 전후보상에 관한 논의

전후 일본사회에서 '전후보상'이란 말이 등장한 것은 극히 최근(1990년 이후)의 일이다. 따라서 전후보상에 관한 진지한 논의는 이때까지는 거의 이루어진 바 없었다. 아니, 이루어지지 않았다는 데는 그 반대로 어떤 태도가 자리잡고 있었다고도 할 수 있다. 말하자면 과거에 관해서 될 수 있으면 그것을 망각해버리고 그저 "보지 않고, 듣지 않고, 말하지 않고" 그대로 두고 싶은 일본 전체의 의향이 반영되어 있었다고 말할 수 있을 것이다.

일본정부는 지난 50년대부터 "전후는 끝났다"라고 몇 번이나 되풀이해 왔다. 역대 수상들도 전후 정치의 총결산을 말할 때는 우리들이 문제로 삼고 있는 전후보상은 일절 문제삼지 않았다. 또한 전후 미처리문제를 다루는 전후처리문제위원회(戰後處理問題委員會) 등이 열렸을 때도 은급결격자(恩給缺格者)와 같이 일본인의 문제만을 토의하였다.

그러나 이처럼 아시아에 대한 전후처리 문제를 방치해 둔 채 아시아와의 관계개선이나 국제적인 지위 확립은 있을 수 없다는 것이 이제야 명확해졌다. 아시아 전쟁피해자의 소리가 여러 형태로 들려오게 되었기 때문이다. 이제와서야 처음으로 일본 국내에서도 전후보상이 커다란 국민적 과제라는 논의가, 혹은 반대로 보상 같은 것은 필요 없다는 논의가 나오기 시작하였다. 더욱이 가장 상징적 문제인 종군위안부 문제를 계기로 전후보상 문제에 반발하는 의견이 나타나고 있으므로 여기서 몇 가지 살펴보기로 하겠다.

전후보상에 반대하는 의견은 몇 가지로 분류할 수 있으나, 대다수 의견의 바탕은 "전쟁이었으니까 어쩔 수 없었다" "일본만이 나쁜 것은 아니다" 또는 "전쟁에 종사한 동포 전사자에 대하여 모독이 되지 않을까"라는 관점에서 스스로의 과거를 점검하는 데 소극적인 자세라고 하겠다. 이러한 사고방식은 개인의 처지에서라면 체험적으로 나오기 쉬운 의견일 것이다. 목숨을 걸고, 현실적으로 목숨이 떨어지고, 생활 속에서 식량난을 겪는 등 일본사람 전체가 고생하였다는 강렬한 체험이 있었기 때문이다. 그렇다고 해서 그러한 문제가 과연 아시아에 대한 전후보상이 필요 없다고 하는 데 정당한 근거로 되겠는가는 다시금 검토를 요하는 것이다.

그 대표적인 의견으로서 ≪제군(諸君)≫ 92년 3월호에 게재된 사토 가쓰미(佐藤勝已: 월간 ≪현대코리아≫ 주간) 씨의 다음과 같은 발언이 있다.

"그야말로 위안부였던 분들은 필설로 다할 수 없는 고생을 하였을 것이다. 그러나 고생을 한 것은 그녀들뿐만이 아니다. 국가총동원법에 따라 당시의 국민은 병자 이외는 전원이 무료 내지 그에 가까운 봉사를 강요당하였다. … 즉 말하자면 다소를 가리지 않고 전국민이 가혹하고 말도 안되는 꼴을 당하였다. 그것이 전쟁이라는 것이며, 비상시라고 하는 것일 게다."(「'종군위안부'냐 '북조선의 핵' 이냐」)

이와 같이 고생한 피해체험이 있다고 해서 타민족, 타국민에 대하여 저지른 가해를 상쇄해버리려는 것이 과연 있을 수 있는 일인가.

일본의 전쟁은 당시 그 구성원이었던 일본사람들이 직·간접으로 지지하였으며 그 과정에서 고생을 겪었지만, 일본의 침략 때문에 형용할 수 없는 고통을 당한 아시아 사람들로서는 그들 스스로가 자초한 행위는 결코 아닌 것이다. 평화로운 생활을 하고 있는데 어느날 갑자기 일본군대가 닥쳐와 총검으로 재산을 약탈했으며 강간을 하고 생명을 빼앗았던 것이다. 일본의 전쟁을 놓고 자위의 전쟁이라거나 아시아의 해방, 대동아공영권과 같은 기치를 내걸고 있으나, 그것은 단순한 구실일 뿐 자국의 국익을 위하여 전쟁을 일으킨 것이며 그로 말미암아 피해를 입은 것이라고 아시아 사람들은 다들 생각하고 있다. 일본사람들도 고생을 하였으니 당신들의 고생도 하는 수 없었다는 논리는 도저히 통용될 수 없다. 이것은 상대방의 처지에서 보면 지극히 당연한 사고방식일 것이다.

말하자면 역사를 어떻게 생각하느냐에 있다고 하겠다. 자기 나라 역사의 흐름뿐만 아니라 당시 국제관계에서 일본의 역할이라든지 행동을 객관적으로 검증해보는 것이 중요할 것이다. 역사에 대한 검증작업에는 가능한 한 주관을 넣지 말고 흰 것은 흰 것으로, 검은 것은 검은 것으로 보는 냉정한 눈이 요구된다. 친구들이나 친척들 중에 전사자가 있다고 해도 그 죽음을 애도하는 의식과는 다른 것이어야 할 것이다. 그러한 처지에서야만 역사로부터 배우게 되고 바람직한 사회적 논의도 가능한 것이다. ≪제군≫ 92년 4월호의 기시다 슈(岸田秀)와 마쓰모토 겐이치(松本健一) 간의 대담 「사죄하는 국민과 사죄 안하는 국민」에는 "그들은 일본의 과거를 비난함으로써 자신은 일본군국주의와 관계가 없다, 자신의 죄는 씻겨가버렸다, 청렴결백하다고 말하고 싶은 것이겠고, 자신의 청렴결백함을 말하기 위하여 나쁜 일본사람을 고발하고 규탄하고 있다"(기시다)라고 기술되어 있으나, 일본의 과거의 죄를 지적한다는 것은 결코 기시다가 말하는 것과 같이 자신을 "청렴결백한 처지에 두는" 것이 그 목적일 수가 없을 것이다. 문제를 지적하여 자신의 책임을 추궁하는 데에 뜻이 있는 것이다. 독일에서의 과거 극복이라든지 미국에서의 일본계인에 대한 보상 논의는 모두 그와 같은 과정을 밟고 있는 것이다.

다음 반론 중에 "미국은 원폭투하를 사죄하지 않고 영국이나 프랑스는 식민지 지배를 사죄하지 않고 있지 않느냐"라는 의견도 있다. 어떤 나라가 사죄를 하고 안하고 간에 역사에는 죄로서 남는 것이다. 스페인에 의한 미주대륙의 인디오 대량학살을 비롯해 역사 속에는 갖가지 범죄가 있으며, 그러한 자신들의 역사적 범죄를 인정하여 사죄·보상하는 국가와 하지 않는 국가가 있는 것도 사실이다. 원폭투하는 전쟁을 조기 종결하기 위하여 취해진 정당한 행위였다고 부시 전 미국 대통령은 말했지만, 다수의 민간인을 무차별로 살해하고 방사능 피해를 입힌 원폭투하는 명백히 국제법 위반이며 사죄하여야 할 전쟁범죄 바로 그것이라고 할 수 있다. 나는 이전부터 미국의 원폭투하에 대해서 전쟁당사자도 아닌 재한피폭자가 원고가 되어 미국에 대하여 재판을 포함한 문제제기를 하는 것이 반핵운동에 커다란 역할을 할 수 있을 것이라고 생각해왔다.

또한 네덜란드의 인도네시아 지배라든지 영국의 인도 지배에서도 그들 정부는 사죄를 하지 않으나 그들 국민 중에는 식민지 지배를 새삼 문제로 삼자는 운동도 있다는 것을 듣고 있다. 중요한 것은 누가 사죄하였으니 사죄한다, 사죄를 하지 않으니까 사죄를 안한다는 문제가 아닌 것이다. 일본국가가 전시에 타민족을 조직적으로 박해한 죄가 있느냐 없느냐의 문제인 것이다.

2. 일한조약으로 해결된 것인가

또 한 가지 새삼스럽게 '전후보상' 같은 것은 필요없다고 하는 의견의 근거로 자주 거론되는 것이 '일한조약' 등의 전후처리 조약이다. '종군위안부' 문제에서도 "일한조약에 의하여 해결되었다"고 하다보니 보상 같은 것은 필요없다는 반론 역시 많은 것 같다. 이 견해에 대하여 조금 검토해

보기로 하겠다.

일한조약으로써 모든 것이 청산되었다는 견해의 가장 큰 약점은, 65년 조약체결 당시 일본정부가 조선을 식민지로 지배하고 있을 때 조선민족에 대하여 부정의(不正義)를 자행하였다는 사실을 공식적으로 인정하지 않았다는 사실이다. 말하자면 조약체결에서 일본정부는 보상문제를 다룬 일이 없었다는 것이다. 사할린 잔류 한국인 문제라든지, 재한피폭자 문제, 나아가 종군위안부 문제는 일한 양국 정부간에 공식적으로 협의된 일조차 없었다.

일본정부가 지난 65년에 '지불한' 유·무상 5억 달러는 협정상에서는 어디까지나 '경제협력'이었다. '보상'의 명목으로 지불한 금전 같은 것은 일전도 없었다고 일본정부 스스로가 명백히 하고 있지 않는가. 일본정부가 식민지 지배에 관련하여 처음으로 명확히 사죄한 것은, 90년 3월 일본 국회에서 사할린 잔류 한국·조선인 문제에 대하여 나카야마 다로(中山太郎) 외무장관이 한 사죄 답변이 처음이라고 생각된다. 이어 같은 해 5월 노태우 대통령이 방일하였을 때 일본 가이후(海部) 수상의 사죄 발언이 있었다.

일한조약으로 청산이 끝났다는 주장의 논거로 거론되는 것으로 「일한 청구권 경제협력협정(日韓請求權 經濟協力協定)」 제2조에 있는 다음의 규정이 있다. 즉 "양 체약국 및 그 국민(법인도 포함)의 재산, 권리 및 이익 그리고 그 국민과의 청구권에 관한 문제는 완전히 또 최종적으로 해결되었다는 것을 확인한다"라고 되어 있으므로 일한간의 모든 문제는 해결되지 않았느냐 하는 것이다. 이 논법은 일본정부도 자주 쓰고 있으나 문제는 협정 문장의 해석에 있는 것이다.

원래 국가 간에 그 청산이 문제가 되는 권리에는 다음과 같은 세 종류가 있다.

① 국가가 갖고 있는 권리, 예컨대 국가의 재외재산(在外財産) 혹은 국가의 청

구권

② 국가의 개인에 관한 외교보호권, 예컨대 이것은 개인의 재산권에 관하여 국가가 외교보호를 발동하는 권리

③ 국가와 관계가 없는 개인의 권리, 예컨대 개인의 재산권이라든지 보상청구권

그야말로 한 국가가 다른 국가와 조약을 체결하거나 청산할 수 있는 것은 원칙적으로 ①의 국가의 권리와 ②의 국가의 외교보호권까지인 것이다. 이 점에서는 일한조약 체결시의 일본 외무성의 관리도 참석하여 작성된 해설서 「일한조약과 국내법의 해결(日韓條約と國內法の解決)」에서도 다음과 같이 확인하고 있다.

"국가로서 헌법 제29조와의 관계에서, 국내 보상의무를 지게 되느냐에 관하여 협정 제2조 3항의 규정의 의미는 일본국민의 재한재산(在韓財産)에 대하여 한국이 취할 수 있는 조치 또는 일본국민의 대한청구권(→크레임)에서는 국가가 국제법상 갖는 외교보호권을 행사하지 않는다는 것을 약속하는 것이다."

말하자면 일본 국민이 한국에 재산을 갖고 있다면, 그 재산에 관하여 일본정부가 그 국민을 대신하여 재산권을 포기한 것은 아니라고 말하고 있는 것이다. 또 당시 발표된 논문 중에도 호세이 대학(法政大學)의 스기야마 시게오(杉山茂雄) 씨가 "그 조항은 쌍방의 국유재산에 대해서는 서로가 포기하였다는 의미로 해석되지만 사인(私人)의 국내법상의 재산청구권과 관련해서는 이것이 곧 소멸된다고 해석하기에는 어려움이 있을 것이다. 그것은 양 국가가 자국민의 재산청구권에 대하여 상대국의 외교보호권의 포기를 약속한 것이라고 해석하는 데 그치지 않을까 생각된다"라고 말하고 있다.[1]

이와 같이 일한조약에서 "완전히 최종적으로 해결"하였다고 하여도 전술한 바와 같이 ①과 ②에서 그치는 것이지, ③의 '개인의 청구권'에는 하

---

1) ≪法律時報≫ 1965년 9월호.

등의 영향을 미치지 않는다는 것이 일본정부의 견해 및 학설과도 일치하고 있는 것이다. 그럼에도 불구하고 일부 사람들이 예나 다름없이 일한 양국 간의 청구권, 경제협력협정에 따라 개인의 재산청구권은 완전히 청산되었다고들 말하고 있는 것이다. 그러나 이 점에 대해서는 도저히 납득할 수 없다.

그와 관련하여 최근에도 일본정부의 협정해석을 둘러싼 공식견해는 달라지지 않았다. 가령 91년 3월 26일, 일본 참의원 내각위원회에서 일본정부의 조약해석 담당자인 외무성 조약국장인 타카지마(高島有終) 씨는 일소 간의 청구권에 대하여 다음과 같이 말하고 있다.

"우리는 거듭 말하고 있으나 일소공동선언(日蘇共同宣言) 제6항의 청구권 포기라는 점은 국가 자신의 청구권과 국가가 자동적으로 갖고 있다고 생각되고 있는 외교보호권의 포기라는 뜻입니다. 따라서 지적하신 바와 같이 우리나라 국민 개인이 갖는 소련 국가에 대해서나 소련 국민에 대한 청구권까지도 포기한 것은 아니라고 생각하고 있습니다."(「瓱正敏 의원의 시베리아 억류원귀환병문제(抑留元歸還兵問題)에 관한 질문에 대한 답변」)

또 일한조약의 '완전해결'에 관한 해석에 관해서도 91년 8월 20일 일본 참의원 예산위원회에서 야나이 슌지(柳井俊二) 외무성 조약국장은 이렇게 답변하고 있다.

"소위 일한청구권 협정에서 양국간의 청구권 문제는 최종적으로 또 완전히 해결된 것입니다. 그것의 의미는, 일한 양국 간에 존재하고 있던 각각의 국민청구권을 포함해서 해결하였다는 것으로, 이것은 일한 양국이 국가로서 갖는 외교보호권을 상호 방기하였다는 것입니다. 따라서 소위 개인의 청구권 그 자체를 국내법적인 의미에서 소멸시킨 것은 아닙니다. 이는 일한 양국 사이에, 정부로서 이것을 외교보호권의 행사로 취급할 수는 없다는 의미올시다."(「淸水澄子 의원의 질문에 대하여」)

이와 같이 일한 양 정부간에 "완전하며 최종적으로 해결"된 것은 국가의 권리와 국가의 개인에 관한 외교보호권의 정도였지 개인의 청구권이 양국간의 조약협정으로 소멸된 것이 아니라는 점은 이미 되풀이할 필요조차 없는 것이다. 국가의 권리와 개인의 권리는 명백히 분별되어야 할 것이며 개인의 권리를 위임도 받지 않고 그 개인에 갈음하여 국가가 대신 포기한다는 것은 있을 수 없는 일이다. '완전해결'이라거나 '국가간에 결제됐다'라고 하는 협정의 조문만을 들어 개인의 권리마저 해결한 것 같이 말하는 것은 너무나 기만적이라 아니할 수 없다.

'보상' 불필요론자의 의견을 조금 더 소개하면, "일본정부가 한국정부에 거출한 5억 달러 속에는 일부 한국내 민간인에게 보상금으로 지불될 금액도 들어 있었다"는 식의 주장이다. 그러나 되풀이하지만 그 돈을 거출한 일본정부로서는 어디까지나 경제협력 차원에서 한국정부에 건네준 것이었지 보상분으로서는 단 1엔도 포함되지 않았던 것이다. 따라서 이것은 한국내 정책의 문제인 것이다. 그 후 보상된 경우라고 해봐야 1975년경 징용과 징병에 의한 사망자 유족에게만 30만 원(19만 엔)씩 약 8천 명에게 지불되었을 뿐이며 이는 너무나도 불충분한 것이었다.

또 "개인의 청구권 같은 것을 인정하게 되면 그야말로 대혼란이 일어납니다" "한국에 살던 일본인들조차 한국에 두고 온 사유재산을 되돌려 받을 권리가 있다는 것입니다"라는 식의 주장(앞의 사토 가쓰미 씨처럼)도 있다. 그러나 한국내의 일본인 재산이 미군에 의해 접수되어 한국정부의 소유로 되었다는 것은 이미 일본정부가 승인한 것이며, 또 무엇보다도 한국을 불법으로 식민지화함으로써 취득한 재산에 대해서도 일본인에게 그 반환청구권이 있다고 생각할 수는 없다. 그야말로 '일본인 식민자의 사유재산'과 한국·조선민족에 대하여 자행된 박해에 대한 '보상'을 동일하게 생각하는 그 자체가 너무나 부당하다고 하겠다.

3. 여론과 역사의 흐름

영(零)으로부터의 출발

전후 반세기 동안 일본이 전시중에 아시아에 끼친 피해의 회복문제가 진지하게 논의되지 않았던 것은, 이제와 생각하면 도저히 믿을 수 없는 전후 역사의 한 단면이라고 할 수 있다. '전후보상'이란 말 자체가 본격적으로 쓰이기 시작한 것도 90년대에 이르러서였다. 그야말로 영(零)으로부터의 출발이었다.

사할린 잔류 한국·조선인 보상청구재판이 90년 8월에 제기된 이후 현재까지 모두 20건을 넘기게 되었다. 각 지방에서는 이들 재판을 통하여 여러 문제점이 보도됨으로써, 결국 일본사회에 전후보상을 생각하는 커다란 계기를 만들었다. 특히 91년 여름 이후, 김학순(金學順) 할머니를 비롯한 전 '종군위안부'들의 용기 있는 증언이 일본사회뿐만 아니라 전쟁과 여성의 인권에 민감한 국제사회에 대단한 충격을 주었던 것이다. 백 번의 관념적인 논의보다는 전 종군위안부들 한 사람 한 사람의 실제 증언이야말로 당시 일본군대의 실태를 적나라하게 드러내었으며, 그같은 심각한 피해가 아시아의 많은 사람들에게 오늘날까지도 남아 있다는 것을 강하게 심어주었던 것이다. 일반 사회를 향해 이와 같은 사실을 부단히 알림으로써 여론을 형성해나가는 것이다.

전후보상 문제가 제기되었을 때 일반사람들의 반응은, 왜 이제 와서 이런 문제가 나오는가 하는 것이었다. 그리고 아시아에서도 가족이 뿔뿔이 흩어지고 부모를 잃었다거나, 부상하거나 재산을 잃고 신음하는 우리들과 똑같은 많은 사람들이 있다는 것을 새삼 느꼈을 것이다. 더구나 그 불행의 책임은 우리들 일본에 있는 것이다. 그러한 가해행위는 명백히 부당하며 불법적인 것이다. 그러한 수많은 아시아의 전쟁 희생자들에 대하여 일본은 보상을 하지 않으면 안된다. 이것이야말로 솔직한 감정과 판단력을 가진 사람이라면 당연히 도달할 수 있는 결론인 것이다. 이러한 흐름 속에서 아시아의 전쟁 피해자에 대한 전후보상이 이루어져야 한다는 여론이 형성되어 왔다고 할 수 있다.

그렇다면 전후보상에 관한 일본의 여론은 어떻게 되어 있는가?

이 점에 관한 최초의 본격적인 여론조사는 92년 12월 24일에 발표된 일본 리서치 센터의 「일본에서의 '한국의 이미지' 조사」일 것이다. 이 조사에 의하면, 종군위안부 문제에 대한 사죄와 보상에 대하여 "일한기본조약으로 사죄와 보상은 끝났다"라는 입장이 10.7%, "인도적인 입장에서 적절한 지원을 검토해야 할 것이다"가 27.7%인 데 비해 "사실을 인정하고 사죄와 보상을 해야 한다"가 35.6%로 가장 두드러지게 나타났다. 뿐만 아니라 "사죄와 보상을 해야 한다"라는 의견은 젊은이들과 고학력자들로부터 많이 나온 것이 특징이었다.

그러나 일본정부는 이처럼 27.7%가 지지하는 '인도적 입장에서의 지원,' 즉 '보상에 갈음하는 조치'로서 이 문제를 해결하려고 하고 있다. 그러나 책임을 인정하지 않고 '돈으로 해결'하려는 방식은 큰 반발을 불러일으켰다. 그리고 93년 8월 4일, 일본 정부는 고노 요헤이(河野洋平) 관방장관의 담화를 통해, 과거 위안부를 모집하는 과정에서 강제가 있었고 위안소 생활에서도 강제가 있었다는 것을 인정하고 그같은 불법행위를 자행한 국가의 책임을 명백히 하였다. 그에 대해 "사죄의 성의를 어떻게 나타낼까"라는 표현에서 국가의 책임에 따르는 보상 가능성을 시사하였다. 이러한 흐름 속에서 93년 11월 14일 ≪아사히신문(朝日新聞)≫(朝刊)의 「문제되는 전후보상」이라는 특집에서 "정부는 전후보상에 응해야 하느냐"에 대하여 전체적으로 '예스'가 51%, '노'는 37%였다는 여론조사결과가 나왔다. 지지 정당별로는 자민당(自民黨)과 민사당(民社黨) 지지층에서는 '예스'와 '노'가 비슷하였으며, 공명당(公明黨), 신생당(新生黨), 사회당(社會黨), 일본신당(日本新黨) 지지층의 순으로 '예스'가 증가되고, 공산당(共産黨)·사키가케(さきがけ)당·사민련(社民連) 지지층에서는 '예스'가 압도적으로 많았다.

또 종군위안부 문제에서는 60세 이상의 남성에서 유일하게 '노'가 '예스'를 넘었으나, 다른 세대에서는 보상해야 한다는 의견이 많았다. 특히 젊은 세대에서 이러한 견해가 현저히 나타났다. 20~24세에서는 '예스'가 72%인 데 비하여 '노'는 겨우 21%였다. 이와 같이 전쟁시대, 다시 말하면 전후 일본사회를 짊어지고 나온 층이 전후보상에 대해서는 부정적이며 젊은 세대의 감각과 동떨어져 있음을 알 수 있다.

전후보상의 논리와 여론

두말 할 것도 없이 정부와 국회를 움직이는 것은 사회의견의 반영인 '여론'이다. 어떠한 정부라도 그 정책수립에서는 여론을 기반으로 하는 자세를 취하는 것이다.

예컨대 국내외의 사형제도 폐지 요구에 대하여 일본정부는 항상 여론조사의 결과를 이유로 이를 존속시켜 왔다. 오판이 있을 경우 돌이킬 수 없는 결과를 초래하는 사형제도는 모름지기 폐지해야 한다는 것이 국제사회의 조류이지만, 이와 같은 국제 여론에 대해서도 국내 여론을 앞세워 그 제도를 유지하고 있을 정도로 여론은 일본정부의 중요한 정책결정 요소인 것이다.

그렇다면 전술한 바와 같이 과반수의 지지를 얻고 있는 전후보상이 일본의 정책에 채택된다고 해도 이상할 것은 전혀 없을 것이다. 더욱이 젊은 세대로부터 압도적인 지지를 받고 있는 전후보상은 앞으로 일본이 취해야 할 정책으로서 미래를 앞당길 만한 가치가 있는 것이다. 그렇기 때문에 새로운 정책의 축을 세우려고 하는 호소카와 정권 이후의 정권이 침략전쟁, 침략행위, 조선 식민지 지배 등에 대하여 여론에 따른 사실인식을 보이고, 전후보상을 다부지게 다루어보려는 자세를 보이고 있는 것은 일견 당연하면서도 현명한 정책 결단이었다. 이제 나머지는 현실적인 행동뿐이다. 범죄를 인정하고 사죄를 했으므로 피해자에 대한 개인보상을 실행에 옮기는 것은 당연한 이치이다.

그럼에도 불구하고 일본정부는 아직껏 개인보상을 결단하지 않고 있다. 샌프란시스코 강화조약이라든지 일한조약 등 국가간의 전후처리조약으로 해결되었다고만 되풀이하고 있다. 그러나 문제는 그런 데 있는 것이 아니다.

전쟁범죄가 행해졌고 그 피해자가 신음하고 있을 경우 그들에 대한 보상은 가해국가의 책무라고 하는 자연적인 반응이 국내외로 확산되어 확실한 여론을 형성해야 한다. 그때에야 비로소 전후보상의 논리는 보편적인 것으로서 일본뿐만 아니라 전쟁범죄로 신음하는 온 세계의 피해자 인권회복을 위하여 아주 힘있는 역할을 하게 될 것이다.

제2장 전후보상이란

1. 전쟁책임과 전후책임

전쟁이 종결되고 나서 이루어지는 뒷처리를 전후처리라고 하는데, 그 다양한 처리에 관련하여 여러 가지 용어가 사용되고 있다. 그러나 그 용어들의 뜻이 충분히 이해되지 못하거나 또는 혼동되어 있는 경우도 많은 것 같다. 그렇기 때문에 전후처리가 충분히 기능을 못할 때도 있다. 따라서 그들 용어의 정의나 의미를 확실히 해두는 것은 중요한 일이다.

전쟁책임

'전쟁책임'이란 말에는 여러 가지 의미가 내포되어 있으나, 주로 침략전쟁을 시작하여 수행한 책임(국제법에 따른 형사책임)으로 사용되고 있는 것 같다. 도쿄 재판에서 전쟁책임을 추궁당한 것이 그 전형이라고 할 수 있다. 구체적으로는 전쟁범죄 중 '평화에 대한 죄'(A급)가 문책되며 이를 둘러싸고 전쟁책임론이 논의되었다. 즉 도조 히데키(東條英機) 외 A급전범만이 전쟁책임을 질 것인가, 혹은 친황에게도 그 책임이 있는가 없는가, 그리고 일반국민은 전쟁책임을 지느냐 지지 않느냐 하는 논의이다.

이러한 전쟁책임 논의에서는, 어떻게 보면 나쁜 쪽은 군부와 천황제이고 일반국민은 그 피해자라는 식의 생각에 빠져들기가 쉬웠다. 특히 히로시마와 나가사키의 원폭투하에 따른 피해라든지, 공습에 따른 큰 피해, 더욱이 전후의 식량난이 일본국민에게 피해자 의식을 침투시키는 결과가 되었다. 또 도쿄 재판에서 A급전범 중 여러 명이 처형 또는 처벌당함으로써 전쟁책임 문제는 일단락된 것 같은 분위기가 되었다. 전후 경제부흥에 매진하는 일본 국민의 여유없는 의식에 의해 이 일단락이란 풍조가 더욱 확산되었다고 해도 과언이 아닐 것이다.

이와 같이 전후 전쟁책임에 관한 논의를 보면 일본이 아시아, 태평양 여러 지역의 사람들에게 박해를 가하고 침략한 것에 대한 가해자적 시점에서의 논의는 이뤄지지 않았던 것이다.

뿐만 아니라 전쟁책임에 관한 논의에서 전쟁중 전쟁에 반대 또는 저항한 사람과, 전쟁추진론자 또는 순응자의 책임은 별개의 것이라든지, 혹은 전쟁중에 사물을 분별할 수 없을 정도의 어린 세대(전쟁을 모르는 세대)에게도 전쟁책임이 있느냐 없느냐 등의 논의가 있었지만, 이 점에서 참고가 되는 것이 독일에서의 논의일 것이다.

독일에서는 죄와 책임을 명확히 구별짓고 있는 것 같다. 유명한 바이츠체커의 연설 「황야의 40년」에 의하면 "한 민족 전체에 죄가 있느냐 없느냐와 같은 논의는 있을 수 없다. 죄가 있건 없건 간에 집단적인 것이 아니라 개인적인 것"이라면서, 민족의 집단적인 죄를 배척하고 있다. 한편에서는 철학자 칼 야스퍼스가 "독일 국가의 이름 아래 자행된 범죄에 대해서는 모든 독일 국민이 각각 책임의 일부를 져야 한다. 우리들이 집단적으로 책임을 져야 한다"라고 말했듯이 책임의 측면에서는 집단적인 책임이 인정되고 있다. 바이츠체커 독일 대통령도 어떤 연설에서 "죄의 유무, 노소를 불문하고 우리들 모두가 과거를 받아들이지 않으면 안된다. 모두가 과거로부터의 귀결에 관여하고 있으며 과거에 대한 책임을 짊어지고 있는 것이다"라고 말하고 있다. 말하자면 개인적으로는 아무런 죄도 없는 사람을 포함해서 독일사람 모두가 과거에 대한 책임을 지지 않으면 안된다고 명확히 하고 있는 것이다. 이러한 점과 관련하여, 일본에서는 독일과 같은 집단죄과론이 옳은가 그른가의 논의는 이루지지 않았다는 지적이 있다.1)

여하튼 집단죄과론에 따르든 안따르든 간에 전후 반세기에 걸쳐서 일본이 과거의 부정의를 바로 잡으려 하지 않은 것은 명확한 사실이며, 이 점에서는 일본사람 전체가 그 책임을 져야 할 것이며 그 책임을 다하지 못한 죄('제2의 죄')가 있다고 지적할 수 있지 않을까.

1956년 '사상의 과학 연구회' 총회에서 열린 전쟁책임에 관한 좌담회에서 마루야마 마사오(丸山眞男) 씨는 전쟁책임의 관념을 ① 누구에 대한 책임이냐, ② 책임을 지는 행위의 성질, 과실이냐 착오의 행위를 포함하느냐에서 접근하고, ③ 책임의 성질을 형사상의 책임, 도덕상의 책임, 정치상의 책임, 형이상학적 책임의 네 개로 나누어 논의하는 방법에 대하여 지적하고 있다.2)

또 이에나가 사부로(家永三郞) 씨에 따르면 전쟁책임은 먼저 법률상의 책임과 정치상, 도덕상의 책임으로 대별된다. 법률상의 책임은 국제법상의 책임과 국내법상의 책임으로 나누어진다. 그것들은 다시 형사책임과 민사책임으로 구별된다. 정치상의 책임과 도덕상의 책임은 국가의 책임과 개인의 책임으로 구별한 후, 그 양자를 통하여 외국과 타민족에 대한 국제적 책임과 자국 및 자국민에 대한 국내적 책임으로 나누어 생각하지 않으면 안될 것이라고 말하고 있다.

그러나 전쟁책임의 관념을 이와 같이 폭넓게 해석하면 하나 하나를 도대체 어떤 상황의 전쟁책임인지를 특정화하는 작업이 매우 번잡해질 것이다. 그 결과로 전술한 바와 같은 전쟁책임의 관념이 일반화하게 되었다고 할 수 있다.

---

1) 佐藤昌盛, 「대국 독일의 일본단죄」, 《제군》 1992년 8월호.
2) 家永三郞, 『戰爭責任』, 岩波書店.

전후책임

전쟁책임이 위와 같이 전쟁지도자에 대한 단죄의 논리로서 형사재판적인 단 한 번만의 귀착의 기능을 한 데 대하여, 이로써 해결하지 못했던 아시아 피해자의 원상회복을 중요시하고 일본과 아시아와의 관계를 다시 한 번 돌이켜보자는 관점에서 나온 용어가 '전후책임'이다.

용어로서의 '전후책임'은 일부의 문학자에 의하여 "전쟁체험과 그로부터 형성된 전후의식을 말할 때에 자기의 전후책임"[3]과 같은 입장에서 사용된 경우도 있었으나, 최근에 와서 '전후책임'은 이와 같은 입장에서가 아니라 식민지 지배와 침략전쟁 과정에서 발생한 갖가지의 피해를 회복하는 의무 및 책임으로 보고 있으며, 이것이 정착되고 있는 것 같다. 실제로 1983년 오누마 야스아키(大沼保昭), 다나카 히로시(田中宏), 우쓰미 아이코(內海爱子) 등과 우리들이 중심이 되어 만든 '아시아에 대한 전쟁책임을 생각하는 모임'이 의식적으로 이같은 의미로서의 '전후책임'이란 용어를 최초로 쓰기 시작한 것이다.

여기서 강조되는 것은 전쟁중 혹은 식민지 지배중의 부정의이라든지 반도덕적인 가해행위에 착안하여 이에 대한 피해회복과 보상작업을 중시하는 것이라 하겠다. 말하자면 도쿄 재판이 전쟁책임에 관하여 형사재판적인 기능만을 하였다는 데 유의해서 그 민사적인 피해회복을 묻는 논리로 '전후책임'이란 용어가 있는 것이다. 특히 아시아에 대해서는 가해자라는 측면을 중심에 두고 '전후책임'은 일본국민 전체의 부담이라고 하는 점이 가장 중요한 포인트이다. 그리고 '전후책임'이 과거의 부정의에 대한 보상작업인 이상 그 보상이 이루어질 때까지 계속되지 않으면 안될 것이며, 또한 그 보상은 가해자의 반성과 사죄를 당연한 전제로 하는 것이다. 이러한 뜻에서 작업으로서의 반성과 사죄는 영속적인 것이라야 한다. 독일의 경우 전후책임은 '과거의 극복'과 같은 의미를 갖고 있다. 잘못된 과거의 청

---

3) 武井昭夫, 『戰後의 戰爭責任과 民主文學』.

산과 그 잘못을 되풀이하지 않기 위하여 부단한 투쟁이 필요한 것이다.

2. 배상, 보상과 청구권

배상

배상은 전후 강화(講和)에 의해서, 영토의 할양, 권익의 설정 등과 함께 패전국이 전승국에 대하여 행해온 것이다. 여기에는 금전 지불이나 물자의 지급, 노역의 제공 등 여러 경우가 있다. 배상은 영어로는 'reparation' 또는 'indemnities'라 하며, 원래 그 성격은 전승국에 대한 이득, 패전국에 대한 제재, 혹은 지출된 전비의 회수라고 정의되어 있다. 간단히 말해서 배상이란 전리품이라 해도 좋을 것이다. 이와 같은 배상 자체는 국제법상으로도 용인되지만 그 성질 및 수량의 정당성에서는 법적 판단 외에 놓여져 있었다. 그래서 현실적으로 배상은 전승국과 패전국과의 힘 관계를 비롯하여 국제정세 등 제반 사정에 따라 결정되어 왔다.

일본은 일청전쟁(日淸戰爭)의 결과, 1895년 2억 3천만 양(兩)의 은(銀)을 청국으로부터 배상금으로 획득하였다. 이것은 당시 일본국가 예산의 4~5년 분에 상당하였는데(현재라면 1년 예산이 70조 엔이므로 3천조 엔 이상에 상당한다), 이 막대한 확보자금은 일본의 근대화, 중공업화의 큰 재원이 되었다. 독일은 1차 대전 후에 천 3백 20억금(金) 마르크란 거액의 배상을 부담하였지만 여기서는 후술하는 바와 같이 국제 위법행위의 피해에 대한 보상이라는 측면도 포함되어 있었다. 이러한 1차 대전 이후의 배상은 위법한 전쟁의 결과에 대한, 국가가 받은 손해의 지불이라는 의미를 갖는 것이지만, 그러한 경우에도 패전국이 '위법성'을 뒤집어 쓴 측면이 있다.

보상

1차 대전 이후, 전쟁법이 인도화(人道化)하는 흐름 속에서 위법한 전쟁을 방지하려는 움직임이 명확해졌으며, 베르사이유 조약을 시발로 하여 침략전쟁의 위법성에 대한 피해 회복적인 보상(compensation)이 중요시되기 시작하였다.

베르사이유 조약 제302조 2항 이하에는 개인의 피해에 대한 구제수단이 규정되어 있어 전통적 국제법의 국가 대 국가의 배상에 의하여 결착을 보는 사고방식과는 달리 개인 대 국가의 개별적 청구권 처리라는 측면이 명문화되었다. 말하자면, 전후처리의 배상에서 국가의 권리와 개인의 권리 사이의 분리가 이루어져 배상과 보상의 구별이 명백히 나타나게 되었다. 이 '보상'이라는 것은 죄에 대한 보상과 속죄라는 의미의 강한 도덕적 의무라고 할 수 있다. 이와 같은 흐름은 2차 대전 이후, 배상보다는 오히려 개인에 대한 피해보상의 측면을 중요시하는 것으로서 확립되었다. 독일에서는 2차 대전 후에 '보상'이 중심이 되었으며 '배상'은 거의 없었던 것이다.

다시 말해서 '보상'과 '배상'의 개념에 대해 국내법상 또는 민사법상의 문제에서 위화감을 갖는 사람들이 있으며, 개인의 경우에도 의식적으로 '배상'을 강조하는 사람도 있다. 그러나 형사보상법(刑事補償法)을 보더라도, 공무원에 의한 위법행위에 대하여 국가가 배상하는 행위를 '보상'이라고 하며 결코 합법적인 행위만을 전제로 하지는 않는다. 그러나 전후처리의 국면에서는 전술한 바와 같이 국가간의 청산으로서의 '배상'을 쓰고 있기 때문에 개인의 경우에 같은 용어를 쓰게 되면 혼란이 일어날 것이다. 그 때문에 우리들은 의식적으로 '보상'이란 용어를 쓰고 있는 것이다. 이렇게 함으로써, 독일의 나치의 범죄에 대한 '연방보상법(連邦補償法)'과의 정합성도 충족되며 개인의 '보상'청구의 역사적인 의의가 명확해질 것이라고 생각한다.

청구권

전후처리의 하나로서, 식민지의 독립 또는 지배 및 점령지의 해방에 따라 종주국과 비식민지국 간의 재산관계의 청산이 필요하게 된다. 이것이 '청구권 처리'인 것이다. 1965년에 체결된 일한조약의 경우, 일본정부측에서는 철두철미한 '경제협력'이었지만 청구권 처리를 주장하는 한국측의 의견도 받아들여 '경제협력 및 청구권협정'이라는 형식으로 전후처리가 이루어졌다. 여기에서 명백한 것은 일한조약에 따른 전후처리에는 배상이라든지 보상이라는 측면은 전혀 내포되지 않았다는 점이다.

3. 국가보상과 전후보상

국가보상

전쟁이 종결된 뒤에 이루어지는 전후처리 중에서 대내적, 국내적인 처리의 하나로서 국내의 전쟁희생자를 어떻게 원호하느냐는 문제가 있다. 이 원호에 관한 원칙은 두 가지로 나누어진다.

첫째는 원호를 공평히 해야 한다는 '부담 공평의 원칙'이며 이것이 오늘날 세계적인 대세를 이루고 있다. 그러나 일본의 경우 '수인한도론(受忍限度論)'의 입장을 취하고 있는데, 근대 전쟁은 총력전이며 일정한 전쟁피해는 받아들여야만 하고 누구를 어떻게 원호하느냐에는 입법정책의 재량에 따른다는 생각도 가지고 있다. 이로 인해 일본은 원호의 대상을 일부의 군 관계자들로만 한정할 뿐 아니라 국적 조항을 둠으로써 원래 군인이었던 한국·조선인, 대만인을 배제하는 전후처리 입법정책을 취하여 왔다.

그러나 이와 같이 전쟁희생자의 원호를 불공평히 하는 것은 헌법 제14조의 '법률 아래의 평등'에 반하며 또 국제인권규약 제26조에도 위반된다는 것은 다음에 상술하는 바와 같다. 일본도 그 전후처리에서 가까운 장래에 '부담 공평'의 원칙을 채용하지 않으면 안될 것으로 생각되는데, 그

같은 '부담의 공평'을 바라는 뜻에서 사용되는 용어가 '국가보상'인 것이다.

일본에서 '국가보상'을 바라는 운동은 주로 원폭피해자나 공습피해자들에 의하여 이루어져 왔다. 그들의 운동은 결과적으로는 원호의 공평을 바라는 운동임에는 틀림없지만 더 나아가서 원호의 공평을 넘어서는 보상 논의에 관계되는 부분도 없지 않다. 즉 앞에서 얘기한 전쟁책임론에서 도출되는 것으로, 위법인 전쟁을 수행한 결과 무방비 도시에 대한 무차별 폭격을 초래한 전쟁범죄인 원폭투하 피해에 관해서 피해자는 본래 미국에 대해서도 원폭투하의 가해책임을 추궁할 수 있는 것이지만, 일본이 샌프란시스코 조약에서 개인의 청구권을 포기하였기 때문에 일본정부가 피해자에 대하여 보상하지 않으면 안된다는 논리를 전개하고 있기 때문이다. 말하자면 전쟁범죄로 인한 피해에 대해서는 피해자가 가해국을 추궁할 수 있다는 논리이며, 이것은 보상의 논리와 공통되는 것이다.

원폭투하는 소위 '전쟁범죄'로서, 무기의 사용 등에 관한 여러 조약이라든지 무방비 도시에 대한 공격금지 등 전쟁법규를 정한 조약에 위반된다. 여하튼 국가보상을 쟁취하려는 운동도 단순히 '원호의 공평'을 바라는 것만이 아니라 일본의 전쟁책임(침략전쟁의 수행, 개시)을 추궁하는 입장에서도 전개되고 있는 것이다.

전후보상

전술한 바와 같이 일본은 포츠담선언을 수락할 당시 확인한 과거의 부정의에 대한 보상, 아시아의 각 개인에 대한 보상을 이행하지 않으면 안되었다. 그러나 일본은 그때부터 반세기가 가깝도록 아시아에 대한 식민지 지배와 침략행위에 대하여 자기 비판적으로 처리하려고 하지도 않았으며 아무런 보상도 하지 않았다. 그리하여 마침내 보상을 해달라는 외침이 아시아의 각지에서 비등하기 시작하였다. 이 운동은 전후 반세기 가까이 방치되었다는 의미를 포함해서 특히 '전후'란 용어를 덧붙여 '전후보상'

을 요구하는 운동으로 전개되고 있다.

이 '전후보상'은 현재 두 가지 관점에서 일컬어지고 있다. 전쟁희생자의 원호의 공평을 요구하는 관점과, 아시아에 대한 침략의 보상으로서의 관점이 그것이다.

전자는 직접적으로는 헌법 제14조의 '법률 앞에 평등'이라든지, 국제인권규약 B규약 제26조의 '내외인 평등원칙'의 문제이지만, 전후처리에서의 민주화가 주된 테마이다.

현재 매년 2조 엔의 원호예산이 군인, 군속 중심으로 이루어지고 있으나 일반 민간인이나 외국 국적 사람들을 배제하고 있는 것은 민주주의 이념의 근본에 관한 문제이다. 그처럼 불합리하고 불공평한 것이 이제서야 겨우 재일한국인 상이군인(오사카와 도쿄)들이나 대만인 전 일본병들의 재판과정에서 문제로 제기되기 시작한 것이다. 또 최근 교토 지방재판소에서는 시베리아 억류 일본병 중에 한국사람이 포함되어 일본병과 같은 고생을 하였고 또 같이 일본에 돌아와서 교토에 살고 있으나, 일본 원호 입법의 국적 조항에 걸려 역시 수급대상에서 제외되어 이같은 위법을 호소하는 재판이 제기되었다.

다음으로 후자의 침략의 보상으로서의 관점은 전시에 국가에 도의를 바라는 국제인도법의 문제이다. 무법(無法)으로 흐르기 쉬운 전쟁상태에서도 전쟁당사자인 국가가 지켜야 할 기준이 있는 것이다. 민간인을 무차별로 죽여서는 안되며, 점령지 주민의 인권을 침해해서는 안된다는 것 등의 원칙은, 근대 병기개발의 결과인 근대 전쟁에서는 더욱 중요성을 가지며, 또 한편으로 인권의식이 고양과 더불어 국제인도법을 형성하게 되었던 것이다. 1907년의 육전법규에 관한 헤이그 육전조약이 그 대표적인 것으로, 포로의 대우에 관한 제네바 조약 등 다양한 국제인도법 조약이 체결되었다. 일본도 그 대부분을 비준하고 있다.

이와 같이 명문화된 조약뿐만 아니라, 국제관습법의 존재 또한 중요하다. 특히 도쿄 재판이나 뉘른베르그 재판의 규범이 된 것은 국제관습법인 전쟁범죄 규범이었다. A급 전쟁범죄는 '평화에 대한 죄', B급 전쟁범죄는 앞서의 국제인도법 조약 위반이라는 협의의 '전쟁범죄'를 말하며, C급 전쟁범죄는 '인도에 대한 죄'를 말하고 있다. 이와 같은 '인도에 대한 죄'라는 것은 간단히 말하면 전시에 국가가 타민족이나 집단에 대하여 조직적으로 박해를 가했을 경우에 제재기능을 발휘하는 국제관습법인 것이다. 즉 앞서의 국제인도법의 흐름의 도달점이라고 할 수 있는 일반적이며 보다 중요한 규정인 것이다. 전후 국제연합의 가장 중요한 역할이었던 국제인권의 확대 강화의 흐름은 이 '인도에 대한 죄'가 기반이 되고 있다고 해도 과언이 아닐 것이다. 뿐만 아니라 일본은 도쿄 재판의 결과를 샌프란시스코 조약에서 승인하였다. 헌법에서도 국제관습법은 국내법보다 상위에 위치하는 규범으로 준수하지 않으면 안된다고 되어 있다. 그런데 '인도에 대한 죄'를 포함한 이와 같은 국제관습법은 단순히 전쟁범죄로서 형사제재의 규범으로서뿐만 아니라, 민사적인 제재로서 피해구제를 위한 규범으로도 되지 않으면 일관성이 없다. 이 점을 추궁하고 있는 것이 종군위안부를 포함한 한국인 군인, 군속에 의한 보상청구재판(1991년 12월 제기)이다. 전시에 국가가 피억압민족이나 일정한 집단에 위안부 노릇을 강제하는 것과 같은 박해를 하였을 경우 보상을 하지 않으면 안된다는 것을 요구하고 있는 것이다.

이상과 같이 '전후보상'에는 전쟁희생자에 대한 원호의 공평을 요구하는 데 중점을 두는 운동과 국제인도법에 따른 정의의 회복을 요구하는 데 중점을 두는 운동이 있는데, 제2부에서 언급하는 보상요구운동은 그 어느 한쪽으로 분류되는 것들이다.

제3장 일본의 전후처리는 무엇이었는가

1. 대내적 전후처리

전쟁이 끝나고 이루어지는 전후처리는 두 가지로 나눌 수 있다.

첫째는 대내적, 국내적인 전후처리이며, 둘째는 대외적, 국제적인 전후처리이다.

대내적인 전후처리란 국내의 전쟁희생자를 어떻게 원호하느냐의 문제이다. 일본은 이 점에서 '군인은급법(軍人恩給法)' '전쟁병자전몰자유족등원호법(戰爭病者戰沒者遺族等援護法)' '미귀환자유수가족등원호법(未歸還者留守家族等援護法)' '인양자급부금지급법(引揚者給付金支給法)' 등 13개의 법률을 규정하고 있다. 그러나 이들 일본의 전후처리 입법은 원폭 2법('원폭의료법' '원폭특별치료법')을 제외하고는 모두 다 국적 조항을 정하여 외국적자(外國籍者)를 배제하고 있으며, 더욱이 군인을 우선시하여 귀환자들을 예외로 함으로써 민간인 전쟁피해자를 원호하지 않고 있다. 그래서 이들 13개 법률에 따라 92년도 예산의 경우 약 2조 엔의 예산이 짜여져 있다.

이와 같은 일본의 원호행정의 밑바닥에 흐르는 사고방식은 전술한 바와 같이 '수인한도론'인 것이다. 이 용어는 공해문제에서도 자주 쓰이고 있는데, 일정한 한도만 받아들여야 한다는 것이다. 폭탄이 떨어져 사람이 죽었다. 그러나 총력전이기 때문에 전쟁의 구성원은 그 정도는 감수하여야 한다는 것이다. 따라서 도쿄 대공습이나 나고야 공습, 오키나와의 지상전 피해자 등 모든 민간인 피해자에 대해 일본은 일절 원호를 하지 않고 있다. 원호를 하는 것은 천황이나 국가와 특별한 관계가 있는, 간단히 말하자면 공무원이나 군인, 군속 등의 군 관계자들뿐이다. 이것은 명백히 전쟁희생자에 대하여 불공평을 강요하는 것이라 할 것이다.

이와는 다른 사고방식이 전쟁의 피해를 다같이 부담하자는 '부담 공평의 원칙'이며, 현재 이 입장이 세계적으로 대세를 이루고 있다. 이를테면 독일에서는 '전쟁희생자원호법'이 있는데, 그것은 전쟁의 피해 및 희생을 국민 전체가 공평히 부담한다는 정신으로 일관되어 있다. 그러므로 거기에 군인, 민간인의 구별이 있을 리 없고, 또 국적 조항 같은 것도 규정되어 있지 않다. 이러한 의미에서 독일의 '부담공평법'은 피해를 당하지 않은 건물 소유자가 그 가치의 일정비율을 국가에 거출하면 그것을 폭격으로 피해를 입은 건물 소유자의 재건자금으로 돌리는 식의 정책을 쓴 것이다. 즉 전쟁희생자 원호에 민주주의가 관철되고 있는 것이다.

일본에서도 전쟁피해자의 원호에 '부담의 공평'을 바라는(국가보상을 요구하는) 운동은 주로 원폭피해자나 공습피해자들에 의하여 이루어져 왔다. 그리고 그 이념은 한국인 피폭자의 운동에서 쟁취되었다. 1978년 3월 30일 일본 최고재판소에 의한 이른바 '손진두 판결'이 그것이다.

손진두(孫振斗) 판결

손진두 씨는 히로시마에서 원폭 피해를 입고 전후에 한국으로 귀국한 뒤, 70년 12월 사가현(佐賀縣)으로 원폭증 치료를 위해 밀입국한 한국사람이다.

입국관리법 위반으로 복역중 병상이 악화하여 71년 11월 피폭자건강수첩을 신청하였으나 각하되어 각하처분취소를 요청하며 제소, 74년 3월 후쿠오카(福岡) 지방재판소에서 1심 승소, 75년 7월 후쿠오카 고등재판소에서도 승소, 마지막으로 최고재판소에서 심리되었던 것이다.

최고재판소의 판결은 "원폭의료법은 이와 같은 특수한 전쟁피해에 대하여 전쟁수행의 주체였던 국가가 스스로의 책임에 의하여 그 구제를 한다는 일면을 갖고 있는 것이며, 그러한 점으로 보아 실질적으로 국가보상적 배려의 제도가 밑바닥에 있다는 것을 부정할 수 없는 것"이라고 하여, 원폭에 의한 전쟁피해에 대하여 국가보상의 정신으로 행해져야 한다는 의사를 표명하고 있다. 그 결과, "동법은 피해자가 놓여 있는 특별한 건강상태에 착목하여 이를 구제한다는 인도적 목적의 입법이며, 그 제3조 1항에는 일본에 거주지를 두지 않는 피폭자라도 적용대상자로 예정한 규정이 있는 것 등을 감안하였을 때 피폭자로서 일본 국내에 현재(現在)하는 자인 한, 그 현재하는 이유 등의 여하를 막론하고 넓은 뜻에서 동법의 적용을 인정하여 구제를 하는 것이 동법이 갖는 국가보상의 취지에 적합하다고 할 것이다"라고 하여 밀입국자인 손진두 씨를 구제하였던 것이다.

더욱이 이 판결의 중요한 점은 "피상고인(被上告姻)이 피폭 당시에는 일본국적을 가졌으며 전후 평화조약의 발효에 따라 자신의 의사와는 관계없이 일본국적을 상실하였다는 것을 감안하면 국가적 도의에서 보더라도 수긍되는 바이다"라고 밝히고 있는 점이다. 즉 샌프란시스코 강화조약(1952)을 계기로 구 식민지였던 대만, 조선의 호적을 가진 자들에게서 일본국적을 박탈한 것은 '자신의 의사와 관계없이' 일방적으로 불이익을 가져다준 것이므로 이들을 두루 생각해볼 적에 '국가적 도의에서'라도 대만사람이나 조선사람 피폭자들에 대하여 공평한 원호를 하지 않으면 안된다는 견해를 나타내고 있다. 그러나 최고재판소가 이와 같이 '국가보상'의 정신을 확인하였음에도 불구하고 일본정부는 그 후에도 차별적인 원호를 계속하고 있는 것이다. 국적 조항을 만들어 예와 다름없이 외국적자를 배제하고 있는 것이다. 일본의 이와 같은 차별적인 정책을 추인하고 지도한 것은 '원폭피해자대책 기본문제간담회'(좌장 茅誠司)가 80년 12월 11일 제출한 답신이다. 이 답신에는 다음과 같은 표현이 있다.

"무릇 전쟁이라는 국가의 존망을 건 비상사태 하에서는 국민이 그 생명, 신체, 재산 등에 대하여 그 전쟁으로 인해 어떠한 희생을 부득이하게 받았다 하더라도 그것은 국가 전체의 전쟁으로 인한 '일반의 희생'으로서 모든 국민이 다같이 받아들이지 않으면 안되는 것으로, 정치론으로서 국가의 전쟁책임 등을 운운하는 것은 제쳐두고라도 법률론으로서 개전, 강화와 같은 소위 정치행위에 대하여 국가의 불법행위 책임 등 법률상의 책임을 추궁하며, 그 법률적 구제를 요구하는 길은 열려 있지 않다고 할 수밖에 없는 것이다."

"모든 국민이 다같이 받아들이자"라고 하면서 전쟁의 희생을 수인의무로 개인에게 부담시키려 하는 생각인 것이다. 이 답신에 따라 일본의 전쟁희생자 원호에는 그 후에도 불공평이 계속되고 있는 것이다.

그러나 이것이 국제적 흐름에 반하고 있다는 것은 명백한 사실이며, 이대로 유지될 것이라고는 도저히 생각할 수 없다. 이 점에서 지극히 주목할 만한 결정이 최근 유엔 규약인권위원회에 의하여 이루어졌다.

세네갈 국적의 전 프랑스 군인

89년 4월 3일 채택된 견해의 배경은 다음과 같은 것이었다.

프랑스 식민지였던 세네갈 출신의 프랑스 육군 퇴역군인이 그 후 세네갈이 독립함에 따라 세네갈 국적을 취득하였다. 그 결과, 프랑스 정부로부터 퇴역군인에 대한 연금지급액이 프랑스 국적의 퇴역군인보다 적게 지급되는 부당한 대우를 받았다. 그래서 세네갈 국적의 전 프랑스 군인은 국제인권규약 B규약 '시민적 및 정치적 권리에 관한 국제규약, 자유권 규약(일본도 1979년에 비준하였다) 제26조 위반'이라고 제소하였다. 자유권 규약 제26조란 법률 앞에서의 평등, 내외인 평등원칙이라 일컬어지는 것으로, "법률은 모든 차별을 금지하며, 인종, 피부의 색깔, 성, 언어, 종교, 정치적 의견 기타의 의견, 국민적 혹은 사회적 출신, 재산, 출생 또는 기타의 지위 등 여하한 이유에 따른 차별에 대해서도 평등하고도 효과적인 보호를 모든 사람에게 보장한다"라는 것이다.

이 제소에 대하여 유엔 규약인권위원회는 프랑스 정부의 취급을 차별적인 것이며 B규약 제26조 위반이라고 하였다. 그 근거로 삼은 동 위원회의 견해를 다음에 인용하고자 한다(번역: 菅充行 변호사).

"본건에서는 독립에 따라 취득한 국적 때문에 이례(異例)의 취급을 당하고 있다. 규약인권위원회의 의견에 따르면 국적은 제26조에서 말하는 '기타의 지위'에 해당한다."

"국적의 변경은 그 자체가 이례의 취급을 정당화하는 근거가 될 수 없다. 왜냐하면 연금지급의 근거는 군무를 제공한 것에 있는 바, 세네갈 사람이건, 프랑스 사람이건 제공한 군무는 다 같기 때문이다. 또 프랑스와 세네갈 사이의 경제적, 재정적 및 사회적 상황의 상위도 정당한 근거가 될 수 없다. 왜냐하면 세네갈 국적의 퇴역군인이 세네갈에 거주하는 경우와 프랑스 국적의 퇴역군인이 세네갈에 거주하는 경우를 비교했을 때에 경제적, 사회적 조건은 동일함에도 불구하고 수급하는 연금액이 달라지기 때문이다. 끝으로 당사국은 연금수급에서 부정행위를 방지하기 위하여 동일 인성(人性) 및 가족상황을 확인할 필요가 있으나 이 점이 곤란하다는 취지를 주장하고 있다. 그러나 이 점에서도 차이를 둔 취급을 정당화할 수는 없는 것이다. 규약인권위원회는 행정상의 편의나 연금의 부정수급의 가능성만으로서는 불평등 취급의 정당한 이유가 될 수 없다고 생각한다. 따라서 규약인권위원회는 통보자들에 대한 이례의 취급은 합리적이며 객관적 기준에 따르는 것이라고 볼 수 없으며, 규약이 금지하는 차별에 해당한다고 판단하는 바이다."

이와 같이 세네갈 사람이건 프랑스 사람이건 간에 제공한 군무는 동일한 것이므로 현재의 국적에 따른 차별은 유엔 규약 B규약 제26조에 위반한다는 단순명해(單純明解)한 견해를 내린 것이다.

일본도 이 국제인권규약에 가입하고 있으며 그 해석에서의 최고권위기관은 일본의 최고재판소가 아니고 유엔 규약인권위원회인 것이다. 국가에 따라서 해석의 차이가 있을 수는 없기 때문이다. 따라서 이때까지 일본의 재판소가 판결하여 온 것과 같이 '수인한도론'을 쳐들고 '국가가 정책적으로 어떠한 배려를 하느냐 안하느냐의 문제'라고 핑계만 대고 있을 수만은 없게 되었다. 일본정부의 원호에서도 지금과 같이 국적이 대한민국이라든지 북조선이라든지 대만이라고 해서 군인은급의 지급에 차별이 있어서는 안된다는 것은 명백한 일이다. 또 국가와 특별한 관계에 있다든지 민간인이라는 이유에 따라 전쟁의 희생의 부담에 대하여 불공평하게 취급하는 것 또한 제26조 위반이며, 국제사회에서도 이미 시대착오라고 말할 수 있을 것이다.

2. 대외적 전후처리

또 하나의 전후처리는 대외적인 것이다. 그 대표적인 것이 평화조약 및 배상조약에 의한 국가간의 배상에 따른 전후처리이다.

'배상(reparation)'이란 앞에서 말한 바와 같이 전통적인 관념으로, 전쟁에서 패한 국가가 전승국에 대하여 지불하는 전리품적 성격의 것으로서, 1차 대전 후의 독일에 대한 거액의 배상금 요구는 유명하다. 이 베르사이유 조약으로 얻어진 1천 3백 20억 마르크 중에는 국가에 대한 배상과 개인에 대한 보상이 포함되어 있다는 것이 주목할 만하다. 그러나 2차 대전 후에는, 과거 독일에 대한 과중한 배상금 부담이 오히려 나치의 대두를 부채질하였다는 점을 고려하여 2차 대전의 전후처리 과정에서는 배상금 문제가 거의 소멸하였던 것이다. 독일이 전후에 분단되었다는 사실도 있고, 서독이 개인에 대한 보상에만 주력한 나머지 배상은 통일 후의 과제로 되었지만, 지난 90년 통일 후 영국과 프랑스측의 배상청구에는 이미 해결이 끝났다면서 이에 응하지 않고 있다.

일본의 경우 샌프란시스코 조약에서 전승국인 연합국이 일본의 경제상황을 고려하여 배상금을 포기하였으며, 중국, 라오스, 캄보디아, 인도, 말레이시아, 싱가포르 그리고 소련도 배상청구권을 포기하였기 때문에 막대한 배상금이 면제되었다.

그러나 일부 아시아 제국 간에 개별적으로 전후처리가 이루어졌다. 필리핀에는 56년에 5.5억 달러를 20년 분할로, 베트남에는 0.39억 달러를 5년 분할로(59년), 인도네시아에는 2.23억 달러를 12년 분할로(58년), 버마에는 2억 달러를 10년 분할로(54년) 지불하기로 하였다. 이와 같은 배상과는 달리, 또 한 가지의 대외적인 전후처리로서 '청구권 처리'가 있다. 이 청구권도 앞에 있어서 이미 설명하였지만, 식민지의 독립에 따른 종주국과 피식민지국 간의 재산청구권의 청산이라고 할 수 있는 것으로, 일본은 한국을 상대로 그 청산으로서 청구권 및 경제협력협정에 따라 무상 3억 달러, 유상 2억 달러의 공여를 10년 분할로 제공하였던 것이다.

이상이 일본이 지불한 배상금 내지 청구권 및 경제협력협정의 내용인 것이다. 이들을 모두 합쳐도 5개국에 금액은 겨우 15억 달러 정도였다. 이는 일본정부가 "일본의 부담을 '깎는' 것"(스노베 전 외무차관)에 성공한 결과라고 할 수 있겠지만, 독일의 예와 비교해보면 보다 명료해진다.

제2장에서 설명한 바와 같이 국가간에 체결되는 '배상'과 '청구권' 외에 2차 대전 이후에 확립된 관념으로서 '보상'이라는 것이 있다. 말하자면 침략전쟁의 위법성에 대한 피해 회복적인 측면을 갖는 도의적 의무인 것이다.

독일의 경우, 2차 대전 후 거의가 이 '보상' 중심이었다. 그때까지 독일이 지불한 '보상'은 약 6백억 달러였다(제4장 1절). 이에 비하여 일본의 '보상'은 0(零)인 것이다. 그리고 일본은 '배상금'으로 5개국에 겨우 15억 달러를 지불한 데 불과하다. 그 '차액'은 일본이 아시아에 대하여 갚아야 할 채무를 갚지 않은 잔액이라 할 수 있다. 바꾸어 말하면 이러한 사실이 전후 45년 이상이 경과한 뒤에도 아시아, 태평양 여러 지역에서 '전후보상'

을 요구하는 부르짖음이 일어나는 사회적인 근거라고 할 수 있는 것이다.

3. 일본은 왜 '전후보상'을 하지 않았을까

그렇다면 일본에서는 왜 전후 45년 이상이 지나도록 전후보상이 실행되지 않았을까. 그 요인을 독일과 비교하면서 살펴보면 크게 다음 세 가지로 요약된다.

첫째로 미국의 대응의 차이다. 독일에 비해 패전 시기나 유태인 피해자의 유무에 차이가 나타나는 데다 점령군의 체질의 차이, 혹은 원폭투하의 약점도 있고 해서 미국은 일본에 도의를 확립시키는 것보다는 소련에 대한 교섭 재료로 이용하는 정책을 우선시하였다고 할 수 있다. 미·소냉전에 휩싸이게 하는 데 중점을 두었으며 일본의 과거 부정의를 바로잡으려는 데는 그다지 열의를 보이지 않았던 것이다. 그 결과 도쿄 재판 등에서는 '평화에 대한 죄'와 '전쟁범죄'에 대해서만 일부 전쟁지도자와 말단의 군인, 군속을 가려냈을 뿐 '인도에 대한 죄'를 정면으로 적용하려고 하지 않았다. 뿐만 아니라 천황을 추궁하지도 않았고, 군국주의 일본의 지배층과 관료의 대부분을 그대로 둠으로써 그들의 전쟁책임을 비켜갔던 것이다. 이러한 일들이 전후보상을 방치한 것과 밀접한 관계를 갖는 것이다.

둘째로는 주변제국의 차이에 있다. 준엄한 주변제국에 둘러싸인 독일과 달리 중국을 위시한 일본 주변제국의 자세는 일본에 대하여 대체로 온건한 편이었다. 말하자면 일본의 전쟁중의 박해에 대하여 정면으로 보상을 요구하며 피해자에 대한 보상을 실현하려고 한 나라는 거의 없었다.

연합국은 샌프란시스코 강화조약에서 일본의 '존립 가능성'을 배려하여 배상을 거의 포기하였다. 중국, 대만, 인도, 소련도 포기하였다. 일본이 전후처리조약을 체결하고 배상 내지 청구권 처리 등의 명목으로 지불한 것은 한국, 필리핀, 인도네시아, 베트남, 싱가포르 등에 약 15억 달러 정도였다. 뿐만 아니라 이들 조치는 일본의 경제진출을 위하여 이용된 측면도 있다. 그렇게 된 데는 무엇보다도 이들 아시아 제국에서 전후 장기간의 경제적, 정치적으로 불안정한 상태가 계속 되었다는 것과 그 때문에 국내의 민주화가 늦어져, 결국 가장 밑바닥에 있는 전쟁피해자들의 외침이 표면으로 부각되기 어려웠다는 배경도 있다. 그래서 이들 제국은 대부분 전쟁피해자의 외침을 반영하기보다는 국가의 터전을 만들기 위하여 일본과 타협하는 자세를 취했던 것이다.

예를 들면, 한국은 지난 65년 국내의 대규모 반대운동을 억압하고 일한조약 체결에 이르렀지만, 당시 한국의 전쟁희생자들의 외침은 충분히 반영되지 않았다. 일한조약 체결 당시 한국의 대통령 수석보좌관이었던 민충식(閔忠植) 씨는 91년 8월에 열린 '아시아·태평양지역 전후보상 국제포럼'에서 일한조약은 완전히 일본측의 리더십으로 체결되었고 특히 청구권 및 경제협력협정의 문안작성도 일본측에서 마련하였으나, 당시 박정희 정권은 정권붕괴의 위기적 상황에 놓여 있었기 때문에 일본측의 제안을 받아들이지 않으면 안되는 사정이 있었다고 증언하였다.

또 군국주의 일본의 최대의 피해자였던 중국은, 일본인민과 중국인민은 다같이 일본 군국주의의 피해자였다고 하여 일본사람의 가해자성을 추궁하지 않았다. 이로 말미암아 1천만 명 이상이나 된다는 피해자의 구제와 일본의 과거의 부정의를 바로잡아 일본사회의 체질을 변혁하고 도의를 확립시킬 수 있는 중요한 기회를 놓쳤던 것이다.

셋째로는 국내에서의 문제의식 및 운동의 차이라고 할 수 있다. 일본의 지식인, 정치가 등 여론지도자들은 미소냉전에 휩쓸린 나머지 자기네들의 이데올로기 논쟁에는 힘을 쏟았지만 아시아·태평양 제국에 대한 과거의 부정의에 대해서는 거의 주목하지 않았다. 일본사회를 내면으로부터 다시 살펴보자는 세력들도 거의 없었다. 이것은 독일의 학자들, 학생운동, 그것을 추동하는 정치가가 '과거의 극복' 투쟁에 진지하게 노력한 것에 비하여 너무나 큰 차이가 있는 것이다. 부모시대에 범한 부정의를 추궁하고 스스로의 도의를 확립하려고 한 서독, 예나 다름없이 권력과 권위를 갖고 있는 부모들의 강력한 영향 밑에서 경제건설에만 에너지를 소비한 일본이라는 대조적인 구도가 있었던 것이다.

제4장 전후보상의 역사와 여러 외국의 사례

1. 보상의 역사

여기서 보상의 역사를 조금만 돌이켜보기로 하겠다. 세계적으로는 고대 로마의 술라의 공포지배 후 기원전 78년에 취해진 조치가 최고(最古)의 보상이라고 한다. 또 같은 고대 로마시대의 기독교도의 박해에 대해서도 후일에는 보상을 하고 있다. 영국에서는 크롬웰 사망 후 스튜어트 왕조 복고에 맞춰 보상한 예가 있다. 프랑스에서도 루이 14세에 의한 신교도(유그노) 박해에 대해 약 1백년 이상 지난 후에 보상을 하였다고 한다. 또 나폴레옹 지배 후의 부르봉 왕조의 복고 때에도 그러한 예가 있었다고 한다. 이와 같이 보상은 몇 세기에 걸쳐서 자연법과 같은 것으로 존재하여 왔다고 할 수 있다. 페오 드 라 크로와는 이것을 "부정은 보상 없이는 있을 수 없다"고 표현하고 있다.

이와 같이 어느 국가에서나 과거의 부정의을 스스로 회복하는 작업이 없이는 '국가'라고 할 수 없다는 강력한 자연법의 의지를 느끼게 된다. 다시 말하면, 과거의 부정을 방치하고 있는 국가는 국제사회에서 명예로운 국가로 인정받을 수 없다는 것이다.

근대 국가가 성립한 이후, 이 보상의 개념이 처음으로 성문화된 것은 전술한 바와 같이 베르사이유 조약(1919년 6월)이다. 아는 바와 같이 1914년에 발발하여 1918년에 끝난 1차 대전은 참전국 수, 사용된 무기의 질량면에서 그 유례를 찾을 수 없는 미증유의 참화였다. 전후 이와 같은 전쟁에 대한 각국의 반성이 깊어지면서 보상의 개념도 심화하게 된다.

1919년 1월에 시작된 강화회의에서 패전국 독일의 전쟁행위는 국제법에 위반하는 침략로서, 그 책임을 물어야 한다는 의견이 많았다. 그 해 6월에 조인된 베르사이유 조약 제227조에서 전 독일황제의 '국제 도의와 조약의 신성함을 손상시킨 최고의 범죄'에 대하여 소추하기로 결정하였다. 이 재판은 전 황제가 도망간 과거 네덜란드의 정부가 황제의 신병을 인도해주지 않았기 때문에 실현되지는 않았으나, 여기서부터 '전쟁범죄'라는 법 개념이 발생한 것이다. 그때까지는 무차별 전쟁관 때문에 전쟁 자체의 정부(正否)는 불문이었으나, 이때부터 독일의 전쟁행위가 비로소 국제법 위반이라고 하게 되었다. 전쟁은 국가의 행위이므로 국가기관의 최고의 지위에 있는 자라 할지라도 그 개인의 책임은 발생하지 않는다는 것이 전통적 국제법의 입장이었으나, 여기서 나아가 전쟁지도자가 국제형사법상의 책임을 지게 되었다.

한 나라의 전쟁행위가 국제적 위법행위에 해당된다면 그 나라는 가해자로서 피해자인 상대국에 대하여 전쟁피해에 대한 손해배상을 하지 않으면 안되게 되는 것이다. 베르사이유 조약 제231조는 독일에 전쟁책임이 있다고 하여 독일은 연합국과 그 국민의 전쟁피해의 전부와 연합국이 전쟁에 지출한 전액을 배상 내지 보상하여야 한다고 하였다. 독일은 저항하려 하였으나 결국 이를 수락하였다. 이 조항이 1천 3백 20억금 마르크(당시 3백 30억 달러)라는 배상액의 법적 근거가 되었다. 그 배상금의 분배율은 프랑스 52%, 영국 22%, 이탈리아 10% 등이며, 일본은 0.75%(9억 9천만금 마르크)였다. 이 금액 중에는 피해국의 국민 개인의 손해도 포함되었던 것이다. 이렇게 해서 이 베르사이유 조약에서 비로소 위법인 전쟁,

도의에 반하는 전쟁 결과 가해국가가 피해국민에 대하여 손해를 지불하지 않으면 안된다고 정해진 것이며 이야말로 획기적인 것이라 하겠다.

베르사이유 조약 이후 국제사회에서는 진실로 침략전쟁의 금지와 전쟁의 위법화에 관심을 두게 되었다.

1924년 10월에 체결된 국제분쟁의 평화적 처리에 관한 제네바 의정서는 침략전쟁을 평화유지의 국제연대에 대한 침략과 국제죄악을 구성하는 것이라고 못박았다.

1928년 8월에는 파리 부전(不戰)조약이 체결되었는데, 이 조약에서는 국제분쟁의 해결을 위한 전쟁이 부정되었으며 국가의 정책수단으로서의 전쟁이 포기되었다. 여기에서 침략전쟁의 위법성이 국제적으로 확인되었다고 하겠다.

이와 같은 전쟁 전체의 위법성을 문제로 삼는 움직임과는 별도로 전쟁 중에 이루어지는 교전행위에 대한 규제는 이미 이행되고 있었다. 전쟁법의 '인도화(人道化)' 현상인 것이다. 산업, 과학, 기술의 발달이 전쟁의 규모를 확대하고 무기의 살상력을 더욱 강화하였기 때문에 그것을 규제하는 것이 급선무였다.

우선 1864년에 적십자 활동에 대한 제네바 조약이 이루어졌다. 무기의 제한에 대해서는 1868년 성페테르부르크 선언에서 4백 그램에 미달하는 발사물에 폭발성 등을 갖는 물질을 충전한 것을 사용하지 않기로 약속했으며, 이 선언의 전문에는 전쟁의 '인도화'의 원칙이 명확히 제시되었다. 전쟁에서 인정되는 것은 적의 군사력을 약화시키는 것뿐이며, 그 이외의 무기의 사용, 살상은 인도의 원칙에 위반하는 것이라고 하였다.

1899년에는 댐댐탄(彈)의 금지선언이 있었는데, 이것도 이 원칙을 구체화한 것이다. 1925년 6월에 체결된 독가스와 세균무기 금지에 관한 제네바 의정서도 이 흐름에 따른 것이다. 독가스는 이미 1차 대전에서 사용되어 그 잔학성이 널리 인식되었다.

교전방법에 대한 포괄적인 규제는 1907년 10월에 체결된 육전법규에 관한 헤이그 조약 및 그 부속규칙이 유명하다. 이 부속규칙에 의하여 무방비 도시에 대한 공격 및 약탈의 금지, 점령지에서의 주민권리의 존중이 규정되었다. 특히 점령지 주민에 대한 무제한 징발 및 부역은 인정되지 않으며, 현품의 제공을 받은 경우에는 가능한 한 즉석에서 현금으로 지불할 것이며 최소한 영수증을 교부하지 않으면 안된다는 등 세부적으로 규정되어 있었다.

이 헤이그 조약에서 특히 중요한 것은 부속규칙에 의하여 교전방법에 관한 위법행위에 대응한 다음, 제3조에서 "전기 규칙의 조항에 위반하는 교전 당사자는 손해가 있을 때에는 반드시 배상의 책임을 지는 것으로 한다. 교전 당사자는 그 군대를 조성(組成)하는 인원의 일체 행위에 대하여 책임을 진다"라고 규정하고 전쟁 규제조항에 위반한 군대를 가진 국가는 피해자 개인에 대하여 손해배상(보상)을 하지 않으면 안된다는 규정을 만정했다. 일본도 이 헤이그 조약에 1911년에 가입했다는 사실을 잊어서는 안될 것이다.

그런데 이 헤이그 육전조약은 그 당시까지 확립된 국제관습법을 명문화한 것이다. 따라서 동 조약에는 '총가입조항'이 있어 참전국가 전체가 가입하지 않으면 적용할 수가 없다고 되어 있으나, 확립된 국제관습법이기 때문에 미가입국이 있는 전시(1차 대전 및 2차 대전)에도 그대로 적용되는 것이다.

또 포로의 대우에 관해서는 1929년 7월의 제네바 조약이 있다. 여기에는 포로에 대한 처우가 세부적으로 규정되어 있다.

이상과 같이 무엇이 국제 위법행위가 되는가를 명확히 하기 위한 국제적인 노력이 꾸준히 이루어지고 있었던 것이다. 거기에서는 전쟁 자체의 위법성뿐만 아니라, 개개의 전쟁행위에서의 위법성이 명확히 제시되며, 특히 인도에 위반하는 전쟁행위에 대해서는 이를 엄중히 처단하고 나아가서는 피해자를 구제한다는 원칙이 확립되어 있었던 것이다.

2. 독일의 사례

2차 대전에서 일본과 함께 추축국(樞軸國)으로서 싸웠으며, 같은 패전국의 입장에 놓인 독일(독일연방공화국)에서 전후보상은 어떻게 다루어졌을까. 이에 대한 고찰은 일본의 전후보상문제를 생각하는 데 매우 유익할 것으로 생각된다.

독일에서의 전후보상은 미국, 영국, 프랑스, 소련의 4개국에 의한 점령 때(1945~49년) 벌써 시작되었다. 뉘른베르그 재판의 판결 1년 전, 미국의 재무장관 모겐소는 항복 후의 독일을 다루는 데 대하여 미국 대통령에게 제출한 계획 중에 '배상'과 '보상'이란 중심적인 개념을 구별하여 썼으며, 국가의 부정에 대한 형사제재 후에 '보상'이 이루어져야 할 것이라고 하였다. 이때에 '보상'의 영역에는 "인종, 국적, 신앙 및 정치적 견해의 이유로 어떤 인물을 차별하도록 작용한" 모든 조치를 제거해야 한다는 방향이 언명되었다. 그래서 1947년 서방측 전승국은 그러한 이유에 따라 박해당한 사람들이 빼앗긴 재산의 반환을 요구할 수 있도록 '연방반제법(連邦返濟法)'을 제정한 것이다. 이와 같이 독일도 당초에는 스스로가 적극적으로 보상문제에 뛰어든 것은 아니었으나, 또 하나의 외적 요인으로서 '유태인의 대독(對獨) 물적배상청구회의'(세계 유태인조직 중에서 23개의 조직에 의해 형성됨. 이하 '유태인회의'라고 함)와 같은 피박해자의 조직이 독일에 대해 보상요구를 한 사정을 들 수 있다.

독일사람 스스로가 보상문제에 매달리게 된 중요한 계기가 된 것은 1951년 9월 27일 당시 독일 수상 콘라트 아데나워가 연방의회에서 발표한 정부성명이었다. 그는 "독일민족은 유태인에 대한 범죄를 대부분 혐오하였으며 범죄에 관여하지 않았다"면서 직접적인 죄는 인정하지 않으려고 하였지만 "독일민족의 이름으로 말로서는 다할 수 없는 범죄가 자행되었으며, 이 범죄에는 도덕적, 물적 보상이 의무화되어 있는 것이다"라고 말한 것이다. 또 그는 서독정부가 "유태인과 수많은 실향 유태난민을 받아들인 이스라엘 국가의 대표자와 같이 끝없는 고통의 정신적 제거를 조금이라도 덜어주기 위하여 물적 보상문제의 해결에 나서겠다"고 덧붙였다. 이 정부성명에 따라 이듬해인 1952년 3월부터 네덜란드의 헤이그에서 (미국의 비호 하에) 서독과 이스라엘 간의 협의가 시작되었다. 그 결과 그 해 9월 10일 서독과 이스라엘 및 '유태인회의' 간에 조인된 것이 '룩센부르크 협정'이며, 이것이 독일의 전후보상의 첫걸음이 되었다. 룩센부르크 협정 전문에는 다음과 같이 명기되어 있다.

"나치가 폭력지배할 동안 유태민족에 대하여 형용할 수 없는 범죄가 자행되었다는 것, 독일연방공화국 정부는 1951년 9월 27일의 연방의회에서의 성명을 통해 이 행위에 따른 물적 손해를 독일의 급부능력의 한도 내에서 보상하겠다는 의사를 표명하였다는 것, 또 이스라엘은 독일과 구독일 지배 하의 영역에서 수많은 거처도 없고 자산을 잃은 유태인 난민을 정주시켜야 하는 커다란 부담을 지고 있으므로 독일연방공화국에 대하여 이로써 발생한 편입비용의 일부 변제의 청구권이 있다는 것, 이상의 점들을 고려하여 이스라엘 국가와 독일연방공화국은 다음과 같은 협정 체결에 성공하였다."

이 협정의 근거가 전술한 아데나워 수상의 연설이었다는 것은 명백하지만 양자에 공통하는 서독의 자세는 스스로의 죄를 인정하지는 않았으나 범죄가 이루어졌다는 사실을 인정하고, 그럼으로써 도덕적, 물질적 보상의 의무가 있는 것이라고 하여 보상의 뜻을 나타낸 것이다. 말하자면 거기에는 사죄는 없고, 사실의 인지와 그에 따른 보상의 표명뿐이었던 것이다. 이같은 흐름 속에서 서독 최초의 보상입법인 '연방보충법'이 1953년 9월에 제정되었고 이어 56년 6월 29일에 개정되었는데, 서독의 전후보상입법 중에서 가장 중요하며 이후에 보상문제를 다루는 데 불가결의 기준으로 된 것이 '연방보상법'이다. 그 전문은 다음과 같다.

"나치즘에 대한 정치적 적대관계를 이유로, 또는 인종, 신앙 그리고 세계관의 차이를 이유로 나치의 폭력지배 하에서 박해를 받은 사람들에게만 부정이 일어났다는 것, 신념이나 신앙 또는 양심 때문에 나치의 폭력지배에 대하여 이루어진 저항은 독일민족과 국가의 번영에 있어서는 공적(功績)이었다는 것, 민주적·종교적·경제적 조직도 나치의 폭력지배에 의하여 위법으로 손상되었다는 것, 상기의 사실을 인정하며, 연방의회는 연방참의원의 찬동을 얻어 이하의 법을 의결하였다."

그리고 본문 제1조 제1항에서 '피박해의 개념'은 "나치 박해의 희생자란 나치즘에 대한 정치적 적대관계를 이유로, 또는 인종, 신앙, 그리고 세계관을 이유로 나치의 폭력조치에 의해 박해를 받거나 그로 인하여 생명, 신체, 건강, 자유, 소유물, 재산, 직업상, 경제상의 발전에 손해를 입은 사람을 말한다"라고 세밀히 규정되어 있다. 그 조문이야말로 '인도에 대한 죄'에 거의 부합하고 있다는 점에 주목하고자 한다.

그러나 이 '연방보상법'에서도 몇 가지 문제가 있었다고 한다.

우선 청구상 세 가지의 제약이 있었다.

첫째는 보상청구의 신청기간이 법률이 제정된 1956년 6월 말부터 58년 4월 1일까지 2년도 채 못되는 기간이며, 이것은 전쟁희생자 원호를 다루는 '연방원호법'에서의 기간에 비해 너무나 짧았다는 것이다.

둘째는 '속지주의'의 원칙이 있었다. 일부의 예외는 있지만 신청하는 희생자는 1952년 12월 31일까지 이 법률이 미치는 범위, 즉 서독에 주소가 있거나 지속적으로 체재하고 있는 것을 조건으로 달고 있다. 이 조건은 이후에 서독은 본질적으로는 독일인 희생자만을 보상 대상으로 여기고 있다는 비난을 만든 것이었다. 나치 희생자의 대부분은 독일사람이 아닌 외국사람들이었기 때문에 이 비난은 더욱 심하였던 것이다.

세 번째의 제약은 손해나 장해의 심사였다. 특히 문제가 된 것은 적어도 25%의 건강장해가 증명되어야 하며, 그 장해가 틀림없이 박해에 의한 것이 아니면 안된다는 점이었다.

또 그 대상도 전술한 것과 같은 규정에 한정되었으며 나치즘의 모든 희생자를 포괄하는 것이 아니며, 예를 들면 강제불임화(强制不姙化), 단종

(斷種)된 사람들은 대상이 되지 않았다든지, 서독의 자유 민주적 기본질서를 부정하는 자에게는 적용을 안한다든지, 1956년 8월의 헌법재판소의 공산당금지 판결에 따라 나치에 저항한 피해자이면서도 적용을 저지당한 사람들이 있다는 것 등이 문제가 되었다. 그러나 이러한 제약과 문제점은 그 후 여러 조치에 의하여 극복되는 방향으로 풀려나갔다.

예를 들면 '연방보상법'의 적용에서 빠진 나치 피해자에 대한 보상으로 유태인 배상조약이 조인되었다. 이 조약에 따라 서독은 이스라엘 정부에 대하여 34억 마르크를 지불하였으며, '유태인회의'에 대해서는 5억 마르크를 지불했다. 또 프랑스 등 12개국 정부와 '포괄협정'을 체결하여 총계 10억 마르크를 지불하였으며, 이를 해당국의 20만 명의 피해자들에게 건네줄 것을 위탁하였다. 또 동유럽 제국과도 관계를 트기 시작했는데, 1991년 10월에 설립이 결정된 5억 마르크의 '독일-폴란드 화해기금'처럼 이때까지 잊혀진 존재로 있던 강제연행노동자의 보상문제에 대해서도 손을 대기 시작하였다. 개인보상이 원칙이겠지만 전후 반세기에 가까워지는 단계에서는 생존 피해자와 유족을 포함해서 피해자단체도 운영에 관여하는 '기금제도'가 효과적일 것이라고 하며, 이는 일본에도 참고가 될 방법이다.

또한 전시중에 병원에서 10만 명의 환자가 '안락사' 계획으로 살해되었는데, '일반전쟁종결법'에 의하여 '안락사' 희생자들에 대해서도 1988년부터 보상을 한 예가 있다.

이렇게 하여 이 법률에 의하여 지불된 보상의 총액은 일시금 및 연금으로 1991년 1월까지에 약 8백 64억 마르크(약 6조 엔), 현재의 연금수령자는 약 15만 명, 월 합계액 약 1억 2천만 마르크가 계속 지불되고 있는 것이다.

또 하나의 보상입법으로서 이미 언급한 '연방변제법'이 있다. 연방보상법이 나치 등에 의하여 가해진 인적 손해에 대한 배상인 데 비해 이것은 같은 원인에 의한 물적 손해에 대한 조치이다. 나치 운동과 그 집권 정부 하에서는 유태인의 권리가 침해당하고 부당하게 재산이 탈취되었는데, 그

수탈에 의하여 이익을 얻은 개인으로부터 그 탈취한 재산을 피해자인 유태인에게 변제하기 위한 조치가 이 법률인 것이다. 그 총액은 3조 1백 35억 마르크에 달하며 그 4분의 3은 부동산이라고 한다.

그렇다면 이와 같이 서독의 전후보상은 기본적으로 부정의 사실을 인정함으로써 책임계승자로서의 입장에 서서 40년의 실적을 쌓아올린 것인데, 전후 과거의 부정의를 어떻게 극복할 것인가를 놓고 국내적으로 대논쟁이 전개되었다는 것을 잊어서는 안된다. 특히 과거 극복에서 역사적인 전기가 된 것은 1968년의 학생운동이다. 젊은이들은 부모들에게 특히 아버지에 대하여, 그 시절에 무엇을 하였는가, 그때 왜 나치체제에 대하여 아무것도 하지 않았는가, 그리고 현재 왜 그러한 일에 대하여 침묵을 지키느냐면서 다부지게 추궁하였다. 그래서 서독 사민당(SPD)을 중심으로 하는 정치가들이 이 일에 열심히 매달려 여러 가지 보상조치가 실행되었던 것이다.

1971년에는 서독 사민당의 브란트 수상이 바르샤바의 겟토 기념비 앞에서 무릎을 꿇고 절을 하는 상징적인 행위를 통해 과거의 부정의를 진지하게 다룰 것이라는 국민의 총의를 대변하였다.

1985년 5월 바이츠체커 대통령의 연설도 유명하다. 그는 "선인들은 우리들에게 쉽지 않은 유산을 남겼습니다. 죄의 유무와 노소를 불문하고 우리들 모두가 과거를 물려받지 않으면 안될 것입니다. 모두가 과거로부터의 귀결에 관련하고 있으며 과거에 대한 책임을 짊어지고 있는 것입니다"라고 '전후책임'을 국민 전체의 것으로 명확히 해두고자 하였다.

과거의 부정의에 대한 문제의식에 많이 뒤져 있던 동독도 통일독일로 탈바꿈한 뒤, 첫 자유선거로 선출된 동독인민의회가 1990년 4월 "우리들은 세계의 유태인에게 용서를 바란다. 우리들은 살아남은 사람들의 정신적·육체적 회복을 위하여 가능한 모든 것을 다하여 물질적 손실에 대한 정당한 보상을 하고자 한다"라는 성명을 발표하였다.

이와 같이 독일의 지도자들은 기회 있을 때마다 과거의 부정의에 대한 책임의 확인을 되풀이하고 있다. 그러한 작업의 연장선상에서 박해에 관한 역사적 기념물의 보존, 역사교과서의 기술에 대해서도 진지한 노력을 기울이고 있다. 그러나 아직도 많은 지역과 피해자들로부터의 청구에 충분히 응하였다고 할 수는 없으며, 현재도 해결 안된 문제가 많이 남아 있다.

3. 미국의 사례

전시중의 '부정의'는 전승국측에서도 일어날 수 있다. 체제의 전환이 없었던 전승국측이 스스로의 역사적 부정의를 인정한다는 것은 다른 측면에서 볼 때 곤란한 일이다. 미국은 이 곤란한 작업을 민주주의의 과제로서 취급하였다.

미국의 일본계인에 대한 전후처리는, 미국에서의 공민권운동과 그에 촉발되면서 스스로의 권리회복운동을 전개해나간 마이너리티로서의 일본계 3세의 운동이 그 배경에 있었다. 그래서 그때까지 배일(排日)에 인종(忍從)하는 것처럼 보이던 일본계 1, 2세들이 보상요구운동을 해나가게 되었던 것이다. 1978년 일본계 미국인 시민연맹(JACL)은 그 전국대회에서 일본계인에 대한 미국정부의 중대한 과오에 대한 보상을 연방법에 의하여 법제화할 것을 요구하는 운동을 벌이기로 결정하고, '침해당한 부정에 대한 금전적 보상'으로 4억 달러의 공동기금 설정 등을 요구하였다.

1980년 7월 31일, 카터 민주당정권 하의 미국의회 안에 '전시민간인 재정주·억류에 관한 위원회'가 설치되어 일본계인 강제수용소의 피해실태 조사가 이루어졌다.

강제수용의 실태란 약 11만 명의 일본계인이 전시중에 자기들의 소유물을 그대로 둔 채, 미국 서부의 사막이나 산악지대에 설치된 수용소로 이송된 일이다. 그 곳은 철조망으로 둘러싸이고 무장된 감시탑이 설치되어있었다. 이렇게 강제수용을 당한 11만 명의 일본계 가운데 3분의 2가 미국시민이었으며, 그 외의 사람들은 법률상으로는 미국시민이 되지 못하고 외국인 거주자로 있던 일본사람들이었다. 공교롭게도 미국으로 건너가는 중인 일본인 여행객도 포함되어 있었다. '전시민간인 재정주·억류에 관한 위원회'는 1983년 2월 24일의 한 보고서에서 '거부당한 개인의 정의'를 공표하고, "강제수용은 장기에 걸친 인종차별과 전시하의 이상심리에 따른 것이며, 군사적 필요에서 정당화되는 조치가 아니었다"라고 결론지었다. 그리고 그 해 6월 16일자 보고서는 다음과 같이 말하고 있다.

"아무리 많은 돈을 써도 강제 배제당한 사람들의 손실과 고통을 보상하는 것은 불가능하다. 역사를 새로 바꿀 수는 없는 것이다. 우리들이 지금 해야 할 것은 모름지기 유감의 뜻을 표명하고 국민으로서 보다 높은 가치를 지향하는 바가 아니면 안될 것이다."

"곤란한 시기에도 민주주의의 가치를 지키는 능력이 우리들에게 있다고 한다면 그것은 자유와 정당한 절차를 외치는 헌법에서 일탈한 지난날의 악몽을 우리들 모두가 잊어서는 안된다는 데 있다. 부정의를 잊어버리고 혹은 무시하는 국민은 다시 간단하게 그것을 되풀이할 것이다. 강제 배제와 억류를 되새겨 후세의 미국인에게 이 역사를 알려주는 것만이 전시의 편견과 격정이라는 바이러스 감염에 대한 면역을 만드는 것이다."

이 보고서로 인해 1988년 8월 10일, '시민적 자유법'이 성립, '공식 사죄와 생존자 6만 명에 대하여 각 2만 달러의 보상'이 실현되었다.

1990년 1월 9일, 수표와 함께 부시 미국 대통령의 다음과 같은 '사죄의 편지'가 주어졌다.

"금전이나 말만으로서는 잃어버린 세월을 되돌리고 아픔을 가져온 기억을 달랠 수는 없을 것입니다. 또 부정을 수정하고 개인의 권리를 지지하려는 이 나라의 결심을 충분히 전할 수도 없습니다. 우리들은 과거의 잘못을 완전히 바로잡을 수는 없습니다. 그러나 우리들은 분명히 정의의 입장에 선 이후에 2차 대전 중에 중대한 부정의가 일본계 미국인에 대하여 자행되었다는 것을 인정할 수가 있습니다.”

　“손해배상과 진심으로 사죄를 하는 법률의 제정으로 미국인은 진정으로 자유와 평등, 정의라는 이상에 대한 전통적인 책임을 새로이 하였습니다. 여러분과 가족들에게 행복이 있으소서.”1)

　이상과 같이 일본계인에 대한 보상과 동시에 그다지 알려지지 않는 알류트인에 대한 보상도 이루어졌다. 전쟁중 알류산 열도로부터 모든 알류트인(약 8백 50명)을 알래스카 본토로 강제 이주시켰던 것이다(이른바 ‘백인’은 그대로 두었다). 이들 알류트인에 대한 불법적인 취급, 전쟁침해에 대하여 1988년 ‘알류산 프리비로프 제도 현상회복법’이 제정되어 생존 도민 또는 유족에 대하여 1인당 1만 2천 달러(합계 6백 40만 달러)의 보상이 계상되었다. 그뿐 아니라 알류산 열도 최서단의 앗스도민은 미군이 아니라 일본군에 의하여 1942년 홋카이도의 오다루로 강제 이주당하였는데, 일본정부는 이에 대해 보상하지 않았다. 그러나 미국정부는 본래 보상 대상은 아니지만 고향인 앗스도로 돌아갈 수 없다는 이유로 다른 알류트인과 같은 보상을 하였다.

　미국의 일본계인 강제이주에 대한 보상과 독일에서의 보상의 차이를 보면, 독일에서는 보상을 청구하기 위해서는 여러 가지 복잡한 과정이 필요했다. 말하자면 보상 책임이 있느냐 없느냐를 명확히 하기 위하여 정부의 특정기관에 청구를 넘겨 심사나 재판을 하지 않으면 안되었다. 이에 비해서 미국의 일본계인 경우에는 청구 자체는 필요 없었다. 1988년에 제정된 ‘시민적 자유법’은 우선 일본계인의 자유의 박탈과 공민권의 부정 등에 대한 정신적인 보상에 대한 미국정부의 책임 표명이라는 것을 주안으로 하고 있으며, 보상금은 이와 같은 정신적인 마음의 상처에 대하여 지불된 것으로, 바꾸어 말하면 재산상의 손해보다는 희생자의 마음을 달래

---

1) ≪朝日新聞≫ 1990년 10월 10일.

고 명예를 회복하는 데 효력이 있었던 것이다.

4. 캐나다의 사례

캐나다의 일본계인은 1941년 당시 약 2만 3천 명이 거주(그 중 2만 2천 명은 서해안의 브리티쉬 컬럼비아 주에 거주)하고 있었다. 그 60%가 캐나다 출신으로 캐나다 시민권을 갖고 있었으며, 약 15%가 귀화 1세의 캐나다 시민권을 가졌고 나머지 25%가 일본국적자였으나 대다수가 캐나다 시민권 취득을 바라고 있었다.

1941년 전쟁발발 전, 캐나다 정부는 일본계인 특별등록카드제를 채용하여 16세 이상의 일본계인은 연방경찰에 출두하여 지문 등을 등록케 하였다. 그리고 그 해 12월 8일 직후, 일본계인 40명을 위험인물이라 하여 체포함과 동시에 전 일본계인을 적성국인이라고 규정하였다. 1942년 첫 겨울에는 일본국적의 일본계 남성을 강제이동, 그 해 12월에는 전 일본계인을 내륙산간부의 수용소에 강제 수용하였다. 또 일본계인으로부터 몰수한 재산을 강제처분하여 1949년까지 일본계인의 시민권을 박탈하고 브리티쉬 컬럼비아 주로의 복귀를 금하였던 것이다. 같은 적성국인이었던 독일계, 이탈리아계 주민들은 강제이동이나 강제수용되지 않았으므로, 일본계인에 대한 정책은 인종차별이었다고 할 수 있을 것이다.

캐나다에서는 1988년 9월 22일, 캐나다 정부와 전 캐나다 일본계인협회 사이에 일본계인 박해에 대한 정식 사죄와 보상에 관한 합의가 성립되었다. 보상의 내용은 생존자 1만 4천 명에 대해서는 한 사람에 2만 1천 캐나다 달러를 지불할 것과 전 캐나다 일본계인협회를 통해서 일본계 캐나다인 사회에 1천 2백만 달러를 커뮤니티의 복리 내지는 인권의 옹호에 도움이 되는 교육적·사회적·문화적 활동·기획을 위한 자금으로서 지불하는 것이었다.

멀로니 수상은 의회에서 "이 보상의 가장 중요한 요소는 1940년대의 오류의 공식적인 승인일 것입니다. 그러나 보상은 말과 법률을 넘어서지 않으면 안될 것입니다. 이것은 우리들의 현재의 이해와 장래의 행동을 위하여 중요한 것입니다. 어떠한 금전일지라도 오류를 바로잡으며 손해를 원상으로 돌리며 상처를 고쳐주지는 못합니다. 그러나 도덕적인 의미만이 아니라 실체적인 방법으로써 이 문제를 처리하는 것이 우리들의 결의를 상징하고 있습니다"라고 연설하였다. 그리하여 캐나다 정부는 수표와 함께 멀로니 수상의 사인이 든 "캐나다 국민의 성의가 담겨 있습니다"라는 문서를 동봉하였던 것이다.

이들 미국, 캐나다와 일본은 1952년 샌프란시스코 조약에서 전술한 바와 같이 배상·청구권 문제를 해결하였다. 이것으로 보더라도 배상과 개인의 보상 문제는 별개의 문제라는 것이 확인되는 것이다. 또 보상을 이행하는 데 국적이라든지 거주지의 문제는 아무런 장해가 되지 않는다는 점도 참고가 되는 것이다. 미국과 캐나다 양 정부는 일본에 담당자를 파견하여 일본 전국에 9개소의 회장(會場)을 마련하고 담당국장도 내일하여 신청을 접수하는 등 성의를 표시하였던 것이다. 보상을 받은 일본계인들은 2만 달러의 수표보다는 대통령이나 수상의 서한에 의하여 마음이 풀렸다고 한다. 이 서한을 액자에 넣어서 보존하고 스스로의 명예회복의 상징으로 삼고 있는 사람들도 많이 있다고 한다.

제5장 전후보상의 법적 근거

1. 포츠담선언에서 나오는 보상

전후 일본의 출발점은 누구나 인정하는 바와 같이 1945년 8월 15일의 포츠담선언 수락에 있다. 이 포츠담선언을 수락함에 따라 일본은 연합국과의 전투를 무조건 항복으로 끝낼 수 있었으며, 일본 정부가 수락한 이 포츠담선언의 내용이야말로 일본의 전후 책무와 진로를 규정하는 것이었다.

이 포츠담선언은 45년 7월 26일 연합국인 미합중국, 중화민국, 영국의 대표가 협의하여 작성한 것이지만, 그 제8항에는 "카이로선언의 조항은 이행되어야 하며"라고 되어 있다. 즉 43년 11월 27일의 카이로선언 내용까지도 일본정부는 전면적으로 수락한 것이다.

이 카이로선언은 루즈벨트 미국 대통령, 장개석 중화민국 총통, 처칠 영국 수상에 의하여 이루어진 성명이지만, 거기에는 "3대 동맹국은 일본의 침략을 제지하고 또 이를 벌하기 위하여 전쟁을 하고 있는 것이다. 동맹국은 자국을 위하여 하등의 이득을 추구하는 것은 아니며, 또 영토 확장에 대해서도 하등의 생각을 갖고 있지 않다"라고 하여 일본과의 전쟁은 그야말로 정의의 회복을 위한 전쟁이라면서 이를 통해 일본이 일으킨 부정의를 단죄하고 있다. 그러면서 다음과 같이 일본이 침략에 의하여 획득한 영토 등에 대하여서는 그 원상회복을 요구하고 있다.

"동맹국의 목적은 일본에 의하여 1914년의 1차 대전의 개시 이후에 일본이 탈취한 또는 점령한 태평양에서의 일체의 도서를 박탈함과 아울러 만주, 대만 및 팽호도와 같이 일본이 청국인으로부터 도취한 일체의 지역을 중화민국에 반환하는 데 있다. 일본은 또 폭력 및 탐욕에 의하여 일본이 약취한 다른 일체의 지역에서 구축되어야 한다."

더욱 특기할 것은 "전기 3대국은 조선인의 노예상태에 유의하여 머지 않아 조선을 자유 독립국가로 하는 데 결의하였다"라고 조선인민의 노예상태에 대하여 국제적 서언으로서는 이례적인 표현으로서 특별히 부가하였다는 것이다. 그런데 포츠담선언 수락에 따라 이 카이로선언의 내용을 이행하지 않으면 안된다는 의미는 단순히 영토적인 반환에 끝나는 것이 아니라 침략에 의한 피해에 대해서도 원상회복을 하지 않으면 안된다는 의지를 표명한 것이라고 이해해야 할 것이다. 예를 들면 "조선인의 노예상태에 유의하여 조선을 자유 독립국가로 한다"는 것은 단순히 조선의 식민지 지배를 포기만 하면 된다는 것이 아니다. 단순히 쇠사슬을 풀어주었다고 해서 노예상태에 있던 사람이 원상태로 회복되지는 못한다. 노예상태 이전으로 돌리기 위하여 모든 원상회복 행위를 해야 하는 것은 당연한 일이라 하겠다.

따라서 일본은 포츠담선언의 수락에 의하여 1910년 이후의 일한합병에서 시작된 조선반도의 식민지 지배를 끝낸 후에 그동안 일본이 입힌 피해에 대하여 원상회복을 실현하는 부담을 수락하였다고 해석하여야 할 것이다. 구체적으로 말하자면 문화재 등의 반환은 말할 것도 없거니와 노동력으로서 강제연행한 다수의 조선사람들을, 또는 군인, 군속, 종군위안부로 동원된 사람들에 대해 일본은 다만 해방만 할 것이 아니라, 당연히 연행한 사람들은 데려다 주고 사망한 사람은 그 유골을 반환하고 또 그러한 행위에 의한 피해 보상이 이루어지지 않으면 안된다는 것이다.

이와 같이 포츠담선언의 수락이란 그야말로 일본이 조선을 위시하여 아시아를 침략하였으며 인도에 대한 죄에 해당하는 행위를 하였다는 사실을 일본이 인정하고 그 피해로부터의 회복조치를 취하도록 연합국이 요구한 것에 대해 일본이 이것을 전면적으로 받아들였다고 생각해야 했다. 전쟁책임이란 것은 아시아에 대한 침략, 억압의 죄를 묻는 것이다. 전후책임이란 피해자에 대한 원상회복의 책임(보상)을 묻는다는 것을 말한다. 이 전쟁책임과 전후책임이야말로 일본의 출발점이라는 것이 포츠담선언의 수락으로 명확히 확인된 것이다.

따라서 일본의 전후 출발점은, 즉 일본이 최초로 하지 않으면 안될 작업은 이들 아시아의 피해자에 대한 보상행위였다. 그리고 이와 같은 과거의 부정의를 바로잡는 작업을 통하여 일본이 다시는 전쟁과 침략을 되풀이하지 않는 평화적이며 민주적 체질의 국가를 창조하는 그러한 결의가 전후 일본의 가장 중요한 출발점이 되었어야 했다.

2. 일본 헌법에서 이끄는 보상

결론적으로 말할 것하면 전술한 포츠담선언에 의하여 확정된 전후 일본의 출발점인 보상의 책무에 대해서는 일본 헌법에서도 재확인되고 있다. 일본 헌법은 1946년 11월 3일에 공포된 것인데, 용어에서 약간 딱딱하다는 지적이 있기는 하나 그 헌법 전문에서 부르짖고 있는 이념은 높이 평가되고 있다.

이 헌법 전문의 처음에는 정부의 행위에 의하여 다시는 전쟁의 참화가 일어나는 일이 없도록 해야 한다는 것이 결의되어 두 번 다시 침략전쟁을 일으키지 않으며, 다시는 침략에 의한 피해, 희생이 일어나는 일이 없도록 결의하는 문언(文言)이 적혀 있다. 이 결의를 효과 있게 하려면 일본으로 말미암아 야기된 전쟁의 전말이 해명되고 정부의 행위의 실태를 정확히 인식하지 않으면·안되는 것이며, 따라서 거기에 따르는 책임을 올바르게 이행하는 것이 중요한 일인 것이다.[1]

또 이 전문에는 "우리는 평화를 유지하며 전제와 예종, 압박과 편협을 지상으로부터 영원히 제거하려고 노력하고 있는 국제사회에서 명예로운 지위를 갖고자 한다"라고 일본의 국제화를 생각하는 유명한 문장이 계속되고 있다. 15년 동안의 전쟁을 통하여 일본이 아시아 제국에 대하여 '전제와 예종, 압박과 편협'을 강요하여 온 것은 의심할 여지가 없는 것이다. 그것은 조선인민의 노예상태를 인정한 포츠담선언 수락에서나 샌프란시스코 조약에서도 확인되고 있는 것이다.

헌법은 일본이 범한 이 '전제와 예종, 압박과 편협'에 따른 피해의 회복(보상)에 일본이 진지하게 대처해나가는 것만이 일본이 국제사회에서 명예로운 지위를 획득하는 전제이자 불가결의 조건이라고 선언하고 있는 것이다. 바꾸어 말하면 '전제와 예종, 압박과 편협'의 결과 발생한 아시아의 피해자를 방치해 둔 채 국제사회에서 명예로운 지위를 이룩할 수는 없다는 것은 너무나 명확하다.

또 헌법 전문은 이렇게도 말하고 있다. "우리는 어느 국가를 막론하고 자국의 일에만 전념하는 나머지 타국을 무시하여서는 안되며 정치도덕의 법칙은 보편적인 것이며 이 법칙에 따른다는 것은 자국의 주권을 유지하고 타국과 대등한 관계에 서려고 하는 각국의 책무라고 믿는 바이다." 말하자면 전쟁피해의 회복에서 자국민의 일에만 전념하여 피해를 입힌 타국민을 무시해버리는 것은 국가 도의상으로도 용서될 수 없는 일이라는 것이다.

이상과 같이 헌법 전문의 대부분은 일본이 범한 과거의 침략전쟁을 반

---

1) 家永三郎, 『戰爭責任』, 岩波書店.

성하고 그 피해회복을 앞장서서 처리해야 한다는 결의를 나타낸 것이라고 해석할 수 있다.

3. 인도(人道)에 대한 죄

2차 대전 후의 정의의 회복

2차 대전 후, 독일의 주변 제국은 나치의 부정의와 박해 사실에 대하여 나치를 소추하고 피해자에 대한 보상을 가져왔다. 이것은 단순히 승자로 하여금 패자를 규탄하는 것이 아니고, 국제사회에서 도의를 어떻게 구체적으로 회복하느냐에 대한 노력의 결과인 것이다. 뉘른베르그 재판에서는 나치의 지도자뿐만 아니라 법률가, 의사, 관료 그리고 기업가도 단죄되었다. 그 단죄의 근거는 국내법이 아니고 국제법이었다.

국제법상 확립된 '전쟁범죄'는 협의의 '전쟁범죄'(國際人道法條約違反)와 '인도에 대한 죄'인 것이다. 전자의 '협의의 전쟁범죄'는 예를 들면 포로의 대우에 관한 제네바 조약, 독가스와 세균병기 금지에 관한 제네바 의정서이며 교전방법에 대한 포괄적인 규제로서는 1907년의 육전의 법규, 관례에 관한 헤이그 조약(1912년 일본 비준)이 있는 것이다. 이 헤이그 조약에 의하여 교전국의 해적 수단이 무제한이 아니라는 것이 명문화되었으며 무방비 도시에 대한 공격, 약탈이 금지되었고, 점령지에서의 무제한의 징발, 과세라든지 물품의 무상 징발도 금지되었다. 그리고 이러한 전쟁규제 조항을 위반한 국가는 거기에서 발생한 피해에 대하여 '보상(pay compensation)'을 해야 한다는 것을 명기한 점이 중요하다. 말하자면 동 조약 제3조에는 "그 규칙의 조항에 위반한 교전당사자는 손해가 발생하였을 때에는 이를 배상(보상)하는 책임을 진다. 교전당사자는 그 군대를 조성하는 인원의 일체의 행위에 대해서도 책임을 진다"라고 되어 있다.

그리고 전시의 피해보상에 대하여 이 '협의의 전쟁범죄'보다도 더 중시되어야 할 것은 일반적인 '인도에 대한 죄'인 것이다.

침략전쟁의 위법화 시도는 1924년 10월에 체결된 국제분쟁평화처리에 관한 제네바 의정서(미발효)에서 시작되어 1928년 8월의 파리부전조약에서 침략전쟁의 위법화가 국제적으로 확인되었다. 이에 이르러 '평화에 대한 죄'와 '인도에 대한 죄'의 개념이 국제법적으로 확정되었다.

도쿄 재판과 뉘른베르그 재판에서 전범으로 처벌된 것은 '평화에 대한 죄'(A급), '협의의 전쟁범죄'(B급), '인도에 대한 죄'(C급)의 세 범죄가 중심이었는데, '인도에 대한 죄(Crimes Against Humanity)'는 다음과 같이 정의되었다.

> "전전(戰前) 또는 전시중 모든 민간인에 대하여 이루어진 살인, 섬멸, 노예화, 납치 및 기타의 비인도적 행위 또는 범죄지의 국내법에 저촉 여부에 불구하고 본 재판소의 관할에 속하는 범죄의 수행, 또 이와 관련하여 이루어진 정치적, 인종적 혹은 종교적 이유에 따르는 박해행위."

즉 전시에 어느 국가가 일정한 민족에 대하여 조직적인 박해행위가 있었을 때는 그에 관한 가해국의 합법적 장치가 있건 없건 간에 국제적 도의인 '인간성에 대한 범죄'로서 처벌된다는 이념을 확립하려고 하였던 것이다. 이 이념은 2차 대전 후 국제적 정의의 회복을 위하여 여러 나라가 진지하게 검토한 가장 가치 있는 것으로 평가되어야 할 것이며, 현재까지 지속되고 있는 국제적인 인권 확립 조류의 원점이라고 할 수 있다.

그런데 국제정의의 회복을 위해서는 뉘른베르그 재판이라는 형사제재만으로는 불충분하였다. 당시 미국의 모겐소 재무장관은 이 재판의 판결 전에, '인도에 대한 죄'와 같은 국가의 부정에 대해서는 형사제재가 있은 후에 보상이 이루어져야 한다는 보고서를 대통령에게 제출하였다. 그래서 이기도 하고 구미의 압력도 있어, 서독은 연방보상법, 연방변제법 등에 의한 나치의 부정의에 대한 보상에 나서게 된 것이다.

연방보상법 제1조에는 피박해자로서 "나치 박해의 희생자란 나치즘에 대한 정치적 적대관계를 이유로 또는 인종, 신앙, 세계관을 이유로 나치의 폭력조치에 의해 박해당하고 그로 인하여 생명, 신체, 건강, 자유, 소유물, 재산, 직업상의 발전에 손해를 입은 자를 가리킴"이라고 정의하고 있다. 이 문언에서 보면 '인도에 대한 죄'에 대해서는 민사제재의 국내입법을 적용하는 것이 명백할 것이다. 또 서독은 이스라엘이나 유태인회의 외에 프랑스 등 주변 12개 국과 포괄협정을 체결하여 각국의 피해자들에게 보상을 행하였다. 그 하나로 '룩셈부르크 협정'(서독과 이스라엘 및 유태인회의 사이의 보상협정. 1952년 9월 10일 조인)의 전문에는 다음과 같이 쓰여 있다.

"나치의 폭력지배 동안 유태민족에 대하여 형용할 수 없는 범죄가 자행되었다. 그리고 독일연방공화국 정부는 1951년 9월 27일의 연방의회에서의 성명으로 이 행위에 따른 물적 손해를 독일의 급부능력의 한도 내에서 보상할 의지를 표명하였다. 다시금 이스라엘은 독일과 구 독일 지배 하의 영역에서 추방된 많은 사람들과 재산을 잃어버린 수많은 유태인 난민을 정주시켜야 하는 부담을 지고 있으므로 독일연방공화국에 대하여 이로 인하여 발생한 편입비용의 일부변제의 청구권을 갖기로 하였다."

즉 이 협정도 '인도에 대한 죄'에 의하여 발생한 피해에 대한 민사제재로서의 보상인 것이다. 이스라엘이라는 국가에 대하여 지불된 자금이지만 이는 박해를 당하고 부평초와 같이 된 유태인의 정주를 위하여 지불되는 것으로서, 개인의 피해회복을 위한 것이기도 하고 개인에 대한 '보상'을 위한 것이기도 하며 개인에 대한 '보상'을 이스라엘 국가가 갈음하여 수락한 것으로 보아야 할 것이다.

이와 같이 현재까지 독일이 지불한 보상의 총액은 6백억 달러를 넘는다. 서독의 각 주라든지 소수이기는 하나 크루프, 벤츠 등 민간기업도 과거의 청산에 가담하고 있다.

이것이 국가간의 '보상'과 다른 개인에 대한 '보상'인 것이다.

'인도에 대한 죄'의 위반행위는 명백히 국제위법행위이며 이 국제위법행위를 범한 책임이 국가에 있을 경우에 국가는 보상책임을 부담하게 되는 것이다. 또 이와 같은 국제불법행위에 의하여 침해를 받은 피해자의 피해회복청구권은 그 개인이 귀속하는 국가가 아니라 피해자 본인에 속하는 것이다. 말하자면 '인도에 대한 죄'라는 국제불법행위의 침해를 받은 피해자에게는 국제법상 보상청구를 할 수 있는 권리가 부여되어 있다고 생각하는 것이다. 이상과 같은 생각에 따르면 전승국에도 전시중의 부정의가 있으면 '보상'은 있을 수 있는 것이다. 미국, 캐나다가 1988년 이후 일본계 미국인 강제수용의 부정의를 인정하여 사죄하고, 1인당 2만 달러(캐나다는 2만 1천 캐나다 달러)의 보상을 지불한 것도 이 의미의 연장인 것이다. 미국에서는 주로 헌법에 규정된 인권조항을 무기로 마이너리티 운동으로서 쟁취한 경과가 있으며 국제법인 '인도에 대한 죄'의 이념을 들고 나올 필요는 없었다. 워싱턴의 미국역사관 B층 한쪽에 일본계 미국인 수용문제를 다룬 코너가 있다. 그 입구에는 '항상 완전을 구하며 현재를 완전이라고 보지 않는 데에 미국의 참다움이 있다'라는 문구를 제시하여 미국수정헌법을 높이 내세우고 있다. 다시 말하면 헌법상의 차별문제로서 취급되고 있는 것이다. 그러나 문제는 전시에 적대민족에 대하여 행한 차별적인 박해이며 명백히 '인도에 대한 죄'에 해당된다. 독일의 유태인들에 대한 박해와 공통점이 있는 것은 누구나 부정할 수 없는 일이며 미국에서의 일본계 미국인 강제수용문제가 왜 전쟁범죄로서 논의되지 않는가에 대해서는 의문이 생긴다. 그러나 국제적 도의 확립을 위하여 자국의 역사에 있는 부정의를 바로잡는 일에 진지하게 노력하며 국제법에 따라 전후보상의 책임을 다하려고 하는 노력으로서는 평가된다고 생각한다.

인도(人道)의 죄에 대한 개념

IMT 조례 제6조 C항에 규정된 '인도에 대한 죄'란, 전전(戰前) 또는 전시중에 일어난 정치적, 인종적, 종교적 이유에 따른 박해행위로서 구체적으로는 민간인에 대하여 행한 살인, 섬멸, 노예화, 추방 및 기타의 비인도적 행위인 것이다. 그리고 "이들 박해행위가 범행지, 즉 박해국가의 국내법에 저촉되건 안되건 간에"라고 되어 있듯이 가령 합법적 절차에 따라 행해졌다고 하더라도 이것을 국제법 위반의 전쟁범죄로 인정하게 되는 것이다. 유태인 학살이 독일제국으로서 합법적인 각의 결정에 따른 것이라 할지라도, 혹은 일본에서의 강제노동 등이 국가 총동원체제 하의 징용령의 시행이란 법률에 따른 행위였더라도 이들이 박해행위라고 인정되면 전쟁범죄인 '인도에 대한 죄'가 성립하는 것이다.

즉 '인도에 대한 죄'라는 것은 국가에 의한 조직적인 박해이므로 국내법에 저촉되지 않은 것이 보통인 것이다. 그것이 표적으로 삼는 것은 개인이 아니라 오히려 지배체제가 절멸(絶滅)을 기하고 있는 일정한 이념이라든가 인종적 특성으로서의 개인 또는 집단이라고 할 수 있다.

이와 같이 '인도에 대한 죄'는 일정한 이념이라든가 인종적 특성이 있으면 무차별로 그 집단을 박해하기 때문에 뉘른베르그 재판의 프랑스의 주석검사 드 만튼은 "이 범죄는 <인간의 조건>에 대하여 이루어지고 있다"라고 표현하였다. 또 유명한 법률학자인 라트부르흐는 '인도에 대한 죄'의 개념을 다음과 같이 말하고 있다.

"나치는 인도에 내포된 3개의 의의 전부에 걸쳐서 인도에 대한 죄를 범한 것이다. 나치는 잔학과 굴욕이라는 의미를 갖는 무수의 비인도적 행위를 범하였을 뿐만 아니라 폴란드의 지식층을 모조리 없애버리겠다고 시도하였으며, 지식이라는 의미로서의 인간성도 의식적으로 파괴하였다. 따라서 우리들은 인간존재에 대한 잔학행위, 인간의 존엄에 대한 모욕, 인간의 지식에 대한 파괴라는 세 가지 의미에서라도 인도에 대한 죄를 밝히지 않으면 안될 것이다. 인도에 대한 죄를 이와 같이 이해하는 이상, 이를 전인류에 대한 범죄로 보는 것이 옳을 것이다."2)

따라서 뉘른베르그 재판에서는 A급인 '평화에 대한 죄' 혹은 B급인 협의의 '전쟁범죄'보다도 C급인 '인도에 대한 죄'가 보다 중시되었으며 극형에 처해진 12명 중 '인도에 대한 죄'가 유죄로 되지 않는 사람은 없었던 것이다. 뉘른베르그 재판에서 유죄로 된 소인(訴因)은 다른 전쟁범죄보다도 '인도에 대한 죄'가 가장 많았다고 할 수 있다.

'인도에 대한 죄'라는 죄명이 처음으로 쓰인 것은 아마 1차 대전 후의 파리 강화회의(講和會議)에서 일 것이다. 베르사이유 조약에는 다음과 같은 문언도 보인다.

> "1914년 8월 1일에 개시된 전쟁은 온 문명 국민이 고의로 범한 죄치고는 최대의 인도 및 민족의 자유에 대한 죄(crime against humanity and freedom of people)였다."

> "이 전쟁을 처단할 때 기초가 되는 것은 인도와 정의에 대한 죄(crime against humanity and right)이며, 그 이외의 기초로서 처리하는 데 만족한다면 모든 것을 내던져 세계의 자유를 지키려고 힘쓴 분들에 대한 불성실이 될 것이다."

이와 같이 1차 대전 후에 '인도에 대한 죄'의 개념이 이루어진 것이다. 이것을 더욱 명확히 하기 위해서는 2차 대전중의 작업을 무시할 수 없다.

1941년 10월 25일 미국 대통령 루즈벨트와 영국 수상 처칠은 독일에 의한 전쟁범죄에 대해서 보복한다는 취지의 성명을 발표했고, 또 1942년 8월 21일 루즈벨트는 "범죄인은 그들이 현재 억압하고 있는 그 국가의 법의 심판 앞에 서서 그들의 행위에 대한 보복을 받지 않으면 안된다"라고 추축국(樞軸國)에 경고하였다.

이 점에서 보다 깊은 견해를 나타낸 것은 1942년 1월 13일 런던에 모여든 연합국 9개국(벨기에, 체코슬로바키아, 자유프랑스 국민위원회, 그

---

2) 芝健介, 「뉘른베르그재판 소고」, ≪國學院雜誌≫ 제89권 4호.

리스, 룩셈부르크, 네덜란드, 노르웨이, 폴란드, 유고슬라비아)에 의한 선언이었다.

　"독일의 침략전쟁 결과 일어나게 된 2차 대전의 개시 이래 독일은 점령지에서 테러체제를 굳게 하였다. 이 체제는 각별히 투옥, 대량추방, 인질의 처형, 대학살에서 그 특징을 볼 수 있다. … (본 협정 조인 제국은) ① 민간인에 대하여 범해진 이들 폭력행위는 문명 제국민에 의하여 이해되는 전쟁과 정치범죄의 법에 관한 이념에 배반하는 것이라고 단언하고, … ③ 조직된 사법 수단을 통하여 이들 범죄자 또는 이들 범죄에 책임을 갖는 자들을 그들이 그것을 명령하였든 수행하였든 아니면 참획하였든 관계없이 처벌할 것을 연합국의 주요한 전쟁목표의 하나로 한다…"

　이 9개국 선언은 나치즘의 잔학행위, 특히 민간인에 대하여 행해진 폭력행위에 대하여 통상적인 전쟁범죄로서 그 실행자를 처벌하는 데 그치는 것이 아니라 그 범죄행위에 책임을 갖는 상급자의 형사적 책임을 물었다는 것으로서 중요한 의미를 갖게 된다.[3]

　그런데 이 '인도에 대한 죄'를 포함한 전쟁범죄는 국제법규 위반이라고 해서 뉘른베르그 재판에서 처벌된 것이지만, 그 후에도 이들 전쟁범죄는 독일 국내법규로서 유지되어 독일인에 의한 전쟁범죄의 추궁은 계속되고 있다. 특히 '인도에 대한 죄'는 법률 제10호(1945년 12월 20일)에 의하여 IMT 조례 제6조 C항과 동일한 조문이 규정되었다. 그뿐 아니라 "전전(戰前) 또는 전시중에 이루어졌다"라는 일문이 삭제됨으로써 협의의 전쟁범죄와의 관련이 풀려 침략전쟁의 계획, 개시, 수행 등 전쟁에 관련된 조건을 고려함이 없이 유태인 박해라든지 정치적 적대자에 대한 탄압, 안락사, 살인 등이 재판을 받았던 것이다.

　이와 같이 '인도에 대한 죄'가 형법으로서 국내법화함과 동시에 독일에

---

3) 靑水正義, 「국제군사재판소 제6조 C, '인도에 대한 죄'에 관한 각서」(東京女學館 短期大學 紀要).

서는 민사적 측면으로서도 연방보상법, 연방변제법 등의 보상이 입법화한 것이다.

일본에서의 '인도에 대한 죄'의 의미

독일이나 미국에서는 보상을 둘러싼 진지한 움직임이 있었으나 이것의 이념적 근거 혹은 법적 근거에 '인도에 대한 죄'의 개념이 있었다는 것은 전술한 바와 같다. 그러나 독일에서는 '연방보상법'을 비롯하여 다른 보상 체계의 입법이라든지 조약, 협정이 상당한 정도로 되어 있었기 때문에, 또 미국에서는 합중국헌법의 마이너리티의 권리옹호라는 측면에서 운동이 전개되었기 때문에 모두가 '인도에 대한 죄'와의 관계에 대해서는 명확하게 논의되지 않았다.

독일에서 바이마르헌법은 당시로서는 민주적인 헌법이라 할 수 있었고 국가가 어떠한 부정의를 저질렀을 때 그 피해자인 국민은 국가에 대하여 주권자로서의 배상청구가 가능하다는 것은 당연한 일이었다.

그러나 메이지헌법(明治憲法)의 일본은 천황제 국가이며 천황은 신성하므로 침범할 수 없는 것이었다. 그 천황에만 주권이 있었고 일반국민은 신민이라는 자리에 놓여져 천황의 관리나 군대에 어떠한 권력행위로서의 불법이 있었다 하더라도 피해자가 국가에 대하여 손해배상을 청구할 수 있는 법체계가 아니었다. 이것을 '국가무답책(國家無答責)'의 원칙이라 한다.

따라서 당시 일본의 국내법에서 국가의 책임을 민사적으로 추궁한다는 것은 지극히 곤란하였다. 이것은 전쟁범죄의 측면에서도 문제가 되었으며 일본의 군대나 정부가 국가로서 타민족에 대해 박해를 가하였을 경우 일본 국내법을 근거로 하는 피해회복의 길은 아주 어려운 것이었다.

그렇다 하더라도 당시의 일본도 여러 가지 조약을 비준하고 있었으며 국제관계도 있어 확립된 국제관습법을 준수할 의무도 있었다. '국가무답책'의 원칙은 이 한도에서 해제되어 국가가 저지른 불법행위에 대해서는 민사배상책임이 발생하는 것이라고 하여야 할 것이다. '인도에 대한 죄'라는 국제관습법이나 국제인도법조약(國際人道法條約)을 적용함으로써 아시아의 피해자가 일본정부를 추궁하는 것은 이 때문인 것이다.

4. 개인 보상·청구권

문제의 소재

현재 전후보상을 요구하는 피해자에 의해 거론되는 논리(재판에 나타난 것)는 다양하다. 국내법적 근거로서는 미불급료청구(未弗給料請求)라든지 군표(軍票), 군사우편저금 등 채권청구(債權請求) 형태의 것, 국가배상의 유추적용이나 불법행위에 따르는 것, 또 나아가서는 신의, 성실, 조규 등 국가의 도의와 정의의 발동에 기인하는 것들이 있다. 그 논리의 전개와 일본정부의 반론에는 흥미로운 것이 있으나 본고에서는 생략하겠다.

문제는 국제법적 근거에 있다. 전시에 한쪽 군대가 국제법을 위반하여 가해행위를 자행하였을 때에 그 피해자가 가해국에 대하여 피해회복을 위한 보상청구권을 갖고 있느냐 없느냐에 대해서는 다음과 같은 논점으로 나눌 수 있다.

첫째로, 가해국가는 피해자에 대하여 보상책임이 있느냐 없느냐 하는 것이다. 이럴 경우 보상을 획득하기 위하여 피해자가 소속하는 국가에 의해 외교보호권을 행사하느냐 안하느냐는 문제가 안된다. 이 원칙이 확립되어야 비로소 다음의 개인보상청구의 가부(可否) 논의에 들어갈 수 있기 때문이다.

둘째는, 보상을 청구할 수 있는 것은 국가뿐인가 아니면 개인도 가능한가가 문제다. 즉 국제법상의 그와 같은 권리를 피해자 개개인이 가해국 정부를 피고로 하여 가해국의 재판소에서 청구할 수 있느냐 없느냐 하는 것이다. 현재 진행중에 있는 종군위안부 문제 등의 보상청구재판은 그야말로 이 논점의 성립을 구하며 투쟁하고 있는 것이다.

가해국가의 보상 책임

결론부터 말하면 앞서의 가해국, 즉 전쟁범죄를 일으킨 국가가 피해자에 대하여 그 손해를 보상하지 않으면 안된다는 것은 의심할 여지없는 확립된 국제원칙인 것이다.

1907년에 성립된 헤이그 육전조약은 제3조에서 "이 규칙의 조항을 위반한 교전당사자는 피해가 있었을 때에는 이를 보상해야 하는 책임을 지는 것이다. 교전당사자는 그 군대를 구성하는 인원의 일체의 행위에 대하여 책임을 진다"라고 명확히 규정하고 있다. 이것은 "인민 및 교전자가 의연히 문명국 사이에 존립하는 습관, 인도의 법칙 및 공공양심의 요구에서 발생하는 국제법의 원칙의 보호 및 지배 하에 있다는 것을 확인한다"라는 보편적 법칙인 것이다. 일본은 이 헤이그 육전조약을 1912년에 비준하였으나 이것은 원래부터 확립된 국제관습이며, 제2조에서 규정하는 '총가입조항(總加入條項)'(모든 교전국이 가입하지 않으면 조약의 적용이 없다)인데도 불구하고 일본도 준수하지 않으면 안될 원칙인 것이다. 따라서 일부 가입하지 않는 국가가 있었던 1차 대전이나 2차 대전에도 적용되는 조약인 것이다.

그리하여 이 국제법상의 원칙은 헤이그 조약 직후의 1차 대전에 곧 적용되었다. 1차 대전 후의 베르사이유 조약에서 독일의 전쟁행위가 "국제도의와 조약의 신성을 손상시킨 최고의 범죄"라고 하여 "전쟁의 결과 그 정부 및 국민이 입은 일체의 손실과 손해에 대하여" 독일과 동맹국에 일체의 책임이 있다는 것을 "단정하고 독일국은 이를 승인하였다"라고 되어 있다(제27조). 일본은 이때 전승국측이었고 전쟁범죄를 확정하는 15개국 위원회의 일원으로 있었으며, 또 일본 및 피해자 개인의 손해를 계산하여 독일에 청구하였다. 그리하여 개인의 손해회복을 위하여 혼합중재재판소가 설치되어 그 피해 구제의 기능을 다한 바 있다.

국제법 위반의 가해행위가 자행되어 피해가 발생하였을 때는 가해국에 의하여 피해자 개인에 대한 보상이 실행되었다. 그것은 다음에 드는 예처럼 헤아릴 수 없을 정도이다.

① 1873년, 미국기를 단 버지니아호가 공해상에서 스페인 해군에 의하여 쿠바의 산티아고로 연행되어 군법약식재판에서 21명의 미국인이 총살되고 32명이 억류된 사건으로, 스페인은 미국에 8만 달러를 지불하였다.
② 1891년 칠레에서 미국의 발티모어호가 무장단의 습격을 받아 2명의 미국인이 죽고 50명 이상이 부상당한 사건. 1892년 칠레는 미국에 7만 5천 달러를 지불하고 유족에게는 각 1만 달러가 보상되었다.
③ 1900년 의화단(義和團) 사건으로 미국 국무성은 어른 한 사람당 5천 달러의 부상 청구를 인정하였다.
④ 1904년 일러전쟁중 러시아 군함이 도쟈반크 앞바다에서 영국 어선단을 포격하여 2명이 사망, 6명이 부상한 사건으로, 러시아 정부는 6만 5천 파운드를 지불하였다.

파네호(號) 사건

또 일본이 관계한 사건으로서 파네호 사건이 있다. 1937년 12월 12일, 일본군이 남경을 공격할 당시 일본 해군기가 양자강을 항해중이던 미군 경비선 파네호를 폭격하여 침몰시켰다. 2명이 사망, 57명이 부상한 이 사건에 대하여 미국정부는 사망자에 1만 달러와 1만·5천 달러, 부상의 정도에 따라 각각 손해금액을 계산하고 선박 등 물적 손해도 합하여 합계 2백 21만 달러를 일본정부에 청구하였다.

미국 여론은 한때 극히 격앙되어 국교단절까지도 예상됐었으나 당시 히로다(廣田) 외상과 야마모토 이소로쿠(山本五十六) 해군차관은 진상조사에서 간사한 공작을 하지 않고 곧 솔직히 사죄하고 보상에 응하였기 때문에 오히려 미국의 대일감정은 호전되었다.

아하마루(阿波丸) 사건

거꾸로 일본정부가 대리인이 되어 개인의 보상을 청구한 사례로서 아하마루 사건이 있다. 1945년 3월 30일, 연합국 포로에 대한 적십자구원물자를 수송하는 데 절대로 공격을 받지 않는다는 보증을 받고 있던 아하마루가 귀로에 미국 잠수함에 의해 침몰되어 한 사람만 남기고 2천 3명 전원이 사망한 사건이다. 위법한 격침을 알게 된 일본정부는 중립국인 스위스 정부를 통하여 항의하였으며 미국정부의 사죄, 책임자의 처벌, 인명과 선박, 물자에 대한 배상이라는 3점 세트를 청구하였다. 미국은 전쟁종결이 가깝다는 것을 눈치채고 대응을 지연시켜, 일본정부는 1945년 8월 10일 미국정부에 대하여 다음과 같이 항의하였다.

"배상문제에 관해서는 그 복잡성을 이유로 하여 협의를 전후로 연기할 것을 제의하고 있으나 본 건은 완전히 미국정부의 책임에 속하는 명료하며 특수한 사건이므로 이미 미국정부가 그 책임을 인정한 이상 본 참사에 의하여 발생한 인적 및 물적 손해에 대해서는 전쟁상태의 존재에 불구하고 신속히 배상을 실행한다는 것은 단순히 제국정부에 대한 미국정부의 책무뿐만 아니라 본 건의 직·간접의 희생자에 대한 미국정부의 인도적 책무인 것이다."

그래서 2,003명의 피해자를 4계급으로 나누어 다음 페이지의 일람표와 같이 대미 청구서를 건네주었다. 당시의 1달러는 4엔의 시대였으므로, 사망자 1명에 대하여 1만 2천 5백 달러에서 5만 달러의 보상청구(총액 5천 5백만 달러)가 되는 것이었다.

그런데 이 청구서를 제출한 1945년 8월 10일은 포츠담선언 수락을 어전회의에서 결정한 당일이었던 만큼 일본정부로서는 패전 후 미국과의 거래의 재료로서도 생각하고 있었을 것이다. 히로시마, 나가사키에 대한 원폭투하는 국제법 위반이라는 항의성명을 내걸며 국체호지(國體護持)를 노린 일본정부와 그 약점을 갖는 미국정부라는 관계는 같은 것이라 하겠다.

전후 미국은 황폐한 일본에 대하여 식량 등 방대한 원조를 하였는데, 이것이 아하마루 사건과 무관한 것은 아니다. 1949년 4월 7일, 일본 국회는 '아하마루 사건에 따른 일본의 청구권 포기에 관한 결의'(히로가와 고

젠 외 7명 제안)을 채택했다. 이 결의에는 전후 일본의 "부흥과 재건을 위하여 보내온 많은 원조에 대하여 우리 국민은 감사를 금할 수 없는 바이다"라고 하여, "이 감사의 뜻을 표현하는 한 가지 방법으로서" "아하마루 격침사건에 따른 모든 청구권을 포기할 것"을 정부에 요청했다. 그 직후, 맥아더 사령관의 중개 형태로 일미 간에 '아하마루 청구권 처리를 위한 협정'이 체결되어 일본정부는 "여하한 종류의 청구권이건 간에 일본 자신과 일체의 일본국민을 위하여 모두 포기한다," 또 일본정부는 사망자의 가족 등에 대한 "위로금 지급으로써 적당한 처우를 하는 데 노력한다"는 약속을 하였다. 이에 따라 1950년 7월 31일 '아하마루 사건의 위로금에 관한 법률'이 제정되어 사망자 한 사람에게 7만 엔(현재의 53만 엔 정도)의 위로금이 지불되었던 것이다.

대미배상청구액 명세(1945년 8월 10일)

(1) (당시 파악되어 있던) 2,003명의 승무원, 승객의 생명, 소유물에 대한 보상으로서 총계 196,115,000엔을 다음의 4계급에 따라 유족에 지불한다.

	해당자수(명)	1인당(엔)	합계(엔)
최고계급자	18	200,000	3,600,000
고계급자	689	150,000	103,350,000
중계급자	287	100,000	28,700,000
하계급자	1,009	50,000	50,450,000
합계	2,003		186,100,000

여기에 개인의 현금과 사유물을 평균하여 5,000엔 이상이라 치고
2,003×5,000 — 10,015,000

계 196,115,000

(2) 4월에서 7월말까지의 시모다간타로(下田勘太郎)의 가족 수당
(송환이 늦어질 때에는 추가) — 1,600
(3) 아하마루의 하물(荷物) 9,812톤의 보상으로서 — 30,370,000
(4) 대선(代船)을 얻기까지 아하마루가 얻을 수 있는 이익(4월에서 7월말까지분 1개월 20만 엔으로 치고) — 800,000

총계 227,286,000

(5) 아하마루와 동 친족의 대선

그런데 그같은 일미 아하마루 협정에 없는 점령비와 아울러 미국정부로부터의 차관과 신용은 일본정부의 책무이며 미일정부만이 감액할 수 있다는 '양해사항'이 붙어 있었다. 가리오아 에로아 자금으로서 패전후 빵이나 탈지분유, 밀크 등 미국으로부터 원조된 것은 일본이 변제의무가 있는 채무이며 아하마루 사건의 반대채권의 상쇄 등으로 인하여 18억 달러로 감액하기로 한 것이었다. 이와 같이 패전 후 식량난의 고비를 넘길 수 있었던 커다란 요인으로서 아하마루 격침이란 미국의 전쟁범죄와 그 개인보상청구권이 큰 역할을 하였다는 데는 의심할 바가 없는 것이다. 그럼에도 불구하고 국민들은 이 사실을 모르며 일본정부는 겨우 '7만 엔'을 유족에 지불했을 뿐이고 명백히 아하마루 피해 유족의 권리를 침해하고 있는 것이다.4)

샌프란시스코 조약

이와 같이 전쟁범죄의 피해자에게 가해국가가 보상을 하지 않으면 안된다는 국제법의 존재는 이미 명백한 사실이다. 그러한 뜻에서 1952년 발효한 샌프란시스코 강화조약 제14조에서 ⓐ "일본은 전쟁중에 발생시킨 손해 및 고통에 대하여 연합국에 배상을 지불할 것이 승인되었다," ⓑ "연합국은 연합국의 모든 배상청구권, 전쟁 수행중의 일본 및 국민이 취한 행동에서 발생한 연합국과 그 국민의 다른 청구권 및 점령의 직접군사비에 관한 연합국의 청구권을 포기한다"라는 규정은 국제법위반 경우의 피해자에 발생하는 보상청구권의 존재를 명확히 전제로 두고 있다. 이 샌프란시스코 조약의 문제는 그와 같은 피해자 개인의 보상청구권을 인정하였음에도 불구하고 이미 몇 번이나 말한 바와 같이 냉전구조에서의 미국의 정책에 따라 피해자의 권리구제에 대하여 배려를 하지 않았다는 것이다. 그것은 제14조 ⓐ항 단서에 나타나고 있다.

---

4) 松井貴近, 『아하마루는 왜 침몰했나』, 아사히신문사.

"그러나 또 존립가능한 경제를 유지하기 위해서는 일본의 자원은 일본이 그러한 모든 손해 및 고통에 대하여 완전한 배상을 하며, 동시에 다른 채무를 이행하기 위해서 현재로서는 충분하지 못하다는 것이 승인되었다."

즉 전쟁범죄의 피해자 개인에 대해서도 보상을 해야 할 책무는 있지만 지금 돈이 없기 때문에 연합국은 외교보호권을 행사하여 받아내지는 않겠다는 자세였다. 그러나 연합국이 포기한 것은 장래까지 구속하는 절대적인 것은 아니었다. "현재 충분하지 않기" 때문에, 장래 '충분한 상태'로 회복되면 채무를 이행하기로 예정될 수는 있다. 이는 1차 대전 후의 독일에 대한 배상, 보상책임은 문자 그대로 모든 채무를 곧 지불케 함으로써 나치의 발흥을 허용해버린 역사의 교훈을 배려한 것이며, 일본이 부담할 국가 책임이 모두 해제된 것은 아니다. 연합국 소속정부가 갖는 국가의 채권은 정치적 이유에 따라 포기할 수는 있겠지만 피해자 개인이 갖는 보상청구권은 기본적 인권이라고 할 수 있어 국가라 해도 빼앗을 수는 없다는 것은 당연한 일이다.

현실적으로 연합국의 일원이었던 네덜란드에 대하여 1954년 9월 일본정부는 "네덜란드 국민에 주어진 고통에 대한 동정과 유감의 뜻을 표명하기 위하여 1천만 달러"를 '위로금'으로서 "이들 네덜란드 국민을 위하여 네덜란드왕국 정부에 자발적으로 제공한다"라는 '사적 청구권 해결에 관한 의정서'를 조인하였다.

개인청구는 가능한가

이상과 같이 개인청구권이 존재하며, 그 소속국가가 집행하여 피해자에 분배하는 국제적 원칙이 존재한다는 것은 명확히 되었으나, 문제는 개인도 보상청구권을 가해국에 대하여 직접 청구할 수 있느냐 없느냐이다.

전후보상 재판에서 피고인 일본 대리인은 국제법 위반을 원용할 수 있는 것은 국가뿐으로, 개인에 의한 청구를 인정하려고 하지 않는다. 전통적인 국제법의 이론에서 국제법의 주체는 국가뿐이다. 1907년의 헤이그 조약 당시에는 황제라든가 왕이 국민의 권리마저 갖고 있었으며, 보상청구도 국가가 하는 것이었다. 국민 개인에 대한 권리침해는 국가에 대한 침해라는 법적 의제에 따라 국가가 국민의 권리를 행사할 수 있었지만 개인이 직접 행사하지 못한다는 것은 결함인 것이다.

그러나 1920년대부터는 민주주의 사상이 퍼져서 전쟁범죄 피해자에게 권리의 주체를 인정하는 흐름이 일기 시작하였다. 전술한 바와 같이 일본이 관계한 파네호 사건이나 아하마루 사건도, 국가가 국민의 권리획득을 위하여 외교를 한 것이다. 그러나 아하마루 사건 같이 일본이 그 외교보호권을 정치적으로 이용하여 개인의 권리를 침해하였을 때에는 그것을 알면서 행동한 일본과 미국 양국이 피해자 개인으로부터 보상책임을 추궁당할 수 있을 것이라고 생각된다. 또 2차 대전에서 전쟁범죄의 대표적인 나치 독일에 의한 유태인의 학살 등의 가해에 대해서는 독일국가가 연방변제법, 연방보상법 등에 의하여 개개의 피해자에 대한 개인 보상을 실행하고 있다. 미국, 캐나다도 일본인이나 알류트인에 대하여 차별적 강제이주와 재산몰수에 대하여 사죄를 하고 보상도 하였다. 이들 사례는 전쟁범죄 개념이 확립된 1930년대부터 개인에 대한 보상청구권이 발생한다는 국제관습법이 확립됐음을 나타내고 있는 것이다. 일본정부는 샌프란시스코 조약 제21조에서 극동군사재판과 BC급 전범재판의 결과를 '수락'하였다. 이것은 거기에 포함되어 있는 A, B, C급 전쟁범죄 개념과 그에 해당하는 일본과 일본군대의 행위에 대하여 인정한 것이며, 확립된 국제관습법으로서의 '인도에 대한 죄'(C급)와 '평화에 대한 죄'(A급)의 존재를 다투지 않는다는 취지인 것이며, 이제와서 일부에서 일컫는 소급재판이라느니 승자에 의한 부당한 재판이라는 주장은 있을 수 없는 일이다. 특히 2차 대전 후에는 국제법에서 개인의 권리가 중요시되는 국제법의 진보가 이뤄졌다. "개인에 대한 권리침해는 침해를 범한 자에 의하여 배상되지 않으면 안된다"라는 법 격언은 개인 사이에서뿐만 아니라 국가와 개인과의 관계에서도 마땅히 지켜져야 할 것이다. 국제법은 일본에 대해서도 기본적 인권의 보증의무를 부과하고 있는 것이다. 1993년 8월 유엔 인권위원회에서 판 보벤 교수에 의하여 작성된 보고서는 인권과 기본적 자유를 존중하고 또 존중을 확보하는 국제법상의 의무에 위반한 경우에는 모든 국가가 피해회복을 하는 의무를 지며 직접 피해자 및 적절하다고 인정되는 경우 그 육친, 부양가족 또는 직접의 피해자와 특별한 관계에 있는 기타 개인에 의하여 피해회복의 청구가 가능하다고 하였다. 개인에게 보상청구권이 있다는 것은 명확한 것이다. 그러나 전술한 바와 같이 피해자가 소속하는 정부가 충분히 외교보호권을 행사하지 않고, 또는 정치적 이유로 포기한 일본과 아시아의 경우 피해자 본인이 직접 보상청구권을 행사하지 않으면 기본적 인권이 옹호되지 않는다. 아시아와의 전후보상을 상대국의 약점을 틈타 깎을 대로 깎은 유능한 관료를 가진 일본이 그 덕분으로 오늘날에 세계에서 1, 2위를 다투는 경제력도 갖게 되었다. 아시아 사람들은 깎일 대로 깎인 정부를 대신해서, 아니 본래부터 갖고 있는 권리를 이제서야 행사하려고 하고 있는 것이다.

제/2/부

전후보상을 요구하는 사람들

제1장 사할린 잔류 한국·조선인

지금에 이르러서야 옛날의 일본 식민지 지배와 침략전쟁에 의해 피해를 입은 많은 사람들의 ‘전후보상’을 요구하는 소리가 아시아 각 지역에서 터져나오고 있다. 전후도 벌써 반세기를 경과하려는 이때에 왜 그럴까. 명백한 것은 아시아에 대한 침략과 억압의 사실을 인정하고 피해자에게는 원상회복(보상)의 의무를 다한다는 ‘전후책임’을 우리 일본사람들이 여태껏 다하지 못하고 있다는 사실이다. “이미 전후가 아니다”라고 구가(謳歌)한 것은 1956년의 『경제백서』였지만, 아시아에 대한 ‘전후책임’에는 일관하여 입을 다물고 오로지 경제대국의 길만 걸어온 것이 일본의 전후 역사였다.

그동안 재한 피폭자 및 전쟁희생자의 일본정부에 대한 보상요구가 지역, 시민운동의 뒷받침 속에 착실히 지속되어 왔으나, 그것은 조그마한 소리에 불과하였다. 매스컴과 저널리즘으로부터는 무시당하였으며 본래 이문제를 방치하고는 존재할 수 없는 평화운동이라든지 혁신운동 또는 진보적 문화인들까지도 잊어버리고 있었던 것이다.

그러나 90년대에 들어서면서 노태우 대통령의 일본방문을 계기로 ‘전후미처리’ 문제가 크게 클로즈업되었다. 91년 8월에는 ‘아시아·태평양지역전후보상 국제포럼'이 개최되어 10개국 피해단체의 대표들로부터 일본의 전후책임을 날카롭게 추궁하는 소리가 높아지게 되었다. 이 '포럼'에 의하여 이제 '전후보상' 문제는 일본으로서는 피할 수 없는 과제라는 것이 명백해졌으며, 그 해결 없이는 이후 아시아 각국과의 교류도 불가능하다는 것이 밝혀진 것이다.

제2부에서는 이들 아시아 각 지역의 '전후보상'을 요구하는 소리를 종합적으로 모아 문제별로 정리하여 그 전체상을 명백히 하고자 한다.

'전후보상'의 내용은 크게는 둘로 나누어 생각할 수 있다.

첫째는 15년전쟁, 태평양전쟁중 일본군대의 침략에 의하여 피해를 입은 사람들에 대한 보상이다. 그 외에 아시아 사람은 아니지만 연합국의 포로학대 문제도 있다. 이것은 전쟁범죄('전쟁책임')의 문제와도 얽혀 있지만 제네바 조약에 위반되는 학대를 받은 사람들에 대한 보상, 그와 동시에 BC급 전범으로서 희생을 강요당한 한국·조선인에 대한 보상이다.

둘째는 대만, 조선 등 일본이 식민지 지배를 한 지역의 사람들을 전쟁체제에 억지로 동원하여 피해를 입게 한 데 대한 보상이다.

1. 강제연행

한국·조선 문제를 다루는 데서는 '강제연행'이 중요한 키워드가 되므로 우선 그것에 대하여 생각해 보기로 하겠다.

'한국합병에 관한 일한조약'이 조인되어 일본이 조선을 명실공히 식민지로 통치한 것은 1910년(明治 43년) 8월 22일부터다.

'일한합병'이 되어서도 조선인은 일본에 자유로 왕래할 수가 없었다. 조선인의 일본 내지(內地) '자유도항(自由渡航)'이 인정된 것은 1922년(大正 11년)이며 이 이후 재일조선인수는 차차 증가하게 된다. 조선인 강제연행의 발단이 된 것은 1938년(昭和 13년) 4월의 '국가총동원법'이며 이에 따라 나온 것이 7월 28일자의 내무·후생 양 성 차관 명의의 의명통달 (依名通達) '조선인 노무자 내지이주에 관한 건'(9월 실시)이었다.

국가총동원법은 전쟁목적 달성을 위하여 국가의 총력을 가장 유효하게 발휘할 수 있도록 인적 자원을 통제하고 운용하기 위한 법률이었다. 곧 이어 노동력의 충족과 노동배치에 대하여서는 동법에 따른 '국민근로동원령'(1945년)이 제정되어 모든 노동자가 어디서 어떻게 일하는가 하는 것 까지 규제되었던 것이다. 말하자면 국민은 전쟁목적 수행을 위하여 국가 에 대하여 노동의무를 지며 병역유사(兵役類似)의 공법관계를 강요당하 게 되었다.

그리하여 조선에서는 "반도동포 2천 3백만 모두 다 황국신민으로서 변함 없는 정신적 태세 하에 내선일체협력"[1]이란 기치 밑에 '강제연행'이란 조선인 사냥이 시작되었다.

1939년 9월부터는 '통제모집'(일본사업주가 조선총독부 할당을 받아 지정된 군(郡)에서 말단 면장과 경찰의 협력을 받으면서 노동자를 확보하 는 방법)이 시작되었으며 태평양전쟁 개전과 동시에 '강제력'은 더욱 강화 되었다. 1942년 2월부터는 '선인내지이입알선요강(鮮人內地移入斡旋要綱)'에 의한 '관알선(官斡旋)'(조선총독부와 표리일체의 기관인 조선노무협회가 주체가 되어 노동자를 확보하는 방법), 1944년 9월부터는 '징용'(문자 그대로 국민징용령의 적용)이라는 호칭과 제도로 변화는 있었지만 어느 것이건 조선총독부와 대일본제국정부가 직접 관여한 '강제연행'에는 다름이 없는 것이었다. 더욱이 군대나 경찰에 의하여 닥치는 대로 트럭에 실어 연행하는 실태가 일상화하였다. 이렇게 하여 일본에 연행된 조선인 은 합계 1백 50만 명 내지 2백만 명으로 헤아려지고 있는 것이다.

---

1) 朝鮮總督府, 『施政30年史』.

2. '결자해지(結者解之)'

1944년 경에 일본령 화태(樺太: 현 러시아국 사할린 주)에서는 약 6만 명의 조선인이 탄광이나 군사시설 등에서 강제노동에 혹사당했다. 한 번 화태로 연행되면 2년 간의 계약기한이 끝도 돌아올 수 없었다. 예를 들면 "우리들은 황국신민이다. 우리 대원은 황국 위기존망의 시기에 이르러 국가의 방침을 이해하고 출동기간을 연기하며 궐기하여 귀사(貴社)가 짊어진 국가적 중요산업에 협력할 것을 맹서한다"(당시 화태에서 최대의 마루카쓰 사사기구미 밑에 있던 탄광 노무자명의로 작성)는 선서서(인쇄된 것)의 제출을 강요당하여 귀국을 연기하게 되었던 것이다. 패전직전 약 2만 명의 조선인이 북해도 등지의 탄광으로 이동당했으며, 패전직후 사할린에는 약 40만 명의 일본사람과 4만 3천 명의 조선사람이 남게 되었다. 그 중 일본사람은 1946년 12월에 성립한 '소련지구 인양 미소협정'에 의하여 29만 2천 5백 90명이, 또 1956년 6월 19일의 '일소 공동선언'에 의하여 일본인 처와 그 동반자인 조선인의 남편과 아이들을 합쳐 도합 2천 3백 7명이 집단적으로 돌아왔다.

또 그 후의 개별 귀국에서는 일본인 처와 그 동반자인 조선인 남편과 아이들을 합쳐 4백 50명이 일본으로 귀국하였다. 그 결과 약 40만 명이었던 일본사람은 대부분이 돌아오고 4만 3천 명의 조선사람은 1천 명 정도만 돌아왔을 뿐 거의 전원이 그대로 남게 되었다. 그들의 태반은 경상도, 충청도, 전라도 등에 고향을 둔 사람들이며, 고향에는 양친과 처, 자식들 등 가족이 기다리고 있었다. 가족의 재회와 재결합이라는 인간존립의 기본적 요소의 박탈당한 채 사할린과 한국 양쪽에서 고난이 계속된 이산가족 문제가 더욱 큰 문제인 것이다. 그리고 그 원인을 제공한 것은 일본이며 이 문제를 풀 수 있는 책임('결자해지')은 일본에 있다고 아니할 수 없다.

3. 전후의 고난

이 고난은 반세기에 걸친 것으로 이와 관련된 여러 가지 사건이 있었다.

일본 패전시의 혼란

1945년 8월 9일, 소련군은 사할린의 북위 50도선의 국경을 돌파하여 진격, 동월 22일 경까지 각지에서 산발적이나마 전투가 벌어져 많은 희생자가 났다. 이러한 혼란 속에서 화태의 군대와 헌병들은 조선인 대량학살계획을 꾸몄다. 당시의 오쓰(大津) 화태청 장관은 이것을 막아냈다고 하지만 가미시스가(上敷香) 경찰서 학살사건 등과 같이 일부에서는 폭발도 있었다. 어쨌든 약 20명의 조선인이 군대와 경찰, 일본 민간인의 습격을 받아 살해당했다. 그 외에도 개별적으로 살해당한 조선인의 사례는 얼마든지 있었다. 그 중에서 가미시스가 경찰서 학살사건의 유족들은 도쿄 지방재판소에 손해배상을 요구하며 재판중에 있다.

버림받음

전후, 일본민족의 대이동이라고 할 만한 6백만 명의 귀환자들로부터 잔류된 소련지구 미귀환 동포를 위하여 일본의 가족들은 열심히 귀환의 실현을 호소하였다. 점령 하의 일본정부도 GHQ에 몇 번이고 진정을 되풀이하였다.

그러나 일본사람의 귀환뿐이었지 똑같이 잔류된 4만 3천 명의 조선사람은 완전히 무시당하였다. 귀환행정의 책임당국이었던 후생성이 발간한 『귀환과 원호 30년의 발자취』에는 조선사람에 대해서 "'카이로선언'에 따라 일본국적을 이탈하게 되었다"라는 내용이 있으며, 국내법의 취급과는 달리 샌프란시스코 강화조약 이전부터 귀환행정상으로는 일본국적자로 취급하지 않기로 한 것을 알 수 있다. 하물며 일본정부가 조선사람은 일본국적을 이탈하였으니까 귀환대상에서 빼도록 소련에 공식으로 요청했었다는 정보가 최근 소련측(소련적십자사)에서 나왔는데, 그 결과 체결된 미소 귀환협정에 조선사람은 포함되지 않았던 것이다. 따라서 이 '버림받음'에는 미, 소뿐만 아니라 일본에도 커다란 책임이 있다고 할 수 있다.

다음에 일소 공동선언에 따른 1957년부터의 귀환이 있다. 이때에는 앞에서와 같이 조선사람과 결혼하여 일부 남아 있던 일본인 여성이 귀환하였다. 일본 국내 행정상은 1952년의 샌프란시스코 강화조약을 계기로 조선사람과 결혼한 일본인 여성은 일본 국적을 이탈한 것으로 취급되었으며 일본사람으로서 귀환행정의 대상이 되는 것인지 어쩐지가 의문시되었었다. 집단귀환 후, 1965년 개별적으로 귀환한 어느 일본인 여성에 대하여 일본정부는 귀환 전에는 '미귀환일본인증명서'를 발행하였는데 귀환 후에는 일본 국적 상실자로서 취급한 예가 있다. 인도적 목적 등의 이유로 국적에 관한 취급에 일관성을 포기하였거나, 기능적으로 국적을 생각한 나머지 귀환할 때까지는 일본국적이 상실되지 않았다는 생각의 어느 한쪽이었을 것이다. 그렇다면 같은 법적 지위에 있는 잔류 조선인에 대해서도 같은 논리로 일본의 귀환행정에서 다룰 수 있었을 것이다. 혈통적으로 일본사람만을 귀환 대상으로 삼은 것은 민족차별 이외의 아무것도 아닌 것이다.

귀환 방해

관료주의적인 무책임에서 오는 귀환 방해도 여러 가지가 있었다.

앞에서 말한 바와 같이 일본인 여성건에서 일본인 처를 가진 손종운(孫鐘運)은 아버지 손치규(孫致奎)의 동행을 일본정부에 요청하였는데 다음과 같은 편지가 모스크바의 일본대사관으로부터 왔다.

(전략) 당신의 전보에 의하면 손치규 씨가 당신과 동행해서 일본에 입국하겠다는 희망인 것 같으나 당 대사관에서 일본 외무성에 문의한 결과 오늘 받은 회

답에 의하면 일본정부로서는 유감스러우나 당신이 손치규 씨와 동행하여 일본에 입국하는 것을 허가할 수 없다는 것입니다.

　당신과 남편과 아이들이 일본에 귀국할 경우 손치규 씨는 혼자만 소련에 잔류하지 않으면 안될 사정도 있으리라고 생각됩니다만 이번에 일본정부가 당신들과 같이 소련에 잔류하고 있는 일본사람과 그 가족의 일본귀국을 인정하는 데 있어서 일본정부로서는 어디까지나 일본사람과 그 배우자(남편 또는 처)와 아이들에 한한다는 원칙이 있으므로 일본사람이 아닌 남편의 부모, 형제같은 분들까지를 동행시킬 수는 없습니다. 양해하여 주십시오(1965년 11월 4일자).

이 편지를 쓴 대사관원에게는 부자이산(父子離散)을 강요하고 있다는 참혹함을 느낄 만한 신경조차 없었을까. 당시 일본정부의 감각은 정상적인 것이 아니었다고밖에 생각되지 않는다.

더욱 상징적인 사례가 있다. '나호토카의 4인' 사건이라고 일컬어지는 것이 그것이다. 1960년대에서 70년대 중반까지 소련정부는 일본이 받아들이면 출국을 인정한다는 태도였다. 이에 대하여 일본정부는 외국인의 단순한 통과지로서 대응한다는 소극적 자세를 취하고 있었으며, 1982년 다나까 수상은 ① 일본은 단순히 통과할 뿐이지 전원 한국으로 귀환시키고, ② 귀환에 관한 비용은 일체 한국측에서 부담한다는 방침을 공식으로 표명하였다. 그 중에서 1976년 6월 소련으로부터 영주출국허가를 받은 사할린의 노인 4명(황인갑 외 3명)이 가재 등 자산을 몽땅 처분하고 친구들이나 이웃사람들의 성대한 송별회까지 받고 즐거움에 넘치면서 나호토카의 일본영사관에 와서 일본 입국허가를 청구하였다. 그러나 일본정부의 그같은 방침에 따라 한국정부의 귀국 확인수속에는 시간이 많이 걸렸다. 그 때문에 소련의 출국기한을 넘기게 되었고 결국 한국정부의 확인을 받고서 발부된 일본 입국허가가 늦어져 '나호토카의 4명'은 눈물을 머금고 사할린으로 돌아간 것이었다. 이와 같은 일본의 냉정한 행정적 처리에 '나호토카의 4명'이나 그 외의 많은 사람들도 일본을 원망하면서 죽어간 것이었다.

1976년 사건

사할린 잔류 한국·조선사람들은 한시라도 빨리 출국을 바라고 있었는데, 마침내 1976년 봄 절호의 기회로 생각되는 사건이 있었다. 출국희망자는 사할린 주의 오비루(출입국관리사무소)에서 수속을 밟으라는 게시(揭示)가 나붙은 것이다.

그들은 서로 다투면서 30루불의 비용을 지불하고 수속을 신청하였다. 1주일에 8백 명에서 1천 명이 넘는 사람들이 수속을 완료하였다고 한다. 그러나 대부분의 사람들에게 각하(却下) 결정이 나왔다. 그것은 사할린 주 당국이 예상을 훨씬 넘는 출국희망자에 놀란 것도 있겠지만 나호토카의 북조선총영사가 사할린에 달려가 주당국에 강력히 항의하였기 때문에 당초의 출국허가 방침을 철회한 데 있는 것 같았다.[2] 이와 같은 당국의 태도변경에 사람들은 강력히 항의했다. 개중에는 플래카드를 들고 오비루 앞을 데모 행진한 가족들도 있었다. 그러나 1976년 11월, 그들 대표로 지목된 도만상(都万相) 씨와 다섯 가구 40명(그 중 한 가족의 처가 일본인 여성이었다)의 사람들이 유지노사할린스크시(市), 홈스크시, 보로나이스크시, 콜사코프시 등에서 보라는 듯이 체포되었다. 그들은 입은 옷 그대로 경찰에 유치되었다가 2~3일 후 전원이 유지노사할린스크 공항에서 북조선 국경에 가까운 하산으로 데려가 거기서 국경다리를 건너 북조선 당국에 인도되었다고 한다.

여하튼 이 40명의 북조선 송환에 의하여 귀국의 희망은 완전히 끊어졌으며 귀국하겠다고 공언조차 못하는 상황에 이르렀다. 신문이나 라디오는 귀환희망자를 반소적(反蘇的)인 것처럼 전하고 지도자격의 사람은 직업을 빼앗기는 등 조선인 사회를 흉흉하게 만들었다. 1966년에는 약 7천 명이 도쿄의 박노학(朴盧學) 화태귀환재일한국인회 회장 앞으로 영주귀국의 의사를 표명하였으나 이 사건 이후에는 편지에 귀국하고 싶다는 등의

---

2) 朴亨柱, 『사힐린으로부터의 리포트』, お茶の水書房.

표현은 일절 없어졌다.

겨울의 시대

1975년 12월부터 화태잔류자 귀환청구재판(가시와기 히로시 변호단장)이 도쿄에서 시작되었다. 일본을 피고로 하고 엄수갑(嚴壽甲) 씨 등 사할린의 4명의 노인이 원고였다.

그러나 일본에서도 사회주의국으로부터 강권이 지배하는 한국으로 보낸다는 것은 용납할 수 없다는 운동이 일어났다. 그야말로 사할린 잔류 한국·조선인 문제에서는 어둡고 추운 겨울이 되고만 것이었다. 그 이후 약 10년간은 부스럼을 다루는 듯한 운동이 계속되었다. '억류'나 '버림받음'을 반소적이 안되게끔 '잔류'로 고쳐져 정치와는 관계가 없도록 하면서 '가족재회, 재결합'이라는 인도적 차원의 문제만이 강조되었다. 사할린 사람에게도 이 10년간이 가장 쓰라렸다는 분들이 많았다.

그래서 현재 사할린의 잔류 한국·조선인과 한국의 가족들의 가장 큰 관심사는 기나긴 세월에 걸쳐 입은 피해에 대한 보상인 것이다. 이것이 있어야만이 영주귀국도 실현될 것이며 여생을 안심하고 살아갈 수가 있게 되기 때문이다.

4. 보상청구재판

지금 전후보상을 요구하는 운동의 선두에 서 있는 것이 사할린 잔류 한국·조선인 문제이다.

사할린 잔류 한국·조선인 문제가 일본정부를 상대로 하여 귀환청구재판으로 제기된 것은 1975년이지만, 그 당시의 목표는 이산가족의 재회와 영주귀국에 의한 재결합이며, 이 실현을 위하여 일본정부, 소련정부에 대한 대응이 운동의 중심이었다.

전후보상이란 1차적으로는 재산과 사람의 원상회복이며 2차적으로는 대체적 금전보상(代替的 金錢補償)이다. 그러한 의미에서 보면 당시의 운동목표는 재산과 사람의 원상회복이라는 1차적 목표였다.

그래서 1980년대 중반 이후 페레스트로이카에 의하여 소련사회가 변화하고 올림픽을 성공시킴으로써 한국사회에 대한 국제적 인지도가 높아졌다. 거기에다 일본에서의 재판, 시민운동, 국회의원 활동—사할린 잔류 한국·조선인 문제 의원간담회(하리 분베 회장)가 1987년에 결성되어 내외에 대한 정치적인 작용으로 커다란 의미를 가졌다—등에서 소련, 한국, 일본 3국의 상황변화 결과 사할린 잔류 한국인의 일본에서의 일시재회, 한국에의 일시귀국, 나아가서는 한국으로의 영주귀국이 실현되게 된 것이다.

1990년 이후 일본정부와 한국정부가 자금을 제공하여 사할린의 유주노 사할린스크와 한국의 서울 간에 전세기편을 운행하여 매번 약 1백 10명을 싣고 약 1개월을 체제하는 가족재회사업이 순조롭게 진행되고 있다.

그러나 여기서 문제가 된 것은 영주귀국자의 생활 문제였다. 사할린에서 한국으로 영주귀국하여도 한국에서 기다려주는 경제력 있는 자식들이라도 있으면 별 문제가 없지만, 노부인만 있는 경우나 부인마저 사망하여 몸붙일 곳이 없는 경우에는 막바로 생활고가 시작된다는 말이 된다. 1988년에서 91년에 걸쳐 약 70명의 영주귀국자가 사할린에서 한국으로 옮겼지만 그 중에는 고생이 많아 과연 영주귀국한 것이 잘한 것이었나를 자문하는 지경에 빠진 분들도 있다. 더욱이 한국에 있는 가족이 빈곤해서 영주귀국을 못하는 경우나, 한국의 가족이 소식불명이어서 돌아갈 곳이 없다는 경우도 있어서 영주귀국은 순조롭게 실현되지 않고 있다.

그래서 문제가 된 것이 전후보상인 것이다.

1990년 8월 29일, 사할린 잔류 한국·조선인과 한국에 남아 있는 가족, 그리고 영주귀국자 21명을 원고로 하는 일본정부에 대한 전후보상 청구재판(다카기 겐이치 변호단장)이 제기되었다. 그들을 강제연행하였고 버리고 온 것이 일본정부의 책임인 이상, 약 반세기의 노고를 보상하고 그들이 영주귀국 후 생활을 안심하고 할 수 있도록 하는 것이 일본정부의 최저선의 의무라고 생각하고 있기 때문이다.

이리하여 사할린 재판은 전후보상을 정면으로 요구한 최초의 재판이라 하겠다. 그리하여 이 사할린 잔류 한국·조선인 문제를 시발로, 1990년 이후 전후보상이 여러 분야에서 제기되어 한국뿐 아니라 재일한국인이나 전 아시아 지역에 이에 대한 문제의식이 퍼지게 된 것이다.

사할린에 관해서는 일본정부도 "일한조약에서 해결이 끝났다"라고는 말하지 않으며 또 말할 수도 없는 것이다. 사할린에는 그 어떠한 의미에서도 한국국적자는 없었던 것이다.

1990년 3월, 나카야마 타로 외상은 의원간담회 사무국장인 이가라시 고죠 의원의 국회 질문에 대한 답변 중에서 그 점을 확인한 후에 사할린에 관해서는 전후처리가 미해결 상태이며 무엇인가 대응을 하지 않을 수 없을 것이라는 입장을 확인하였다. 그 자리에서 우정성도 사할린 잔류자가 갖고 있는 우편저금통장에 대한 청산의무가 있다는 것을 동시에 확인하였다.

사할린 잔류 한국·조선인 문제 의원간담회에 의한 끈질긴 대응도 있었기 때문에 일본정부는 사할린 관계 예산을 계정하고 있다. 구체적으로는 88년에 4백만 엔, 89년에 5천 8백만 엔, 90년에 1억 엔, 91년에 1억 2천만 엔, 92년과 93년에는 1억 2천만 엔에 5백 37만 엔을 가산한 예산이 계정되었다. 그 대부분은 가족재회를 위한 일시귀국 도항비용 등의 보조금이었다. 92년과 93년 예산 중 5백 37만 엔(94년에는 2천만 엔 이상 증액된다)은 영주귀국자 실태조사의 측면을 갖는 것으로서, 사할린 잔류 한국·조선인 전후보상 문제는 95년도 이후의 예산에서는 기금 내지 시설건설이란 명목으로 일정한 해결을 볼 수 있는 가능성이 커지고 있는 것이다.

제2장 재한 피폭자

1. 삼중고에 신음하는 재한 피폭자

재한국 피폭자 문제에 대하여 우선 확인해 두어야 할 것은 일본인 피폭자와의 차별이다. 일본정부는 재한 피폭자를 무시하며 방치하여 왔다. 1965년의 일한조약 이후에도 본질적으로 변한 것은 없다. 양국 정부는 일한조약에 의하여 유상·무상 5억 달러로 전후처리는 끝난 것처럼 취급하여 왔다. 한국의 경제기획원이 1976년에 발행한 『청구권자금백서』에는 이 5억 달러가 연도별 수수금액과 산업별로 어떻게 사용되었는지에 대한 통계표가 게재되어 있다. 이에 의하면 일본정부가 지불한 '유상·무상 5억 달러'도 일괄 무조건이 아니고 10년 할부이며, 또 자금의 사용도 상당히 구체적으로 사용방법이 한정되어 있는 소위 '조건부'로 되어 있으며, 포항제철 건설자금에 6천만 달러를 투하하는 등 철공업 생산의 기초정비에 약 55%를 지출하고 있다.

이처럼 이 자금의 대부분은 한국의 산업진흥에 지출되었으며 일본 산업 이익의 일환으로도 활용되고 있는 것이다. 이 '자금'은 어디까지나 '경제협력'으로서 거출되어 전쟁과 식민지 지배에 의하여 피해를 입은 한국민에게는 1원의 보상도 하지 않았던 것이다. 70년대에 한국내에서 사망자의 유족들에 대한 보상이 있었지만 이것은 한국정부의 국내정책으로서 실행된 것이지 일본의 '자금'하고는 아무런 관계도 없는 것이다. 말하자면 일한조약에 의하여 '해결됐다'는 것은 한국의 산업경제의 영역뿐이었지 한국민에 대해서는 아직도 '미해결'이라고 할 수 있는 것이다. 일한조약의 지불액을 교섭하는 가운데 사할린 잔류 한국인 문제라든지 재한 피폭자에 대한 보상 같은 것은 전혀 검토되지도 않았다는 것이 이를 증명한다.

재한 피폭자는 삼중의 피해자라고들 한다. 그 이유 중 하나는 일본의 식민지 지배에 의한 피해이다. 토지와 식량을 빼앗기고, 그런 나머지 일본으로 연행되어 가혹한 노동조건 하에서 강제노동을 당하였다. 그 과정에서 목숨을 잃은 사람도 헤아릴 수 없다. 두번째는 일본에 강제연행당한 조선사람이 거주하던 장소가 히로시마나 나가사키였기 때문에 거기서 원폭세례를 받았다. 조선사람, 일본사람 할 것 없이 인류사상 처음인 원자폭탄에 의한 피해이다. 세 번째는 일본제국주의의 파멸에 의하여 겨우 고향으로 돌아가도 원폭피해자이기 때문에 노동도 못하고 생활상 갖가지 고통을 받으면서 살아왔다는 것이다. 특히 한국에서는 원폭투하는 조국의 해방과 독립을 안겨준 것이라는 역사인식이 일반적이며, 원폭에 의한 피해가 공감을 얻는 매우 곤란한 사회상황도 있었다.

원폭 케로이드의 신체를 치료하려고 해도 의사도 병원도 없으며 일할 만한 일터도 없었다. 원폭증과 빈곤의 악순환 속에서 재한 피폭자는 도탄의 고생을 겪지 않으면 안되었던 것이다.

일본에서는 늦은 감이 없지는 않으나 1957년에 원폭의료법이 제정되어 피폭자수첩을 취득하면 국비로 치료를 받을 수 있게 되었으나, 한국사람에 대해서는 적용되지 않은 채 방치되어 왔다.

2. 손진두 재판의 의의

1966년 손귀달(孫貴達) 씨가, 이어서 형인 손진두(孫振斗) 씨가 원폭증의 치료를 받기 위하여 일본에 불법입국하였으나 둘 다 일본의 두터운 벽에 저지당하고 말았다. 손귀달 씨는 곧 입국관리법 위반으로 송환되었으며 손진두 씨는 징역을 살았다. 손진두 씨는 복역 후 일본정부를 상대로 재판을 제기하여 긴 재판투쟁 끝에 78년 3월 최고재판소에서 승소하였다.

이 '손진두 판결'(78년 3월 30일)은 지극히 뜻깊은 판결이었다. 판결은 "피폭자만을 대상으로 하여, 특히 위 입법(원폭의료비)이 이루어진 연유를 이해하는 데 있어서 원자폭탄의 피폭으로 인한 건강상의 장해는 그 유례를 볼 수 없을 정도로 특이하고 심각한 것이다. 이와 같은 장해는 돌이켜보면 전쟁이라는 국가의 행위에 의하여 이루어진 것이며, 나아가 많은 피폭자들이 오늘에 이르기까지 생활상 일반 전쟁피해자들보다도 불안한 사태에 놓여 있다는 사실과 관련되어 간과할 수는 없는 것이다. 원폭의료법은 이와 같은 특수한 전쟁피해에 대하여 전쟁수행의 주체였던 국가가 스스로의 책임에 의하여 그 구제를 꾀한다는 일면도 있으며 그러한 점에서는 실질적인 국가보상적 배려가 제도의 근저에 있다는 것을 부정할 수는 없는 것이다"라고 하며, 전쟁피해를 보상한다는 것은 국가의 의무라는 점을 인정하였다. 특히 "여태껏 예를 볼 수 없는 특이하고 심각"한 원폭피해에 대하여 국가보상이 우선적으로 이루어져야 한다는 것을 시사하고 있다는 점에 그 의의가 있다고 할 수 있다.

둘째로는 "사법이 피폭자가 놓여 있는 특별한 건강상태에 주목하여 이를 구제한다는 인도적 목적의 입법이며 그 제3조 1항에는 일본에 거주지를 갖지 않는 피폭자라도 적용대상자로 예정한 규정이 있다는 것 등에서 생각해보면 피폭자로서 일본에 현존하고 있는 사람인 한에는 그 현존하고 있는 이유의 여하를 막론하고 널리 동법의 적용을 인정하여 구제를 하는 것이 동법이 갖는 국가보상의 취지에도 부합한 것이라 할 수 있을 것이다"라면서 원폭의료법은 국적 조항이 없으며 또 일본에 거주지를 갖고 있을 필요도 없으므로 재한 피폭자를 포함해서 널리 원폭피해자 전체를 구제할 목적으로 만들어졌다는 것을 분명히 하였다.

그리고 세 번째로 중요한 것은 "피상고인이 피폭 당시에는 일본국적을 가지고 있었으며 전후 평화조약의 발효에 의하여 자기의 의사와는 관계 없이 일본국적을 상실하였다는 사정을 감안할 때 국가적 도의로 보더라도 수긍되는 바이다"라는 형식으로 손진두 씨가 불법입국자라는 이유 여하를 막론하고 이 법률을 적용하여야 한다는 결론인 것이다.

재한 피폭자도 국가총동원체제 하에서 "일본신민으로서 일본인과 같이 전쟁체제의 일익을 짊어지게 되었으나 1952년 샌프란시스코 강화조약의 발효로 본인들의 의사와는 상관 없이 일본국적을 상실하게 되었다. 구체적으로는 민사국장 통달에 의한 조약의 해석이라는 형식으로 조선에 소속될 사람은 일체 일본국적을 상실한다고 하여 이례적인 형태로서 국적을 박탈당하였던 것이다. 일본의 최고재판소는 손진두 판결에서 결과적으로는 이 민사국장의 통달을 시인하고 있으나 양심의 가책으로 이같은 문장이 되었을 것이라고 생각된다. 본인의 의사와는 관계 없이 국적을 박탈해놓고 그에 대한 대상(代償)이 없었기 때문이다. 헌법에서는 경제적 권리라 할지라도 사람의 권리를 제한할 경우 반드시 대상을 보상한 연후에 그 제한을 해야 할 것"이라고 되어 있다.

따라서 재한 피폭자에 대해서는 충분한 전후보상을 해야 할 것이며 이것은 '국가적 도의'라고 말하고 있다고 생각된다.

이 '국가적 도의'라는 것은 결코 용어의 장난이 아니다. 법률가는 '도의'란 용어를 엄밀한 의미에서 사용한다. '인도상'이라고 하면 실행한 쪽이 잘했다는 정도의 어감이 있으나 '국가적 도의'라고 하면 어떤 의미에서는 법률적인 책임 이상의 극히 무거운 의미가 있다. '국가는 도의이다'라는 법 격언마저 있는 것이다.

일본 최고재판소에서는 용어의 의미를 엄밀히 검토한 뒤에 판결을 하는 것이 보통이다. 따라서 이 중대한 판결에서 이와 같은 용어를 사용하였다는 데 나는 특히 주목하고 싶은 것이다.

3. 도일치료(渡日治療)의 실현과 그 후

손진두 재판의 승소에 의하여 지금까지는 치료목적의 입국마저 거부해온 일본정부가 즉각 원폭피해자 대책기본문제간담회를 설치하여 이 문제에 대한 검토를 시작하였다. 또 이 결론이 나기 전에 자민당의 일부 뜻 있는 사람, 정조회(政調會) 관계자가 발의라는 형식으로 일한의원연락회 및 자민당 대표단과 한국의 민주공화당 정책위원회라는 일한 여당 사이에서는 이 문제에 관한 '메모'를 작성하여 도일치료를 언급하고 있다. 의사파견과 의사의 상호교류, 나아가서는 재한 피폭자의 도일치료라는 내용이었다.

도일치료가 그와 같은 흐름 속에서 나오게 된 것은 어떤 의미에서는 앞서 언급한 최고재판소의 판결에 지적된 '국가적 도의'의 무게를 나름대로 민감하게 느낀 정부 여당이 대책을 강구하여 어떠한 행동을 함으로써 만들어낸 알리바이라고 할 수 있다.

그러나 1981년부터 5년의 기한으로 시작된 도일치료를 받고 전치 혹은 다소 좋아진 사람들에 대한 한국 귀국후의 사후대책(애프터 케어)은 하나도 없었다. 도일치료로서 효과를 얻고 귀국은 하였지만 그대로 방치하였기 때문에 재발한 사람도 있고 나빠진 사람도 많았다. 도일치료는 연장되어야 할 것이며 또 인원수도 늘리고 치료기간도 제한을 받지 않는 등의 반복적인 개정이 필요하였다. 일본변호사연합회는 86년 제1차 보고서에서 도일치료 기간의 연장과 인원수의 증대, 도항비용의 일본 부담 등을 포함하여 새로이 도일치료를 재개해야 할 것이라고 제언하였다.

그러나 이 보고서를 발표한 1개월 후인 11월 최종적으로 기한이 끝났다는 형식으로 3백 49명의 실적만 남긴 채 도일치료는 끝나고 말았다.

1987년 '도일치료'가 끝난 후, 재한 피폭자는 이때까지의 요청행동(要請行動)에서 처음으로 금액을 내세운 '보상요구' 운동으로 전환하였다(1987년 11월). 당시 일본내의 피폭자 대책비에서 산출한 금액을 기준으로 하여 총액 23억 달러를 일본정부에 요구한 것이다.

이러한 재한 피폭자의 움직임은 88년 서울올림픽 개최와 관련해서 일한정부 간에 다시 문제가 되어 일본측도 무시할 수 없었으며 물밑 절충이 이루어졌는데, 90년 노 대통령의 방일을 계기로 하여 가이후 수상이 사죄와 동시에 인도적 견지에서라면서 40억 엔의 원호기금 구상을 발표하였다. 그 내용은 어디까지나 한국내에서의 의료원조비였지 전후보상을 의미하는 것은 아니었으며, 더욱이 현행 2법(원폭의료법, 동 특별조치법)의 테두리에서 보아도 의료수당 등을 제외한 치료비의 일부에 지나지 않았다. 그러나 그렇다 하더라도 재한 피폭자 운동의 성과였음은 틀림없는 사실이다.

4. 일본의 시민운동과의 연대

재한 피폭자 문제에서 또 하나 지적할 것은 일본의 시민운동과의 공동투쟁일 것이다.

한국내의 원폭피해자가 문제로 된 것은 전후도 훨씬 경과해서였다. 그 원인에 대해서는 앞에서도 말한 바와 같이 원폭에 대한 인식, 1950년 6월에 발발해서 3년이나 계속된 조선전쟁, 냉전구조 등에 의한 것으로 생각되나 일한조약의 조인을 계기로 1967년에 이르러 처음으로 '한국원폭피해자원호협회'가 조직되었다. 그리하여 피해자의 실태조사, 전문병원의 설립, 생활원호를 위한 취직알선 등을 요구하는 활동이 시작되었으며, 11월에는 주한 일본대사관을 상대로 한 보상요구 시위가 있었다.

일본원수협 전국이사회가 재한 조선인 피폭자의 실태조사를 결정한 것은 그 해 12월이었는데, 다음해인 1968년 1월에 히로시마 평화공원의 원폭위령비 앞에서 재일 한국불교회 등이 주최하여 처음으로 한국 원폭희생자 위령제가 행해졌다. 유족 외에 1백 50명이 참가하였다.

그 해의 핵금회의(核禁會議) 히로시마 전국집회에서는 한국 피폭자 구원을 결정하였으나 운동과의 직접적 연대는 앞에서 말한 바 있는 손귀달 씨의 불법입국에 따른 체포가 계기가 되었다. 손진두 씨의 체포와 동시에 야마구치현 피단협회를 비롯한 조직이 구원활동에 나서게 되었다.

그 후 전국 각지에서 재한국·조선인 원폭피해자를 위한 활동이 여러 시민단체와 조직에 의하여 일어나게 된다. 그 주된 움직임을 보면 서쪽으로부터 후쿠오카에서는 선린회(善隣會)라는 종교단체가 1973년경부터 재한 피폭자를 위하여 치료비라든지 생활비에 대한 재정적·정치적 지원활동을 하고 있다. 물론 나가사키와 히로시마는 피폭지이기 때문에 한국으로부터 피폭자를 불러서 원폭병원에서 치료를 받게 하기 위한 지원활동위원회가 있다. 오사카에는 '재한 피폭자를 지원하는 시민의회'가 마쓰이 요시코(松井義子) 씨 등을 중심으로 하여 활동을 계속하고 있다. 지원금을 모아 한국원폭피해자협회의 각 지부를 지원하는 것뿐만 아니라 실태조사를 하기도 하고, 인적 교류도 활발히 하고 있다. 또 도쿄에도 재한 피폭자문제 시민회의가 조직되어 정부와의 교섭을 도와주기도 하고 정보교환을 하고 있다.

88년 3월에는 이들 전국 각지의 단체·조직에 의하여 '재한 피폭자 문제를 생각하는 심포지엄'이 열렸다. 이 심포지엄에서는 이때까지 재한 피폭자 문제에 관여해온 모든 단체와 주된 활동가들이 한 자리에 모여 일본인 피폭자단체인 '피단협'의 대표위원인 이도소(伊東將) 씨도 참가하여 질적으로 깊은 논의를 할 수 있었다. 물론 한국에서 참가한 한국원폭피해자협회의 신영수(辛泳洙) 회장을 비롯하여 3명의 피폭자와 한국 연세대학에서 피폭자의 치료를 담당하고 있는 이명근(李命根) 의사의 현장에서의 생생한 소리도 커다란 감명을 주었다. 이 심포지엄의 기록으로『재한 피폭자 문제를 생각한다』(在韓被爆者市民會議 編, 凱風社)가 출판되었다.

88년 5월 일본정부는 외무성, 후생성 등에 의한 조사단을 파견하였다(단장 시부야 하루히코 외무성 아시아국 참사관). 한국원폭피해자협회(회장 신영수)도 찾아간 이 조사단의 보고서는 이 문제의 해결을 위해서는 피해자의 '마음의 문제'라는 것을 짐작해야 할 것이라고 강조하였다. 그럼에도 불구하고 이 조사보고서를 참작하였을 일본정부의 정책은 커다란 문제를 남기게 되었다.

90년의 노태우 대통령의 방일을 계기로 가이후 수상은 사죄의 말과 같이 40억 엔의 원호금을 제공하였으나 그 용도에 대하여서는 센터의 건립, 의료목적에 한한다는 가이드 라인이 있었다. 그렇기 때문에 용도를 둘러싸고 혼란이 일어나고 있다. 협회라든지 피해자는 일시금을 요구하고 있기 때문이다. 일본정부가 재한 피폭자 문제에 대하여 진심으로 해결하지 않으면 안된다고 생각을 한다면 일본정부가 제안하는 대책은 조사단이 말하는 바와 같이 재한 피폭자의 마음을 만족시키는 것이 아니면 안될 것이다. 금액이 불충분한 것은 여하튼 간에 ODA의 해외원조 방식으로 건물건설비 등을 가산한 예산을 만들어 그 용도를 가이드 라인으로서 한정하는 관료적 대처로서는 '마음의 문제'는 해결할 수가 없다. 자금을 제공해 놓고서도 피해자를 혼란하게 하고 원한을 남기는 결과가 되고 있는 것이다. 하루라도 빨리 가이드 라인을 철폐하고 피해자가 납득할 수 있도록 그 용도를 전면적으로 내맡겨야 할 것이다. 여명이 얼마나 남지 않은 피폭 1세들에게 '살아 있어서 좋았다'라고 생각할 수 있게 하는 정책이야말로 일본과 일본사람들이 이제야말로 생각하지 않으면 안될 것이다.

제3장 BC급 조선인 전범

1991년 11월 12일 '일본의 전쟁책임을 대신 지게 된 한국·조선인 BC급 전범을 지원하는 모임'(대표 다나가 니치준, 우쓰미 아이코, 이마무라 쓰구오)과 원고단(原告團) 7명에 의하여 일본의 전후책임을 묻는 보상요구의 소송이 도쿄 지방재판소에 제소되었다.

'A급 전범'은 연합국 제정부(聯合國 諸政府)의 공동결정에 의하여 전쟁지도자로서 극동국제군사재판(極東國際軍事裁判: 도쿄 재판)에서 판결을 받은 자들이며, 'B급 전범'은 버마, 필리핀, 인도네시아 등 특정 지역에서 제네바 조약 등에 해당하는 전쟁범죄가 있었다고 하여 미국, 영국, 네덜란드, 호주 등 연합국 각국이 독자적으로 행한 군사재판에 의하여 재판을 받은 전범그룹을 말한다.

한국·조선인의 BC급 전범자는 총 1백 48명이나 되며 그 중 23명이 사형을 집행당하였으며 1백 25명이 무기징역을 포함한 징역형에 처해졌다. 이들 다수의 한국·조선인은 어떻게 해서 전범으로서 처형되었을까. 왜 한국사람이면서 일본이 범한 전쟁책임을 대신 지게 되었단 말인가.

1941년 12월 8일, 태평양전쟁 개시와 동시에 일본군은 파죽지세로 버마, 말레이시아, 필리핀, 인도네시아에 침공하여 서전에서는 승리를 맛보

왔다. 그때 항복한 연합국 포로의 수는 바탄 코레히돌 작전에서 5만 2천 명, 말레이 작전에서 9만 7천 명, 자바 작전에서 9만 3천 명, 홍콩 및 기타 지역에서 1만 9천 명, 합계 26만 1천 명이나 되었다고 한다.

원래 이들 포로는 '부로(俘虜)의 대우에 관한 제네바 조약'에 의하여 그 인격과 명예는 지켜져야 하며 '항상 박애의 마음으로 취급되어야 하며, 또 폭행, 굴욕 및 공중의 호기심에 대하여 특히 보호되어야 한다'는 것이었다. 그런데 일본군에서는 '노수(虜囚)의 굴욕은 받지 않으며'(전진훈=戰陣訓)라는 것이 군인의 철칙으로 되어 있어 '제네바 조약'의 정신이 철저하지 못하였을 뿐 아니라, 이들 포로의 처지에 대해서 일본육군은 당치도 않는 것을 생각하고 있었다.

1942년 2월 28일 이하라 준지로(井原潤次郎) 조선군참모장이 육군차관 기무라 효다로(木村兵太郎) 앞으로 타전한 다음과 같은 전보가 남아 있다.

반도인(조선인)의 영미숭경관념(英美崇敬觀念)을 일소하여 필승의 신념을 확립시키기 위하여 대단히 유효하고, 총독부 및 군이 다같이 열망하고 있으므로 영미포로 각 1천 명을 조선에 수용해주기 바라며 각별한 배려를 바람…(『속기록』 146호).

또 그 해 4월 2일 대만군참모장 히구치 게이시치로(樋口敬七郎)도 포로정보국장에 다음과 같이 타전하고 있다.

주로 대만에서의 농업생산상의 노동력으로 하며 일면 본도인의 훈육지도(訓育指導)상의 자료로서 이용하고자 하니, 영미인 포로 2~3천을 보내줄 것을 희망함. 대만총독부도 같은 의견임(『속기록』 148호).

말하자면 영미인 포로를 조선과 대만의 피식민지인에게 보임으로써 "제국의 실력을 현실적으로 인식시킴과 동시에 의연히 조선인 대부분이

내심으로 갖고 있는 구미숭배관념을 없애기 위하여 사상선전공작의 자료로 제공"('조선포로수용계획')하려고 한 것이었다. 그리고 이 포로의 경비취체(取締)를 조선인, 대만인 특수부대에 맡기기로 한 것이었다.[1] 그 때문에 1942년 5월 15일 조선과 대만에서 각각 포로수용소 감시원의 강제적인 모집이 개시되어 1개월 간에 조선 각지에서 3천 2백 23명의 청년이 모이게 되었다.

전쟁의 격화에 따른 인력부족을 보충할 뿐만 아니라 식민지의 청년들을 백인포로감시를 시킴으로써 전 조선인의 '황민화'를 철저히 하며 '내선일체'의 실(實)을 올려서 전쟁으로 몰아넣으려 했던 것이다. 그야말로 일석이조의 효과이며 당사자에게는 황당한 사태를 초래한 원인이 되었던 것이다.

강제로 모인 한국의 청년들은 육군부산서면임시군속교육대(陸軍釜山西面臨時軍屬敎育隊, 통칭 노구치 부대)에서 '황군'의 일원이 되기 위하여 철저한 훈련을 마친 후 태국, 싱가포르, 말레이시아, 자바 등 남방 각지의 포로수용소에 배속당하였다. 그리하여 그들은 식량도 약품도 없는 상황 아래서 철도, 군용도로, 비행장 등의 건설공사를 위하여 강제노동을 당하는 포로들을 상관의 명령에 따라 공사현장으로 인솔하고 감시하는 지극히 참혹한 업무에 종사하게 된 것이다. 뿐만 아니라 계약기한인 2년을 넘어도 이 업무로부터 해방되지 않았으며 일본의 패전까지 근무를 강요당한 것이었다.

원래 포로의 노동에 관해서는 제네바 조약에 상세한 규정이 있으나 그것을 일체 무시하고 "포로의 처리에서는… 엄중히 이것을 단속하며 단 1일이라도 무위도식시켜서는 안되며 그 노동력, 특기를 우리의 생산확충에 활용하는 등 총력을 다하여 대동아전쟁 수행에 보탬이 되도록 노력할 것"(도조 히데키 육군대신의 포로처리에 관한 훈시)이라는 방침 하에서

---

1) 陸軍省「捕虜處理要項」.

포로의 강제노동이 공공연히 행해지게 된 것이다. 포로로서 대만의 킨카세키 광산(니폰광업주식회사 소유)에서 중노동과 기아에 고생한 체험은 『구다바레 잡』(자크 에드워드 저, 徑書房)에 너무나 생생히 기술되어 있다.

일본이 패전하자 조선인 포로감시원(코리안 가드)은 거의 다 영국, 호주, 네덜란드 각국에 의하여 BC급 전범용의로 체포되었다.

사형을 집행당한 23명을 제외하고 징역형에 처해진 사람은 싱가포르의 찬기 형무소, 오트람 형무소, 자카르타의 치비난 형무소에 등에서 각각 복역하다가 50, 51년에 일본의 스가모 형무소로 이관되어 연합국 최고사령부의 관활 하에 있게 되었다.

1952년의 샌프란시스코 강화조약에 의하여 일본이 독립하게 되자 사태는 어떻게 또 그럴 수가 있으랴. 이번에는 일본정부에 의하여 남은 형기를 집행받게 된 것이다. 일본에 의하여 잡혀가 일본을 위하여 고생하고 일본의 전쟁책임을 대신 떠맡게 된 뒤 다시 일본에 의해서 형의 집행을 당한 것이다.

당시 한국·조선인은 강화조약 발효와 동시에 일본국적을 상실하고 외국인으로 취급받게 되었다. 그래서 52년 6월, 그들은 일본사람이 아닌데도 일본정부로부터 신병의 구속을 받을 법적 근거는 하등에 없다 하여 인신보호법에 의한 석방청구의 재판을 제기했다. 그러나 일본 최고재판소는 "가형시(加刑時)가 일본국민이었으므로 일본정부가 남은 형을 집행하여도 지장이 없다"라고 하여 이 석방청구를 각하하였다(53년 7월 30일 대법정 판결). 이 때문에 52년 4월 28일 이후에도 미 점령군에 대신하여 일본정부가 관리하는 스가모 형무소에 구금된 뒤 최후의 한 사람이 석방된 것이 57년 4월 5일이었다.

석방되었다 하더라도 그 후의 원호조치는 전혀 없었으며 일본사회에 내팽개쳐 버리고 만 것이다. 가석방이기 때문에 조국으로의 귀환도 허가되지 않고 일본에 일가 친척이나 친구도 없기 때문에 생활의 근거는 전혀 없었다. 3년이 넘는 군무나 10년이 넘는 형무소 생활 끝에 지급된 것은 몇 벌의 군복과 1천 몇 백 엔의 여비뿐이었다. 출소하여도 생활을 할 수 없다면서 출소를 거부하는 사람, 출소 후의 생활고로 자살한 사람, 전신장해로서 입원한 사람들이 속출하였다.

이러한 상황에서 55년 4월 1일, 조선인 BC급 전범자 및 형사자 유족 전원으로 구성된 '한국출신전범자동진회(韓國出身戰犯者同進會)'가 결성되었다(1983년 4월에 '동진회'라 개칭). 그 후 동진회는 '유골의 송환, 생활자금의 지급, 대여, 주택 및 취직 알선 등의 생활보호'를 요청하여 일본정부와 교섭을 계속하여 왔다. 56년 6월 25일에는 일본정부에 대하여 '국가보상'을 요구하여 '사형자 5백만 엔, 복무자에 대해서는 구금 1일당 5백 엔'을 요구하였다. 일한조약의 체결까지는 역대 내각 총리대신 이하 법무성, 후생성, 내각 심의실과의 수차례의 교섭에서 일본정부도 이에 응하는 자세를 나타냈으나, 일한조약 체결 후에는 "일한회담에서 일괄하여 해결했다"는 태도로 일변하여 교섭에도 응하려 하지 않게 되었다.

또 한국정부도 "1945년 8월 15일 이전에 일본 또는 일본국민에 대하여 발생한 청구권이 아니다"라고 하여 "대일민간청구권의 대상이 될 수 없다"는 이유로 유족들로부터의 청구신청을 수리하지 않았다.

일한 양정부의 이와 같은 조치에 의하여 보상 문제는 물론이거니와 BC급 전범자의 입장도 '공중에 뜬 존재'가 되고 말았다. 그렇기 때문에 서두에서 말한 바와 같이 패전 당시 BC급 전범으로 체포되어 형이 끝날 때까지 구금된 기간에 응하여 1일당 5백 엔의 보상, 형사자에게는 5천만 엔을 청구하는 재판을 제기한 것이다.

다른 나라에서는 볼 수 없는 천황제 군대의 존속이 된 그들은 일본군의 최말단에 있으면서 "상관의 명령을 받는 것은 실은 곧 짐(朕)의 명령을 받는 것으로 알아라"(군인칙유)라는 상관 명령 절대복종이라는 의무에 따라 임무를 수행하지 않으면 안되었다.

따라서 그들이 전쟁범죄인이 된 것은 그야말로 천황을 정점으로 하는 일본군대 체제 때문인 것이다. 또 그들이 입은 생명, 신체의 손실은 일본 민족의 국가적 독립과 번영을 위하여 타민족인 '조선민족'을 식민지로 삼은 일본제국주의에 의하여 초래된 것이다.

　이상의 사실을 종합하여 볼 때 일본의 식민지 지배 하에서 일본군의 군속이 되어, 그 결과 특별한 희생을 강요당한 조선민족인 그들에 대하여 일본국가가 그 생명, 신체의 자유의 손실에 대하여 보상책임을 져야 한다는 것은 "조리(條理: 정의, 공평의 원칙)에 비추어 보더라도 당연한 일이라 아니할 수 없다"고 주장하고 있는 것이다.

제4장 조선인 군인·군속

1. 군인·군속

군인

일본이 조선에서 징병제(徵兵制)를 실시한 것은 패전이 가까워진 44년의 일이다.

일한합병 후 조선에서 일본의 지배자들이 징병제 실시를 주저해온 것은 조선사람을 일본군대의 구성원으로 하여 무기를 갖게 하면 언제 반란을 일으킬지 모르기 때문이었다.

그럼에도 불구하고 조선에서 징병제를 실시하지 않을 수 없었던 것은 일중전쟁의 확대, 태평양전쟁 돌입에 따라 전쟁수행에 필요한 요원의 확보가 긴급한 과제로 되었기 때문이다. 또 "금차 성전(聖戰)을 일본민족만의 희생 위에서 행한다는 것은 적당하지 않으며, 일본민족만이 전사하고 조선민족이 남았을 때에는 그 왕성한 번식력과 더불어 장래에 중대한 문제를 일으킬 것이다"라는 의견도 터져 나왔다.1)

---

1) 山崎正男, 『陸軍軍制史梗概』.

이리하여 노구교(盧溝橋) 사건 직전인 37년 7월 2일 조선군(朝鮮軍: 조선에 주둔하고 있는 일본군)은 육군성의 자문에 답하여 조선의 병역 문제 해결을 위하여 시험적 제도로서 '조선인 장정을 지원에 의하여 현역에 복무시키는 제도'를 창설할 것을 진언하였다.2) 그리하여 징병제의 실시를 수십 년 뒤로 상정하면서 지원병제도가 38년 4월 3일에 실시되었다.3)

이 육군특별지원병제도는 당초 "보통 이상의 생계를 영위"하며 "사상 견고한 자,"4) 다시 말하면 일본의 지배에 호의적인 중류 이상의 계층에서 지원병을 모집하여 황국신민으로서의 교육훈련을 시켜 병력으로 이용함과 동시에 황민화운동(皇民化運動: 조선인의 민족성을 말살하고 천황에 충성을 맹서하는 일본신민을 육성하려는 관주도의 시책과 운동)의 견인차 역할을 맡기려는 계획이었다.

그러나 실제로 실시해 보니 그러한 중류 이상의 계층자들은 지원을 거부하는 사람들이 많았다. 그뿐 아니라 조선총독부는 각 도별 지원자 수를 공표하는 등 채용예정자의 수십 배의 지원자 수를 확보하려고 하였기 때문에 각 도·군청에서는 하부의 면단위로 지원자를 강제적으로 할당하는 수밖에 없었다.

"만일에 이것이 실패로 끝난다면 그것은 반도 장래에 우려되는 중대문제"(조선총독부 육군병지원자 훈련소 교수 가이다 가나메 대좌)라는 위기의식 밑에서 지원자 수가 많으냐 적으냐가 '애국심의 척도'로 이해되었으며, 행정조직의 말단인 면에서는 학교졸업자를 협박도 하고 아버지를 구류하여 가족에 압력을 가하기도 하고, 이름만 빌려달라고 속여서 지원시키는 등의 방법이 자행되었다.

1943년 일본인 학도(學徒)에 대하여 그때까지의 징병유예제도(徵兵猶豫制度)를 폐지하고 법문계(法文系) 학생은 즉각 징집하여 입영시키기로

---

2) 朝鮮軍司令部, 極秘「朝鮮人志願兵制度に關する意見」.
3) 「陸軍特別志願兵令」.
4) 朝鮮總督府,「朝鮮人志願兵制度實施要綱」.

되었다. 말하자면 '학도출진(學徒出陣)'인 것이다.

조선인 학도에 대해서는 그 이전부터 지원강제라는 방법으로 사실상의 징병이 행해지고 있었다.

43년 10월 20일 조선에서 육군특별지원병 임시채용규칙(陸軍特別志願兵 臨時採用規則)이 공포·실시되어 그날부터 11월 20일까지 지원서류를 제출할 것이 결정되었다. 그 해 12월까지 채용시험이 있었으며, 44년 1월 20일에는 현역병으로서 입영하기로 결정되어 있었다.

그러나 일본정부가 친척들을 통하여 압력을 가하는 등 필사적인 노력을 하였음에도 불구하고 지원자는 극소수였으며, 11월 10일이 되어도 적격자 2천 8백 30명 중에서 응모자는 겨우 2백 명 정도였다. 그래서 조선총독 고이소 구니아키(小磯國昭)는 그 날 한 사람의 예외도 없이 지원하라는 성명을 발표하고 11월 14일에는 메이지대학(明治大學)에서 '반도학생결기대회(半島學生決起大會)'를 개최하여 지원응모에 부채질을 하였다. 각도 각군마다 출신학생이 전원 지원하였는지를 점검하여 '개성(開成) 출신자는 전원 지원'하였다는 등의 신문기사를 게재하고 더욱이 유진오(兪鎭午), 이광수(李光洙) 등과 같은 조선인 지식인을 동원, 지원독려운동을 전개하였다. "고의준순(孤疑逡巡)은 절대 불가"라는 등의 문자가 신문지면에 나돌고 마감 전날인 11월 19일에는 "지원 안하면 비국민"이라는 주장이 ≪매일신보≫ 제1면에 게재되었다. 결국에는 11월 21일 지원하지 않는 사람은 '엄격 연성(嚴格 鍊成)'하여 전원을 탄광 등의 중노동에 징용하기로 결정되었다.

이리하여 조선인 학생이 지원하지 않으면 안될 상황으로 몰아넣게 되었다. 결국 기한이 넘어서 서류를 제출한 사람을 포함하여 최종 지원자는 적격자 2천 8백 30명 증 2천 34명에 달하였다.

1941년 12월 8일 태평양전쟁의 개시와 전선의 확대로 예상도 못한 대규모 병원(兵員) 확보가 필요하게 되었다. 그뿐만 아니라 전쟁의 격화와 군수공업에서의 노동력의 필요성도 증가되었기 때문에, 군 당국자는 전선

으로 보낼 병력을 가능한 한 축소해서라도 총후의 생산력 증강이나 '인적
국력(人的 國力)'의 재생산에 충당하지 않으면 안되었던 것이다.

이렇게 일본민족의 손모(損耗)를 최대한으로 회피하면서 "외지민족을
병력으로 활용하는 것이… 초미의 급무"5)로 되었다. 그래서 조선에 대해
서도 종래의 지원병제도를 폐지하고 44년부터 징병제를 실시하여 한꺼번
에 다수의 조선인 병사를 확보하게 된 것이다.

도조 내각은 42년 5월 8일의 각의에서 조선에서의 44년 징병제 시행을
결정하고 제국의회에서 '병역법개정안(兵役法改正案)'으로서 승인을 얻어
43년 8월 1일에 시행되었다. 조선총독부는 2년 후의 징병제 실시까지는
어떻게 해서라도 조선 청년을 황국신민으로 만들어내지 않으면 안되게
되었으며, 각면에 청년특별연성소(靑年特別鍊成所)를 설립하여 강제적으
로 징병예정 연령자를 모아 일본어교육, 군사교련, 황민정신교육을 시작
하였다.

제1회 징병검사는 44년 4월 1일부터 8월 20일까지 행해졌다. 수험자
총수는 20만 6천 57명에 이르렀다. 현역병 채용자는 그 해 9월 1일부터
45년 5월까지 입영하였으며 순차로 전장과 조선 외의 부대에 배속되었다.
갑종 합격자 약 6만 9천 명, 제1을종 약 6만 2천 명, 합계 13만여 명이었
다. 제1보충병 채용자들도 이와 병행하여 입영·배속되었던 것이다.6) 그리
고 재만 조선인의 징병검사는 관동군(關東軍)에 의하여 행해졌으며 약 1
만 3천 명이 수검하였고, 제2회 징병검사는 45년 1월에서 5월에 걸쳐 실
시되었다.

그러나 1년이라든가 6개월이란 기간 육군병지원자훈련소에서 훈련을
받은 지원병과는 달리 징병제도의 경우에는 응급적인 병원(兵員)으로서
모였기 때문에 일본말을 못하는 사람들도 많았고, 입영 후 전속수송중에

---

5) 陸軍省兵備課, 「대동아전쟁에 있어서의 우리들의 인적국력의 검토」, 1942. 1.
  20.
6) 朝鮮總督府, 「第85回 帝國議會 說明資料(財務局長用)」, 1944. 8.

도망하는 자도 연달아 나왔다. 조선총독부와 일본군 당국자들은 전황이 불리해짐에 따라 "언제 폭동이 일어날지도 모른다"[7] "영미(英美)와 내통하여 전지에서 반란을 일으키지는 않을까"[8] 등의 위구의 생각을 많이 하고 있었다.

그래서 이와 같이 위기감을 느끼면 느낄수록 조선인의 일본인화가 불충분하다고 하여 더욱 심한 민족성의 말살을 꾀한 황민화교육을 철저히 하였으며, 병영내에서의 차별도 더욱 심각해졌던 것이다.

군속(軍屬)

일중전쟁의 확대에 따라 전쟁수행을 가능하게 하는 군사공업력의 확보와 일본군의 전투계속을 지탱하는 물자의 생산, 운수, 병원의 수송, 군사시설의 건설 등에 요하는 노동력의 유지는 더욱 불가결하였다. 일본내지의 인력, 물자뿐만 아니라 식민지의 인적·물적 자원을 전면적으로 일본국가의 통제 하에 두고, '병참기지'로서 편성해 나가지 않으면 안되었다.

이리하여 1938년 4월 '국가총동원법'이 제정되었으며, 이에 따라 39년 10월에는 '국민징용령'이 시행되어 노동력의 강제적인 징용이 법적 조치로서 완비되게 되었다.

군속이라는 것은 군인 이외에 본인의 의사에 따라 직업으로서 육해군에 근무하는 자를 말하는데, 41년 이래 조선에서도 국민징용령에 따라 징용이 행해졌으며, 탄광의 경우와 마찬가지로 '모집' '관알선'에 의한 강제연행도 있었다.

군속에는 문관(文官), 고원(雇員), 용인(傭人)의 3계급이 있으며, 용인은 취업의 경우와 일의 종류에 따라 '군부(軍夫)'(오키나와 등지), '공원(工員)'(남양제도 등지) 등의 명칭으로 불릴 때도 있었다. 조선사람이 일중전쟁, 태평양전쟁 중 징용·징발에 의하여 군속으로 된 경우의 대부분은

---

7) 朝鮮總督 小磯國昭, 『葛山鴻爪』.
8) 『機密作戰日誌』, 1945. 7. 30, 第17方面軍.

용인이며, 동남 아시아의 포로감시원이 된 일부가 고원이 된 것이었다.

원래 일본의 군대는 전투원 이외의 후방 병참부문이 대단히 충실하지 못했다. 1941년의 육군 작전병력에 대한 병참부대의 병력비(兵力比)는 25%였으나, 44년은 20%, 45년에는 본토 25%, 기타 20~21%로 오히려 병참부대의 비중이 떨어지고 있다.9) 공병대(工兵隊), 치중대(輜重隊)는 너무 경시당하였으며, 육군은 일관해서 취사차의 도입을 거부하고, 각자가 휴대하는 밥솥에 의한 취사에 의존하였다. 전장에서 군대가 필요로 하는 물자는 대부분 현지 조달에 의존하고 있었으며, 군표(軍票)의 남발이라든지 현지 민가로부터의 징발·약탈은 일상사였다. 그렇기 때문에 일본군에 의하여 점령된 지역의 주민들은 말할 수 없는 피해를 입었던 것이다.

해군의 경우에는 육군의 공병대에 해당하는 정식의 군대조직조차도 없었으며, 전장이나 점령지에서는 각 함대마다 설영대(設營隊)를 조직하여 조선사람, 대만사람의 노무자를 주력으로 하여 기지, 항만, 비행장 등의 시설건설, 현지의 치안경비 등을 확보하고 있었다.10) 해군설영대는 44년 2월 이후 처음으로 군대화되어 다수의 군속을 배치하여 조직되었다.

다수의 조선사람을 군속으로서 군대조직 안에 넣지 않으면 안될 이유의 첫 번째는 전쟁의 확대와 전국의 불리함에 따라 일본내의 일본인 청장년 노동력을 병력으로서 전장에 내보내지 않을 수 없었으며, 일본내에서 이 이상의 노동력을 확보하기가 어려웠기 때문이다.

두 번째 이유는 전장이나 점령지에서의 시설건설 등의 노동은 적군의 공격이라든지 현지사람들의 저항을 받기 쉬웠으므로 위험성이 높으며, 민간인의 노동력으로서는 도저히 수행할 수가 없는 부문이었다. 본래 근대의 군대에서는 이와 같은 부문은 시설건설을 위한 전용병원에 의하여 수행되어야 하는 것이지만, 일본군대에서는 이 부문의 정비가 대단히 빈약하였으며, 군속이라는 전투원으로서의 훈련도 받지를 않았으며 무기도 갖

---

9)『支那事變 大東亞戰爭間 動員槪史』.
10) 戰史叢書,『海軍設備』.

고 있지 않는 용원에 의지할 수밖에는 없었던 것이다. 결국에는 이와 같이 위험한 부문은 버려도 좋다는 조선사람, 대만사람의 노동력을 강제노동의 방법으로 확보하려고 하였던 것이다.

「제86회 제국의회 설명자료」에 의하면, 44년 9월 말까지 8만 8천 2백 41명의 조선인 군요원이 동원되어, 그 중에 국민징용령의 적용에 의한 자는 3만 1천 7백 83명이었다고 한다. 이들 중에는 41년 이후 육해군의 요구에 따라 남방의 토목작업에 종사한 해군작업애국단원(海軍作業愛國團員) 3만 2천 2백 48명, 육군의 요구에 따라 포로감시요원 3천 3백 23명 등이 눈에 띄고, 그 파견지역도 일본 내지, 만주, 중국, 남양군도 등에 이르렀다.

그래서 조선인 군요원의 동원은 44년 가을 이후부터 더욱 증대되었다. 전후 후생성 제2복원국(復員局)이 집계한 숫자에 따르면, 41년 이래의 동원수는 육군이 7만 4백 24명, 해군이 8만 4천 4백 83명, 합계 15만 4천 9백 7명이나 되는데,11) 당국에 의한 생사확인, 명부관리의 불비 등을 감안하였을 때 이 집계보다 더 많은 누락이 있을 것이라고 추정되므로 그 실수는 훨씬 크다고 보아야 할 것이다.

44년에는 경상북도 일대에서 약 3천 7백 명의 노동자가 붙잡혀 오키나와에 군부(軍夫)로서 보내졌다.

43년 10월의 '노무강화대책요강(勞務強化對策要綱)'에 따라, 44년 9월부터 조선에서 국민징용령의 전면적 발동이 있었으며, 국민징용령의 적용에 의한 징용은 군요원뿐 아니라 민간인들의 연행으로까지 확대되었다.

일중전쟁, 태평양전쟁의 시기에 다수의 조선사람이 군속으로서 강제적으로(혹은 속아서) 전장으로 보내져 인간성을 유지할 수 없는 열악한 의식주와 노동환경 하에서 강제노동에 종사하였으며, 아무런 무기도 없이 적의 습격을 받아 사망하였거나 일평생 남는 장해를 입은 것은 일본의 전

---

11)「在日本朝鮮人の概況」, 1953.

쟁정책의 필연적인 귀결이었다.

분명히 조선인 군속들은 국민징용령이라는 법적 테두리 속에서 합법적으로 징용되어 군속고용계약(軍屬雇用契約)에 따라 노무에 종사하였지만 그 과정에서 고용주인 국가가 저지른 여러 가지의 계약위반과 불법행위는 말할 것도 없거니와 전체적으로 본다면 국제법상 금지되어 있는 노예적 강제노동을 강제한 것이며, 그로 말미암아 조선인 각 가정으로부터 필수의 노동력을 빼앗아 생산을 파괴하였던 것이다. 즉 '황민화' 정책과 더불어 조선사람의 문화적 기반을 붕괴하고 그 민족성마저 말살하려고 하였던 것이다.

2. 한국태평양전쟁희생자유족회 운동

한국의 태평양전쟁희생자유족회가 발족한 것은 73년 4월의 일이다. 이음해 봄, 전국적 규모로 확대되어 2만 명의 회원이 결집하여 한국정부를 상대로 30만 원의 보상금 수령거부 운동을 전개하였다. 75년 한국정부는 직계유족에 대하여 일방적으로 30만 원을 지급하여 모든 것을 청산해 버리려고 하였다.

그 후 유족회는 희생자의 생사확인, 유골의 발굴 및 그 송환을 위하여 활동을 계속하여 왔다. 그간 일본의 키타큐슈(北九州)에서 2백 19구의 유체가 발굴되었으나, 76년 10월 2일 유족에게는 아무런 통지도 없이 비밀리에 '망향의 동산'에 매장되고 말았다.

일한 양정부는 65년의 일한조약에 따라 희생자 문제는 모든 해결이 끝났다는 태도로 일관하고 있었으며, 유골의 발굴과 송환은 묵살되었고, 오늘에 이르기까지 명단도 공개하지 않고 있다. 그 때문에 생사의 확인을 못하고 있는 수만 명에 이르는 행방불명자에 대해서는 호적에 사망이라는 기재도 못하고 있는 것이다.

69년 8월 제3차 일한정기각료회의에서는 희생자의 유골 발굴 송환은 묵인한다는 양해사항으로 우물쭈물 결정되어 유족이나 희생자의 정신적 고통은 완전히 무시당하고 말았다.

전후 일본정부가 정식으로 보관하고 있던 유골은 군인·군속을 합하더라도 겨우 2천 3백 29구에 불과하며, 노무자나 정신대에 대해서는 보관하려 한 흔적조차 없었다. 그 후 1천 1백 88구의 유골이 송환되었으나 아직도 유텐지(祐天寺)에는 1천 1백 40구가 보관되어 있다.

전후 전쟁부상자로서 귀국한 수십 만 명의 희생자들도 그 대부분의 사람들은 호소할 수도 없이 말없이 죽어갔다. 이유야 어떻든 일본을 위하여 싸웠다는 것으로서 한국에서도 차가운 눈초리를 받았으며, 정신적인 고통은 이루 말할 수 없는 것이었다.

88년 6월부터 유족회는 희생자들의 증언을 수집하는 데 노력하여, 89년 3월에는 ‘태평양전쟁희생자유족회(太平洋戰爭犧牲者遺族會)’(양순임, 김종대 공동대표)라고 개칭하여 사무실을 서울시 용산구에 열기에 이르렀던 것이다.

이 사무실에는 가지 각색의 전쟁 희생자들이 찾아온다.

아직도 돌아오지 않는 남편을 기다리는 마음으로 창쪽으로 머리를 두고 자며, 현관쪽만 신경을 쓰다가 일어나지도 못하게 된 70세의 노모를 모시는 아들이 자기 아버지의 사망신고를 못하고 있으니 그 생사만이라도 알고 어머니를 안심시키게 해달라고 호소하는 사람, 생후 한 번도 아버지의 얼굴을 본 적이 없으나 바라건대 그 유골만이라도 가슴에 안고 “아버지, 당신의 아들은 이렇게 살고 있습니다”라고 말이라도 하고 싶으니 어찌해서라도 유골을 찾아달라는 사람, 그리고 자기가 군속으로서 복무하고 있을 때 13명의 마을사람들이 익지 않은 벼를 조금 훔쳐 먹다가 총살되었는데 그 중의 한 사람은 탄환이 빗나가 살아 있었지만 생매장을 당하지 않으면 안되었던 사실도 있었다. 이 사람은 현재 70세로 살아 있으나, 일평생 자기 개인이 범한 살인처럼 여겨져 양심의 가책을 받고 있으며, 그때 마을사람들의 살려달라는 애원을 생각하면 가슴이 아프니 유족들에게 얼마만큼이라도 보상을 한다면 마음의 부담도 조금은 덜 수 있을 것이라고 울면서 호소하는 노인, 사선에서 구사일생으로 살았다 하더라도 조국을 위하여 싸운 것이 아니었기 때문에 정정당당히 살 수가 없으며 상이군인이라고 하여 오히려 소외당하고 평생을 한을 품고 살아온 사람들….

이와 같은 사람들이 일본을 재판에 부치며 우선 일본국민에게 이 문제를 알리고 세계의 여론에 호소하기로 결정하였다. 노태우 대통령의 방일을 앞두고, 90년 3월 26일에서 30일까지 5일간 서울, 전주, 부산, 대구 등 전국순회 재판설명회가 행해졌다.

또 일본과 한국정부에 명단공개를 요구하였으며, '희생자들의 실질 문제의 해결을 촉구하는 16일 간의 연속 농성과 데모'가 있었다. 그 때문에 일본대사관은 '영사사무를 3일간 철수'할 정도였다.

이러한 태평양전쟁희생자유족회의 활동에 영향을 받아 5월 24일 일본을 방문한 노태우 대통령은 실로 전후 45년만에 처음으로 '강제연행자 명부공개요구'를 일본의 외무성에 제출하였다. 그 결과 91년 1월 9만여 명의 명부가 한국정부에 전달되었으며 보상 문제에 대한 단서가 잡히게 되었다.

이 희생자유족회를 중심으로 90년 6월 15일부터 7월 14일까지 한 달 동안에 '전범자 일본의 전후처리를 촉진하는 전국도보대행진'이 결행되었다. 부산의 일본총영사관 앞을 출발점으로 하여 서울의 일본대사관까지 6백 킬로미터(각 시·도의 시가행진도 포함), 연인원 5천여 명의 사람들이 비가 오나 눈이 오나 '일본 전후처리 촉구'를 외치면서 행진을 계속하였다. 70세가 넘으신 할아버지, 할머니들도 참가하여 6월의 장마 폭풍우 속을, 7월의 뙤약볕 속을 하루도 쉬지 않고 걸었던 것이다. 발바닥이 터져서 빗물 속에 피가 스며 있는 70세 노인은 발이 아픈 것도 무릅쓰고 과거 20대 시절에 일본사람들로부터 말 못할 학대와 구박을 받고 공포 속에서 목숨을 잃은 동료들을 생각하니 이 비는 그들의 눈물인 것 같아 그대로 젖으면서 가겠다고 하며 오히려 비를 맞고 가자고 비바람 속을 걷고만 있었던 것이다.

91년 1월에는 가이후 수상이 한국을 방문하였으나 '전후처리가 없는 가이후 총리의 한국방문 반대'를 내걸고 데모를 하였으며 파고다공원 참관을 저지하기 위하여 농성까지 감행하였다.

희생자 유족회는 다음과 같은 내용을 일본정부에 요구하면서 운동을 하고 있다.

1. 태평양전쟁 한국인 희생자에 대하여 직접 공식적으로 사죄하라.
1. 한민족 강제연행자의 생사명부를 확인하고 즉각 공개하라.
1. 한국인 희생자의 유골을 모두 발굴하여 고국으로 송환하라.
1. 한국인 희생자에 대하여 국제관행에 따라 배상하라.
1. 현재 일본은행(日本銀行)에 공탁되어 있는 한국인 노동자에 대한 착취 미불 입금을 유족에 반환하라.

92년 8월 6일 유족회는 명부의 공개를 요구하여 일본에 가서 '도쿄행동(東京行動)'을 벌이고, 일본의 후생성 및 노동성과 교섭을 하였다.

그리하여, 91년 12월 6일에는 '일본의 전후책임을 명확히 하는 모임'의 협력으로 군인, 군속과 그 유족은 전 '종군위안부'를 포함한 35명을 원고로 하여 '아시아태평양전쟁한국인희생자 보상청구재판'(다카기 겐이치 변호단장)을 도쿄 지방재판소에 제소하였다. 재판이 전후보상 문제의 중심적인 운동으로 되고 있다.

제5장 조선인 종군위안부

일중전쟁이 전면전쟁으로 확대된 1937년 8월 24일 고노에 내각은 '국민정신총동원실시요강'을 각의 결정하였다. 이 국민정신총동원운동에 의하여 여성의 보국활동이 장려되고 더욱이 38년 4월의 국가총동원법의 공포로 여성의 동원이 촉진되었다.

1941년 11월에는 국민근로보국협회령(國民勤勞保國協會令)이 나와 14세 이상 25세 미만의 여자를 1년에 30일 이내의 국민근로보국대에 협력시킬 수 있도록 되었다(43년 6월에는 '30일'을 '60일'로, 44년 11월에는 '25세 미만'을 '40세 미만'으로 개정).

41년 8월에는 국민징용령의 제2차 개정을 통하여 여성의 징용을 법적으로 보장하였으며, 강제적 징용은 회피하고 자주적 참가라는 입장에서 여성의 근로동원이 실시되었다.

43년 9월 17개 직종에 대하여 남자의 취업이 제한 또는 금지되었으며, 그에 대신하여 여성이 취업하게 되었다. 이와 병행하여 정부는 '여자근로동원의 촉진에 관한 건'을 결정하고, '여자근로정신대(女子勤勞挺身隊)'를 자주적으로 편성시켜 여성들의 동원을 꾀하였다. 정신대는 1년 내지 2년의 장기에 걸친 동원이었다.

44년 8월에는 여자정신근로령(女子挺身勤勞令)이 공포되어 1년 간의 정신근로가 법률적으로 의무화되게 되었다.

그러나 조선인 여성에 대해서는 국민등록(國民登錄)이 되어 있지 않았기 때문에 원칙적으로 법률적인 강제력을 갖는 징용은 할 수 없었으나, 관알선이라는 명목으로 강제동원이 이루어진 것이다.

현재 한국에서는 일반적으로 '정신대(挺身隊)'란 '종군위안부(從軍慰安婦)'를 말한다. 조선에서도 군수공장 등에 동원된 여자정신대가 존재하고 있었지만, 한편으로 '정신대'라는 명목 하에 '종군위안부'의 강제모집이 이루어졌기 때문에 '정신대' 하면 종군위안부라는 인식이 일반적으로 정착된 것이다. 이것은 다시 말하면 조선인 여성의 인간으로서의 존엄을 짓밟은 종군위안부 정책이 국가총동원 근로보국이나 정신근로 같은 대의명분으로 조직적으로 행해졌다는 것을 말하고 있는 것이다.

1910년대부터 조선인 여성을 일본에 팔아넘기고 매춘을 시키는 것은 일상적으로 되어 있었다. 종군위안부는 그것을 배경으로 국가와 군대의 관여 아래 조직적으로 강제모집되어 관리되어 왔던 것이다. 그 숫자는 10만 명에서 20만 명이라고 하고 있으며, 그 8할이 조선인 여성이었다는 것이다.

군은 유곽(遊廓) 주인을 이용해서 전선에서 영업시켰으나, 전선이 확대되고 장기화하게 되니 그 숫자도 부족하게 되었다. 일본인 여성은 총후의 좋은 여성이며, 출정병사의 가족이나 친척이었기에 종군위안부로 강제모집을 하면 황군병사(皇軍兵士)의 사기에 영향을 줄 것이다. 그래서 군은 오로지 조선인 여성을 표적으로 하여 종군위안부로서 적극적으로 강제모집을 한 것이다. 조선인 남성이 노동력으로서 모조리 동원되는 것과 병행하여 '조선인여자정신대(朝鮮人女子挺身隊),' '여자애국봉사대(女子愛國奉仕隊)' 등의 미명 하에 조선인 여성이 집단적이며 조직적으로 종군위안부로서 혹사당한 것이다. 종군위안부라는 세계에서도 유례가 없는 제도가 생기게 된 것은 32년 1월의 상하이사변(上海事變)부터라고들 하고 있다.

이 사변에서 일본군 병사들에 의한 강간사건이 다발하였기 때문에 오카무라 중장이 나가사키현 지사에게 종군위안부를 보내줄 것을 요청한 데에 그 단서가 있다고 한다.

"과거 전역시대에는 위안부 같은 것은 없었다. 이렇게 말하는 나는 부끄러운 일이나 위안부안의 창설자이다. 소화 7년의 상하이사변 때, 2~3건의 강간사건이 발생하였기 때문에 파견군 참모총장이었던 나는 상하이에 주둔하던 일본해군을 본받아 나가사기켄 지사에 요청하여 위안부단(慰安婦團)을 불러 그 후에는 전연 강간사건이 없어진 것을 기쁘게 여겼던 것이다. 현재의 각 병단은 거의가 다 위안부단을 수행하고 있으며, 병참의 일분대가 되어 있는 것 같다. 제6사단 같은 데서는 위안부단을 동행하면서도 강간죄(強姦罪)는 끊이지 않는 모양이다"라고 『오카무라 야스쓰쿠 대장 자료(岡村寧次 大將資料)』(이나바 마시오 편)에 기재되어 있다.

군은 필요한 인원수를 배당하여 면사무소 등을 이용하여 무력으로나 또는 감언을 농하여서 군인의 일을 돕는다는 등으로 10대 후반에서 20대의 조선인 여성을 강제로 모집하였던 것이다. 전 해군 중좌인 시게무리 미노루(重杖實) 씨에 의하면, 42년 5월 해군성 군무국장(海軍省 軍務局長), 병비국장(兵備局長)으로부터 남서방면 함대참모(南西方面 艦隊參謀) 앞으로 '제2차 특요원(特要員) 진출에 관한 건 조회'라는 문서가 발송되었던 것이다. '특요원'이란 것은 해군에서의 종군위안부의 호칭이지만, 그 문서에는 다음과 같이 기재되어 있었다.

1. 수송선명 및 그 행동예정…, 2. 특요원의 배분…, 3. 소요시설 및 기재 ㉠ 숙사 ㉡ 침구 ㉢ 음식품 기타 ㉣ 위생…, 4. 경영업자와는 다음과 같이 협정되어 있으므로 각지의 정황에 따라 적당히 협의 결정한다.
　① 함대와의 연락: 각대의 책임자가 이를 담당하는 것을 원칙으로 하나, 순특요원(純特要員) 관계에서는 대장(隊長)이 주로 담당할 것.
　② 요금: 1년간 건강하게 근무하였을 때 부채를 상각할 수 있는 정도를 표준

으로 하고 현재의 정황에 의하여 협정하기로 한다.
③ 영업은 사관용(소속장 이상을 특별히 취급할 수도 있음), 하사관용 및 사병용을 별개로 나누며, 따라서 사관용의 것에서는 손색이 없도록 특별히 그 조건을 고려할 것.
④ 운영은 함대관리와 민영으로 함.1)

이것을 봐도 알 수 있겠지만, 국가와 군대가 종군위안부의 배분·수송이라는 단계에서 계획적·조직적으로 관여하고 있었다는 것은 명백한 일이다. 또 종군위안부의 인원수에서도 병사 29명 내지는 35명에 한 사람꼴로 종군위안부의 배분이 계획되어 있었다고 한다.

위안소(慰安所)의 유지관리는 군대가 하고 있었다. 종군위안부의 배치는 군대가 결정하고, 옥사의 준비도 군대가 하였다. 종군위안소는 군인 이외의 사람이 이용할 수는 없었다. 군의가 군의 명령에 따라 정기적으로 종군위안부의 성병검사를 하였다. 병사는 군에서 성병 예방을 위하여 '돌격일번(突擊一番)'이라는 콘돔을 지급받았다. 종군위안소에는 군에서 정한 위안소규정(慰安所規定)이 게시되어 있었다. 종군위안부의 식료품, 의료품은 군이 조달하였으며, 나아가서는 군은 종군위안부에게 감사장을 주기도 하였다.

전 군의였던 아소 테쓰오(麻生徹男) 씨에 의하면 38년 1월, 상하이 파견군 제14병참병원 외과병동에 근무하고 있었던 때 "근간에 개설되는 육군오락소(陸軍娛樂所)를 위하여 부녀자 1백여 명의 신체검사를 할 것"이라는 명령을 받고 종군위안부의 성병검사를 하였다고 한다. 이와 같이 군의가 군의 명령에 따라 임무로서 위안부의 성병검사를 하고 있었던 것이다.

아소 테쓰오의 저서 『전선여인고(戰線女人考)』에는 "그러니 전지에 보내오는 창부는 젊은 여자들을 필요로 한다. 소관(小官) 모지(某地)에서

---

1) ≪文藝春秋≫ 1955. 12.

검사한 바 있는데 왕왕히 기왕성화류병(旣往性花柳病)의 낙인이 찍혀져 있는 품성이 좋지 못한 여자들은 더욱 일고할 필요가 있다. 이것을 황군 장병들에게 보내는 '선물'로서는 실로 통탄할 일이다"라고 적혀 있으며, 종군위안부가 '황군장병들에게 보내는 선물' 즉 '물건'이며, 성욕처리의 도구로서만이 존재하였으며, 인간으로서의 존재를 말살당하고 있었다는 것을 여실히 나타내고 있는 것이다.

아소 씨가 촬영한 상하이 교외 군공로(軍工路) 가까이에 있는 양가탁(揚家宅)의 군대위안소에 게시되어 있던 위안소규정에는 "① 본 위안소에는 육군 군인 군속(군부를 제외) 외의 입장을 금함. 입장자는 위안소 외출증(慰安所 外出證)을 소지할 것, ② 입장자는 반드시 접수구에서 요금을 지불하고 입장권과 콘돔 한 개를 받을 것, ③ 입장권의 요금은 다음과 같음. 하사관(下士官) 병(兵) 군속(軍屬) 금 2엔…, ④ 입장권을 산 자는 지정된 방에 들어갈 것. 단 시간은 30분이다, ⑤ 입실과 동시에 입장권을 작부에 줄 것…, ⑥ 끝나면 곧 퇴실할 것, ⑦ 규정을 지키지 않는 자 및 군기풍기가 문란한 자는 퇴장시킴, ⑧ 콘돔을 사용하지 않는 자는 접부를 금함… 히가시 병첨사령부(東 兵站司令部)"라고 되어 있었다.

야마(山) 제3475부대 내무규정(內務規定, 1944년 12월) 중 '군인구락부(軍人俱樂部)에 관한 규정'에도 "① 본 규정은 군인구락부에 관하여 필요한 사항을 규정함. ② 본 규정에 없는 사람은 모두 사단규정(師團規定)에 의거한다. ③ 방비지구내군인구락부(防備地區內軍人俱樂部)는 지방관민에는 일체 사용 못하게 한다. 또 군인 군속은 지방위안소(地方慰安所)의 이용을 엄금한다. ④ 방비지구내 군인구락부에 관한 사항은 방비대장(防備隊長)이 담당하며, 이의 취체협력을 한다… ⑨ 업부(業婦)의 검진실시는 지명군의관(指名軍醫官)이 매순(每旬) 한 번 실시하고, 그 결과는 회보로서 일반에게 통보한다(검사일은 통상 매월 8일, 18일, 28일로 하고 시간은 그때에 알린다). 이 검사에는 헌병이 입회한다… ⑮ 군인구락부의 사용요금은 다음과 같다. 장교 3,00. 하사관·군속 2,50. 병 2,00. ⑯ 영업

시간은 매일 12시부터 24시까지로 하고, 숙박은 일반적으로 금함. 단 매월 8일은 휴업일로 한다. ⑰ 하사관 이하 구락부를 상용하는 자는 규정에 있는 인가증을 소지하여야 한다. ⑱ 장교 이하의 구락부 사용시간은 다음과 같다. 병 12시부터 17시까지, 하사관 17시부터 20시까지, 장교 20시부터 24시까지…"라고 되어 있으며, 위안소가 군에 의하여 유지·관리되고 있었다는 것을 명시하고 있다.

또 그 부칙에는 "일반에게 영업부(營業部)의 공유관념(共有觀念)을 철저히 하고 점유의 관념을 엄금한다"라고 되어 있어 여기에도 위안부는 병상들의 공유물, 말하자면 '물건'이었다.

부칙에는 기타 "업부(業婦)는 사용자의 입장을 이해하여 누구에게도 공평을 제일로 하고 사용자로 하여금 최대의 봉공(奉公)을 하게끔 염원하며, 어떠한 사정이 있더라도 잘못하여 봉공에 어김이 있는 일이 절대로 없도록 세심한 주의를 하여 취급할 것," "영업부는 함부로 밖에 나간다든지 막사나 작업장 등에 들어가는 것을 금함"으로 되어 있다. 종군위안부는 외출도 못하도록 감시하에 있었으며 좁은 방안에서 매일 수십 명의 병사의 성욕처리의 상대가 되었으며, 육체는 성병에 걸리는 수도 많았고 정신은 성욕처리의 도구가 되었다는 굴욕감에 견딜 수가 없었다.

중국, 동남 아시아, 남양 제도, 일본내 등 일본의 군대가 존재한 도처에 위안소는 존재하였다. 그러자 전황이 악화하여 일본군이 퇴각하지 않으면 안되었을 때 위안부의 일부는 그 자리에서 버림을 받았고, 일부는 일본군대와 같이 옥쇄당하거나 살해당하였다. 위안부는 군에서는 어떻게 취급되건 괜찮은 소모품으로서 취급되었다.

전선의 각지에서 군이 종군위안소를 유지·관리하여 왔다는 것, 그것은 각 부대가 단발적으로 해온 것이 아니라 군이 조직적으로 병사의 성욕처리를 위해 종군위안부를 강제모집하여 관리하고 있었다는 것, 위안부가 된 여성들은 인간으로서의 존엄을 침해당하고, 평생에 고칠 수 없는 고통을 입었으며, 성병에 걸리고 건강을 해치고 버림을 당하는 등 아무 가치도 없는 소모품처럼 말살되었다는 것은 어느 누구도 부인할 수 없는 역사적 사실인 것이다.

전후 반세기에 가까운 오늘날 이제서야 겨우 그 사실이 문제화한 것이다.

원래 한국에서는 이조 5백 년의 역사를 통해 유교문화 속에서 여성의 정조는 가장 중하게 지켜야 하는 것으로, 정조관념은 민족의 자랑과 자존심의 중핵의 하나였다. 자신이 위안부였다는 것을 알린다는 것은 그야말로 자살행위와 같은 것이었다. 그렇기 때문에 그 분들은 전후 해방이 되어서도 주위의 아무도 모르게, 자식들에게도 감추며 숨을 죽이고 살 수밖에 없었던 것이다.

일본의 군대경험자들에게는 종군위안부의 존재는 공공연한 사실로서 일상적으로 듣고 보고 체험한 사실이다. 가해자들은 피해자들의 침묵을 기화로 완전히 입을 다물고 말았다.

조선인 종군위안부들은 민족과 성(性)이라는 이중의 학대를 받아 왔다. 일본 제국주의의 조선식민지화정책에 의하여 '내선일체(內鮮一體),' '일시동인(一視同仁)'의 미명 아래 조선인의 일본인화, 황민화라는 민족말살이 자행되었다. 조선인 여성은 식민자 일본제국에의 봉사를 강요당한 것이다.

'성(性)'이라는 것은 인간에게 근원적이며 인간성에 직결된다. 위안부는 병사들의 '전의고양(戰意高揚)'을 위하여, 가장 직접적으로는 병사들의 불평불만의 '폭발' 예방을 위하여, 또 '성병' 예방, '강간' 예방을 위하여 '황군장병들에게 보내진 선물'이었다. 종군위안부를 이용하여 황군병사를 관리하는 시스템이기도 하였던 것이다.

그녀들은 인간이 아니고 '공중변소'(아소 테쓰오, 앞의 책)로 취급되었으며, 때로는 하루에 1백 명의 일본군인을 상대한 적도 있었다. 어떻게 취급하여도 무방한 소모품이었던 것이다. 이것은 조선인 여성을 일본군의 성욕처리의 도구로 삼음으로써 결과적으로는 '종(種)'의 단절까지 기하고 있었다고 아니할 수 없을 것이다.

 10만 명에서 20만 명의 조선인 여성들의 인격, 인간성, 그리고 조선민족의 긍지와 자존심 그 자체가, 폭력 그것도 일상적이며 장기에 걸친 폭력에 의하여 현저하게 침해당한 것이었다.

제6장 중국, 대만의 피해자들

1. 중국인 강제연행과 하나오카(花岡) 사건

강제연행

일본의 침략전쟁에 의한 최대의 피해국이 중국이었다는 데는 누구도
이견이 없을 것이다. 그것을 상징하고 있는 것이 남경(南京) 대학살사건
이며 중국인 강제연행 문제이다.

여기에 하나의 호소(呼訴)를 소개하기로 한다.

나는 아버지 유골을 찾아서 그리고 전후 문제의 해결을 바라면서 오랫동안
고생을 하였습니다. 나의 아버지는 1944년 구력(舊曆) 12월 6일, 우리 동네와
이웃 동네의 다섯 사람들과 같이 식료품, 유류를 갖고 천진(天津)으로 행상을 떠
났습니다. 그 도중 8일 아침 6시경, 일본군인들이 돌연히 아버지가 숙박하고 있
는 여관에 침입하여 아무런 이유도 없이 아버지 등 6명 전원을 일본군 헌병대로
연행하였답니다. 그 헌병대에 20여 일간 유치당한 뒤 몇 번이나 취조를 받았으
나, 아버지들은 아무런 죄상이 없으므로 일본군인들은 아무런 성과가 없었던 것
같습니다. 그럼에도 불구하고 6명은 손이 묶인 채 탄꾸라는 항구까지 연행되어
갔습니다. 배를 타기 전에 통역한 사람이 아버지들에게 말하였습니다. "너희들
은 사형에 처할 것이지만, 특별히 해방시켜서 노무자로서 일본으로 보낸다. 기간

은 3년이며 귀국할 적에 급여는 지불한다." 그리고 아버지들의 동의도 없이 이 6명은 1945년 구력 1월 15일 강제적으로 배에 태워진 것입니다….

이렇게 하여 미쓰이 미이케 광산(三井 三池鑛山)으로 보내져 강제노동에 종사하게 되었던 것이다. 좁은 방안에 식사도 하루 1백 그램, 배가 고파서 일을 할 수가 없었고, 매일 현장감독에게 매를 맞는 사람은 헤아릴 수가 없었다. 그들에게 남은 길은 도망하느냐 가만히 있다가 죽느냐 뿐이었다. 회사측은 노동자의 도망을 방지하기 위하여 일이 끝나면 의복을 모아서 집중 관리하고, 탄광과 식당 이외는 어느 곳에도 들어가는 것이 허락되지 않았으며 완전히 죄인과 같은 감시상태에 있었다.

나의 아버지는 이같은 고통에 견디지 못하였으며, 정신적으로는 억압을 받아 분노를 느꼈습니다. 그 분노를 행동으로도 나타내었으나, 그러면 그럴수록 현장감독으로부터 죽도록 매를 맞았으며 고된 벌을 받았습니다. 이와 같은 비인도적인 폭력 밑에서 아버지는 신음 끝에 정신분열증을 보였습니다. 정신분열증이 있어도 치료를 받지 못할 뿐만 아니라 보통사람들과 같이 가혹한 노동을 시켰으며, 병자는 노동이 마음대로 되지 않으니까 자연히 반항하게 되었지요. 그러면 그들은 더 심하게 아버지를 다루었습니다. 다리를 침상에 묶어놓고 양손도 침상 윗쪽에다 묶어둔 뒤에도 저항을 하는 아버지를 일본사람들은 무거운 널빤지를 아버지 위에다 얹어 두었답니다. 그래놓고 며칠간이나 물도 주지 않았답니다. 우리 아버지는 이와 같은 금수보다도 못한 사람들 때문에, 그 처참한 폭력 때문에 1초 1초를 신음하면서 결국은 죽었습니다. 우리 아버지가 도대체 무슨 죄를 저질렀다고 합니까. 왜 강제적으로 노동을 당하지 않으면 안되었던가. 왜 도중에서 정신분열증이 되었던가. 정신분열증이 되어도 치료도 안해줄 뿐만 아니라 오히려 더 지독한 취급을 당하여 참사하였습니다…. 그 결과 일손을 잃은 우리집도 망했습니다. 할 수 없어서 토지를 팔고 추위와 굶주림을 견디며 생활비를 마련하기 위하여 어린 것들까지 품팔이나 아기보기를 하였으며 어린 것들은 학교도 못가고 얻어 먹을 수밖에 없는 정도까지 이르렀습니다. 아버지의 사망은 우리들 가족에는 너무나 큰 충격이었습니다. 가족이 모일 때마다 죽은 아버지를 그리워하면서 울고만 있었습니다.

　1981년에는 우리 어머니조차 돌아가셨습니다. 중국의 습관에 따르면 우리 아버지와 같이 합장을 하지 않으면 안됩니다만, 우리 아버지의 유골은 어디에 있는지요. 하는 수 없어서 벽돌에다 아버지 이름을 써서 그것으로 마쳤습니다.

　사람에게는 누구나 다 부모님이 있습니다. 부모의 양육 은혜에 보답하겠다고 생각하지 않습니까. 그런데 우리는 이와 같은 방법으로 양친을 저 세상으로 보낼 수밖에 없었습니다. 죄 없이 죽어간 아버지의 혼백은 어떻게 될 것인지. 어머니의 혼은 어디로 갈 것인지. 살아 있는 우리들 자식들은 어떻게 하면 마음이 안정될는지. 온 가족이 목이 터지도록 울었습니다. 50여 명의 가족이 다 같이. 결코 이 전쟁을 잊어서는 안될 것이라고 맹서하였습니다. 일본은 죄 없는 시민을 무차별로 공격하고 살해하였으며, 점령지의 사람들을 노예와 같이 부려 먹었습니다. 전쟁배상을 지불할 뿐만 아니라 손해배상도 지급하여야 할 것입니다. 이제야 이 문제를 해결하여야 할 시기입니다(1991년 '전후보상 국제포럼'에서의 왕기정(王起禎) 씨 발언).

이와 같이 일본의 침략전쟁에 의하여 받은 중국민중의 고뇌와 상처는 아직도 아물지 않고 있는 것이다. 중국인 강제연행은 의심할 나위 없이 일본의 중국침략전쟁의 일환으로서 이루어진 것이었다. 전국이 급박해지던 42년 11월 27일, 도조 내각은 "일본 내지에서의 노무수급은 나날이 핍박해지고 있으며, 특히 중근노동부면(重筋勞動部面)에서의 노동력 부족에 대해 화인노동자(華人勞動者)를 내지로 보내 대동아공영권 건설의 수행에 협력시키기" 위하여 '화인노무자 내지이입(內地移入)에 관한 건'을 각의 결정하고, 그에 따라 44년 2월 28일에 '화인노무자 내지이입의 촉진에 관한 건'(차관회의)에 따라 실시 세목을 결정하고 실행에 옮겼다.

　일본군은 '노공(勞工) 사냥' 작전이라 하여 점령지의 마을을 포위하고 주로 15세에서 40세까지의 신체 강건한 남자를 그 집의 일꾼이건 아니건 간에 붙잡아서 수용소로 보냈던 것이다.

　이리하여 약 4만 명의 중국사람들이 일본으로 연행되어 전국 135개 사업소에 배치되었다. 그 사업소는 미쓰이 광산(三井鑛山), 스미토모 광업(住友鑛業), 홋카이도 탄광기선(北海道炭鑛汽船), 후루가와 광업(古川鑛業), 우베 흥산(宇部興産), 도와 광업(同和鑛業), 니테쓰 광업(日鐵鑛業),

니혼 야금(日本冶金), 가시마구미(鹿島組), 다이세이 건설(大成建設), 하사마구미(間組), 도비시마구미(飛島組), 구마가이구미(熊谷組), 니시마쓰구미(西柜組) 등의 대기업이었다.

연행된 중국인들은 "대부분은 거의 옷도 없었으며, 마대(麻袋)나 쌀가마니 등으로 몸을 가리고 있었으며" "그들에게 지급되는 식량은 쌀겨가 상식이고 보리가루가 3할 정도라도 있으면 고급에 들며, 지카다비(地下足袋)도 새끼로 잡아매어 추위를 견디고" "눈보라 치는 날에도 우구(雨具)는 없으며, 맨발로 석탄 트럭을 밀고" 있었다. 그들은 주로 석탄채굴의 광내노동, 항만하역, 터널 파기 등의 토건노동에 사역되었으며, 욕질과 내려갈기는 곤봉 밑에서 10~14시간의 중노동을 강요당하였고, 영양실조가 심한 사람은 잘못 쓰러지면 그 자리에서 숨지는 수도 있는 상황이었다. 이러한 혹사와 학대 밑에서 약 6천 8백 명이 생명을 빼앗겼던 것이다.

하나오카(花岡) 사건

패전 직전의 6월 30일 아키다켄(秋田縣) 하나오카 광산(花岡鑛山), 가지마구미(鹿島組) 출장소 내의 중국인 강제연행자 전원 8백 명이 굶주림과 학대에 항거하여 봉기하였다. 바로 하나오카 광산사건이다. 그들은 일본인 감독 4명과 통모자(通謀者) 1명을 살해하고 전원이 수용소를 탈출하여 가까운 산중에 들어가 돌과 작업도구를 갖고 무장한 헌병대, 경찰관 등 수천 명의 대부대와 싸웠다. 수많은 중국인이 살해되었으며, 남은 사람들은 염천하(炎天下)를 3일 3야, 뒷정갱이에 삼각봉이 끼인 채, 물도 식사도 없이 모진 구타를 당하여 절반이 학살되었다. 주모자 등은 무기징역에 처해졌다.

전후 아키다(秋田)에 진주한 미 점령군에 의하여 이들 중국인 학대에 관한 하나오카 사건이 알려지게 되어, 경순(耿諄) 씨 등 지도자는 석방되었으며, 반대로 가시마구미 하나오카 출장소장 등 관계자 6명이 포로학대의 전쟁범죄인으로서 소추당하여 요코하마의 BC급 전범재판소에서 3명은 교수형, 종신형 1명, 유기형 2명의 판결을 받았다(그 후 감형되어 전원 석방되었다).

1949년에는 불충분하긴 했지만, 그 지방의 일본인 노동자, 재일 중국인들에 의하여 중국인 희생자의 유골 발굴이 이루어졌다. 53년 2월 17일, 중국인 포로수난자위령실행위원회가 일중우호협회, 총평, 불교단체 등에 의하여 결성되어 전국적인 조사와 수난자의 유체, 유골의 발굴, 수집, 반환이 계속되었다.

87년 여름 하나오카 봉기의 지도자 경순 씨가 일본에 초빙되어 현지 하나오카에서 수난자위령제가 거행되었다. 경순 씨는 귀국 후 하나오카 사건의 생존자 및 유족의 연대를 도모하고, 하나오카 수난자연의회(花岡受難者連誼會)를 만들어 89년 12월에는 '가지마 건설에 대한 공개서한'을 북경에서 발표하였다. 이 중에서 그들은 ① 희생자에 대해 공식 사죄할 것 ② 후세의 교육에 보탬이 되도록 아키다에 기념관을 건립할 것 ③ 한 사람에게 5백만 엔의 배상금을 지불할 것을 가지마 건설에 요구하였다.

그 후, 90년 6월 경순 씨를 비롯한 6명의 생존자 유족이 내일하여 국회의원 입회 하에 처음으로 가지마 건설과 직접 교섭하게 되었다. 그 공동발표에서 가지마측은 "기업도 책임이 있다고 인식하고" "심심한 사죄의 뜻을 표명"하였지만, 구체적인 보상에 대해서는 이후의 협의에 따르기로 하였다.

이 보상요구는 가지마구미의 하나오카 광산출장소에서의 중국인 강제노동 학대에 대한 책임에 대하여 일본 국내법상의 불법행위에 따르는 배상책임을 법적 근거로 삼고 있다. 그렇다고 하여 이 기업에 대한 보상청구가 일본국가의 책임을 면제하는 것은 결코 아님은 물론이다.

73년에 발표된 일중공동성명에 의하여 전시중에 발생한 불법행위의 책임은 모두 해결되었다고 하는 주장도 있으나, 과연 그랬을까. 명확히 일중공동성명의 제5항은 중화인민공화국정부가 일본에 대한 전쟁배상의 청구를 포기할 것을 선언하고 있다.

여기서 포기한 것은 중국정부이지 개인에 대해서는 아무런 말도 없는 것이다. 국제법상에서도 국가와 개인의 청구권은 전연 다르다는 것은 명확한 사실이며 일본정부 자신도 시종 그러한 입장을 취하여 왔다.

따라서 중국의 전쟁희생자 개인이 일본정부나 기업에 대하여 손해보상을 청구하는 권리는 일중공동선언의 내용이 어떻든 간에 존재하고 있는 것이다.

94년 6월, 중국에서 하나오카 사건의 희생자와 유족이 내일하여 이번을 최후의 기회로 삼겠다며 가지마측에 보상의 실행을 따졌으나, 가지마건설측은 끝까지 개인보상의 이행을 거부하고 정부나 다른 기업이 보상을 할 때 응분의 기부를 하겠다는 병렬방식(並列方式)의 자세를 고집하였다. 피해자측의 낙담과 분노는 말할 수 없이 컸으며, 일본의 도의를 나타내지 않았던 우리 일본사회의 역부족을 자각하지 않을 수 없는 결과였다.

2. 대만의 전 일본병

황민화 정책

대만은 일본으로 보면 최초의 식민지였다. 메이지유신의 여진이 남아 있던 1874년 미야고지마(宮古島)의 도민이 남대만(南台灣)에 표착한 후 오해로 인하여 살해당한 사건을 계기로 메이지정부는 '인민보호의무(人民保護義務)'를 대의명분으로 내세우며 대만출병에 나섰다. 일본은 이 출병을 일청외교(日淸外交)에 교묘하게 이용하여 다액의 배상금을 획득하였을 뿐만 아니라, 유구(琉球)의 일본귀속을 인정케 하는 데 성공하였다.

이어 조선의 권익을 둘러싸고 1894년 8월 9일에서 1895년 3월에 걸쳐서 벌어진 일청전쟁에서 승리한 일본은 청국(淸國)으로부터 대만을 할양받아 제국주의로의 제1보를 내딛기 시작한 것이다.

대만을 영유하게 된 메이지정부는 대만총독부(台灣總督府)를 두고 군정을 실시하면서 식민지통치를 시작하였다. 1889년에는 제4대 총독에 고다마 겐타로(兒玉源太郞), 민생국장(民生局長, 후일에 장관제로 되다)에 고토 신페이(後藤新平)를 보내 '사탕과 채찍'의 정책을 실시하였다. 구관(旧慣) 존중을 내걸고, '향노전(饗老典)'이라는 경노의 식전(式典)을 열기도 하고, 신장제도(紳章制度: 勳章制)를 운용하여 때로는 대일협력자에게는 소금, 담배의 판매특권을 부여하여 회유책을 쓰는 한편, '비도형벌령(匪徒刑罰令)'(1898년 11월) 등을 공포하여 위반하는 자는 모조리 비적으로서 엄벌에 처하였다.

당시 대만의 인구는 약 3백만 명으로, 중국민족과 십 수만 명의 선주민족(先住民族: 高山族)이었다. 그리하여 1898년부터 1905년에 걸쳐서 행해진 토지조사사업에 의하여 숨겨둔 논에까지 과세하였으며, 일정의 근대화를 하면서 식민지형 경제개발의 기반을 확립하고, 이어서 임야조사사업(林野調査事業, 1910~1914년)에도 착수하여 광대한 산림을 선주민으로부터 탈취하여 국유화하고 말았다.

또 약 60만 명의 아동들에게 철저한 일본어교육을 실시하여 일본인화를 강제하였던 것이다.

이러한 식민지화에 반대하여 나복옥 사건(羅福屋 事件, 1913년 10월), 서미사건(西未事件, 1915년 8월) 등의 배일운동(排日運動)도 끊일 날이 없었으나, 특히 1930년 10월 27일의 무사사건(霧社事件)은 일본의 통치자에 커다란 충격을 주었다.

일중전쟁의 개시와 더불어 대만 전토에서는 본격적인 황민화운동이 추진되었다. 1937년 4월 1일부터 대만사람들의 모국어 사용이 제한되었고 신문의 한자란(漢字欄)도 폐지되었다. 민족적 연극이나 음악도 금지되었으며, 전통적 종교행사라든지 제사도 제한되었으며, 그 대신 일본어의 강제적 사용에다 천황숭배도 강요되었고, 1940년 2월 11일부터는 일본식 성명으로 개성명운동(改姓名運動)이 강행되었다.

태평양전쟁의 개시로 대만은 일본의 남방진출 기지로서의 위치를 굳게

하였다.[1)]

1941년 4월 황민봉공회(皇民奉公會)가 설립되어 6월에는 지원병제도의 실시가 각의에서 결정되었다. 선주민계 청년들을 중심으로 하는 '고사의용대(高砂義勇隊)'가 조직되어 남방작전에 동원되었던 것이다.

대만인 전 일본병

일본의 패전과 더불어 대만은 중국으로 복귀하게 되었으나 국공패전(國共敗戰)을 거쳐 국민당정부의 통치 하에 들게 되었다.

나는 군속의 일 소대장(小隊長)으로서 필리핀에 파견되어 나라를 위하여 싸웠습니다. 물론 하는 일이란 어려운 작전과 노동이었습니다. 그러나 우리들은 명예와 자부심을 가진 일본황군의 일원으로서 일본병들과 생사를 같이 하였습니다. 일본을 위하여 전사하더라도 후회는 없었고, 또 각오도 하고 있었습니다. 레이테 작전에 패하여 철수하는 후퇴작전에 들어가면서 미군의 추격을 피하려고 필리핀의 최북단의 북 산페르란드에서 산에 올라갔으며 산중으로 산중으로 도망쳐 정글 속을 9개월 반이나 헤매었습니다.

식량은 다 떨어지고 초근목피(草根木皮)로 연명하였으나 그야말로 지옥이었습니다. 언제나 사신(死神)이 달라붙어 있었으며, 도망중에 영양실조, 피로가 겹쳐서 죽어가는 전우도 속출하였습니다. 그때 받은 정신적인 상처는 지금에 와서도 때때로 공포에 떨게 하며, 꿈 속에서도 놀랄 때가 많습니다. 그래서 고함을 지르면서 일어날 때가 간혹 있습니다. 이와 같이 비참한 체험은 깊은 상처로 남아 있으며 나의 평생에는 사라지지 않을 것입니다. 일본군으로부터 버림을 받은 우리들은 생과 사의 고개를 오가면서 하는 수 없이 미군에 항복하였습니다. 포로수용소에 수용되어 생명만은 구제했습니다. 미군의 신세를 지고 1년 여의 휴양 끝에 건강도 회복되어 죽은 전우들을 뒤에 두고 송환되었습니다.

종군한 전쟁에서는 패전하고 돌아간 곳이 일본과 싸워서 승리한 나라 대만이었습니다. 양친, 친족, 친우들은 반가이 우리를 맞아주었습니다. 같은 마을에서 전·병사한 자들의 유족들은 돌아오지 않는 내 자식, 내 남편을 그리워하면서 눈물로서 우리를 맞아주었습니다. 1백여 명의 사람을 인솔하고 출발한 나하고 살

---

1) '남방정책에서의 대만의 지위에 관한 건,' 1941년 각의 결정.

아서 같이 돌아올 수 있었던 사람은 겨우 10여 명이었습니다. 또 종전 후 얼마 되지 않아서 전범으로 추궁되어 교수형에 처해진 자도 적지 않았습니다. 그야말로 지옥 그대로였습니다.

그때까지 일본교육을 받고 일본정신(日本精神)을 싫도록 주입당한 우리들 대만사람으로서의 입장은 기묘한 것이었습니다. 돈 한 푼 없이 벌거숭이로서 대만에 돌아온 우리들이 직면한 문제는 첫째로 직업을 찾는 문제였습니다. 전 일본병, 전 군속의 경력 때문에 대륙에서 온 사람들로부터 간적(奸賊)이라고 적대시당하였으며, 알맞는 직장은 꿈같은 이야기였습니다. 이와 같은 차별대우와 감시를 당한 것, 이것이 종전 후 대만 상태의 일변이었습니다.

대만 전 일본병 및 유족협회연합회회장 유목전(廖木全) 씨는 91년 8월에 열린 '아시아·태평양지역 전후보상 국제포럼'에서 이와 같이 호소하였다.

전전(戰前) 일본에서는 은급법(恩給法)이 있어서 전사상자(戰死傷者)에 대해서는 연금·일시금이 지급되었다. 군속에 대해서도 관리의 신분으로서 상급자에는 일반문관과 같이 은급법에 의한 보상이 있었다. 그러나 고원(雇員) 이하의 하급 군속에게는 은급법이 적용되지 않았으며, 그 대신 고원부조령(雇員扶助令) 등 개별 법령에 의하여 전사상자에 대한 보상이 있었다. 최하신분의 공원(工員)에 대해서도 육해군의 공제조합규칙(共濟組合規則) 등으로 빈약하나마 나름대로의 보상을 받게 되어 있었다. 다만 전지근무자(戰地勤務者)는 공제조합규칙상 가입자격이 없다고 되어 있다.

전후 군인은급은 전쟁책임의 관점에서 일시 폐지하고 있었으나 53년에 부활하였다.

그러나 그것은 대만출신 군인에게는 적용되지 않았다. 은급법에는 수급자격(受給資格)으로서 일본국적을 가질 것이 규정되어 있어 대만사람은 51년의 일화평화조약(日華平和條約)의 조인에 의하여 자동적으로 일본국적을 상실하였다고 보기 때문이었다.

또 고원부조령이나 육해군 공제조합규칙도 전후 국가공무원 공제조합에 인계되어 연금이 지급되었으며, 전전에는 제외되어 있었던 전지근무 공원의 전사상자를 위한 '원호법(援護法)'이 52년에 제정되었다.

원칙이라면 이 '원호법'에 의하여 대만인 군속전사상자에게도 보상이 행해져야 마땅할 것이다. 그럼에도 불구하고 실제로는 "호적법의 적용을 받지 않는 자에 대해서는 당분간 이 법률을 적용하지 않는다"라고 부칙 제2항에 규정하여 국적의 유무 이전에 '호적법'의 적용 안되는 자(이른바 내지인 이외의 자)를 제외시켜 버렸다. 이로 말미암아 당시 일본사람이었던 대만사람이나 한국·조선사람의 전쟁희생자에 대한 보상을 모르는 체하고 말았던 것이다.

보상청구소송

전후 이 십수 년이 경과한 1974년, 모로타이도(島)에서 대만고사족(台灣高砂族) 출신의 전 일본병 나카무라 데루오(中村輝夫) 씨가 발견·구출되었다. 이를 계기로 '대만인 전 일본병사의 보상 문제를 생각하는 모임'(대표자 미야자키 시게키 메이지대학 교수)가 결성되어 전우회(戰友會) 등과 같이 일본정부에 대하여 보상을 요구하는 운동을 전개하였으나 뜻을 이루지 못하였다.

77년 8월 13일 '보상 문제를 생각하는 모임'의 협력에 의하여 대만의 전 일본인 군인·군속 전사상자(또는 그 유족) 13명에 의해 '대만인 전 일본병 전사상보상청구소송'이 시작되었다. 이것은 '생각하는 모임'으로부터 의뢰를 받은 인권옹호단체인 '자유인권협회(自由人權協會)'가 아키모토 히데오(秋元英男) 변호사를 단장으로 하는 변호단을 조직하여 도쿄 지방재판소에 제소한 것이다. 이 재판은 널리 사회적 관심을 불러 일으켰으며, 사할린 잔류 한국·조선인 귀환청구재판과 같이 전후보상의 전사(前史)라고 할 수 있는 귀중한 문제제기를 한 것이다.

82년 2월 26일 제1심 판결의 언도가 있었다.

판결은 (대만인 전사상자보상이라는) "이와 같은 문제는, 그 사안상 국가의 국제적 외교처리 내지는 입법정책 사항에 맡겨져야 할 문제인 것이다." "(은급법 등은) 우리나라의 국민의 세부담에 의존하는 것인 만큼, 그 급부를 받을 수 있는 자를 우리나라의 구성원인 일본국적을 갖는 자에 한정하는 데도 합리성이 있다"라고 하여 청구를 기각하였다. 이와 같은 '피도 눈물도 없는' 판결은 여론의 분격을 불러 오히려 정부에 문제해결을 다그치는 결과가 되었다.

85년 8월 26일의 도쿄 고등재판소의 제2심 판결은 주문(主文)에서는 청구를 기각하였으나, 그 말미에는 일본정부는 하루빨리 이 문제에 대하여 입법구제(立法救濟)할 것을 서둘러야 한다는 부언을 붙였다. "공소인들은 거의 같은 경우에 있는 일본사람과 비교하여 대단한 불이익을 받고 있는 것은 명확하며, (중략) 예측되는 외교상, 재정상, 법기술상의 곤란을 극복하고 조급히 이 불이익을 없애도록 함이 국정 관여자에 대한 기대이다"라고 이 재판은 최고재판소에 상고되었다.

이와 같은 일련의 운동 가운데 87년 9월 18일 '대만주민인 전몰자의 유족에 대한 조위금 등에 관한 법률'이 초당파의 의원입법으로서 국회에서 승인되었다. 이 법률은 대만인 전일본병전사상자에 대한 조위금·위로금을 지급하기 위하여 일본정부가 "1988년도부터 가급적 빨리 필요한 재정상의 조치를 강구한다"는 것을 규정하고 있다. 구체적인 금액과 지불방법 등은 정령(政令)에 맡겼으나, 최종적으로는 전사상자 1인당 2백만 엔으로, 1988년부터 지급이 개시되어 이미 약 2만 8천 명의 전사상자 및 유족에 지급되었다.

이 보상실현에서는 초당파의 '대만전몰자문제의원간담회(台灣戰歿者問題議員懇談會)'(회장 有馬之治)에 힘입은 바 크다.

생각해보면 전후 43년의 너무나도 늦었고 너무나도 적은 보상이라고 할 수밖에 없다. 그간 보상의 실현을 보지도 못하고 사망한 원고 등성(鄧盛) 씨 등 3명, 아키모토 변호단장, 왕육덕(王育德) '생각하는 모임' 사무국장, 기타 많은 분들이 있으며, 옛날에 젊었던 분들도 이제는 70, 80세를 넘어 언제 이 세상을 떠날지 모르는 상황에 있는 것이다. 그뿐만 아니라 미해결의 문제는 많이 남아 있는 것이다.

그 재판의 최고재판소 판결은 92년 4월 28일의 지법(地法), 고법(高法)과 같은 결론이었다. 보상 문제는 양국정부의 '특별약속(特別約束)'의 주제이며, 대만에 대해서는 그 '특별약속'이 불가능한 상태에 놓였다 하더라도 위헌은 아닌 것이다. 이 현실을 고려하여 어떠한 조치를 취하는가는 입법정책의 문제라고 하겠다. 이번마저도 사법에 의한 입법의 검증을 포기한 판결이었다.

후생성의 통계에 의하면 2차 대전에서의 대만인 군인·군속은 총수 20만 명을 넘으며, 그 중에서 전사자 3만여 명으로 추산되고 있으나, 실제에 있어서의 사망자는 더 많다는 것이었다. 그리고 현재도 1만 명 정도의 사람들이 유족자격이나 명부에 누락되어 있어 신청을 못하고 있는 형편이다. 또 전시중의 군사우편저금이나 미불급여(未拂給與)는 방치된 채로 있으며, 군사우편저금 약 2천 9백만 엔, 미불급여 8천 2백만 엔, 합계 3억 1천만 엔이 지금까지 아무런 보상도 받지 못하고 있는 것이다. 그것들을 전후 45년의 물가상승률을 고려하여 계산할 경우, 적게 잡아도 약 9백억 엔의 보상을 요구하는 운동이 새로이 전개되고 있는 것이다.

3. 홍콩 군표문제(香港 軍票問題)

90년 12월 TV아사히의 '뉴스 스테이션'에서 홍콩에서 일본군 점령하에 발행된 군표를 이때까지 소중히 보관하여 그 보상을 일본정부에 요구하고 있는 많은 사람들의 모습이 소개되었다.

군표문제란 도대체 무엇인가. 그것을 단적으로 나타내는 일화를 소개하기로 하겠다.

그때였다. 택시기사는 나를 보면서 물건을 던지듯 "우리집 전체가 일본사람한테 얼마만큼 고통을 받았는지 말해줄까?"라면서 우리들을 놀라게 하였다. 그러면서 중년을 넘은 듯한 그 기사는 물꼬가 터진 것처럼 말을 하기 시작하였다. "일본군이 홍콩을 점령하였을 때 나는 17세였지만 벌써 아버지 일을 충분히 거들고 있었지. 일본군은 점령하자마자 홍콩달러를 2 : 1의 환율로서 군표로 바꾸라고 공지하였지만 우리는 망설이면서 냉큼 바꿀 생각은 없었어. 그러다가 환율이 4 : 1로 되어 버렸기 때문에 더 이상 망설이다가는 어떻게 될지도 몰라 우리는 할 수 없이 전 재산을 군표로 바꾸었어. 일본군이 홍콩을 점령하고 있던 4년 가까이 아버지와 열심히 일하면서 군표를 3만 엔 모았어. 그런데 일본이 전쟁에 져버리니까 이번에는 군표를 홍콩달러로 바꾸지 않으면 안되었어. 그 환율이 말도 말아. 군표 1만 엔에 대하여 겨우 7달러였어. 아버지의 분노는 하늘까지 치솟았어. 이럴 수가 있느냐. 4년 가까이 죽으라고 일해서 모은 전 재산인 3만 엔이 21달러밖에 안되다니. 그까지껏 바꾸지도 말어. 이 군표 3만 엔은 우리가 일본사람들 때문에 얼마나 어리석은 짓을 당했는가의 증거로서 갖고 있겠어. 가만히 두었다가 손자 대까지 이 원한을 전할꺼야… 그렇게 말씀하시고 결국 홍콩달러로 바꾸지 않았단 말이야. 지금도 군표는 우리집에 두고 있는데 아버지 말씀대로 나는 군표를 아이들에게 보이며 그 유래를 잘 이야기해 주었고 손자가 나면 역시 그렇게 할 생각이야." 운전기사는 단숨에 이렇게 말하고서 "집이 불타고 가족이 죽고 한 내지 사람에 비하면 별 것 아닌 금전의 손해지만 아버지나 내가 화내는 기분도 무리는 아니겠지?"라고 나를 쏘아보는 눈초리로 물었다.[2]

41년 12월 8일 일본은 미영(美英)에 선전포고를 함과 동시에 진주만(眞珠灣)을 급습하여 12월 25일에는 영국령이던 홍콩을 점령하였다. 다음해 1월 20일에는 총독부를 개설하여 군정을 실시하고 '항구지구(港口地區)에서의 인구소산실시요령(人口疏散實施要領)'에 따라 강제적으로 인구확산정책을 시행하고 미창(米倉)을 접수하여 홍콩달러의 회수를 시작하였다.

홍콩시민의 피와 땀의 결정인 홍콩 달러를 강제적으로 일본군이 발행하는 군표와 교환하게 한 것이다. 당초는 홍콩달러 2원은 군표 1원이었으

---

2) 和久田幸助, 『香港で何をしたか』, 岩波ブックレット.

나, 7월 24일 이후는 홍콩달러 4원이 군표 1원의 교환율로 떨어졌다. 그리하여 43년 5월 10일부터는 홍콩달러의 사용을 엄금하고 위반자는 군법에 따라 엄중히 처벌하였다. 홍콩달러를 갖고 있다든지 군표의 수령을 거부하면 그 자리에서 칼로 쳐죽이는 상황이었다.

군표라는 말은 '군용수표(軍用手票)'의 약어이며 '대일본제국정부'가 발행한 것이다. 군대의 작전수행상 필요한 물자의 조달이나 점령지 경영을 위하여 일시적으로 사용되는 통화를 말한다. 일로전쟁(日露戰爭) 때도 '군용티켓(軍用切符)'이라는 명칭으로 대량 사용되었다. 일본군이 전쟁수행에서 대량의 군표를 사용한 것은 일본군의 상투수단인 점령지에서의 '현지조달'주의에 따르는 바 크다. 뿐만 아니라 경제적인 뒷받침도 없으면서 군표를 대량으로 남발하였기 때문에 마치 종이조각처럼 가치가 떨어진 것도 사실이었다.

당시 홍콩에서는 일본군이 통고를 발표해 군표는 방대하게 비축해두고 있으므로 어떠한 물자 구매에도 지불용으로 할 수 있다고 하였으며, 그 군표의 이면에는 언제든지 일본통화와 직접 교환할 수 있다고 명기되어 있었다.

45년 8월 15일 일본은 항복하였다. 마지막까지 군표가 사용되고 있었던 홍콩에서는 진주해 온 영국군정(英國軍政) 당국이 9월 초에 군표의 유통을 금지하였다. 그러나 홍콩달러와 전면 교환이 되지 않은 채로 시중에 남게 되었다. 다른 지역의 경우에는 금에 의한 처치나 전후의 신통화로 전면교환(동남 아시아), 특별 엔처리(태국) 등이 실시되었음에도 불구하고 홍콩에서는 샌프란시스코 강화조약에 의하여 처리가 끝났다고 하여 아무런 보상도 없이 그대로 버려둔 상태가 되었던 것이다.

일본의 침략전쟁에 의한 피해는 살인, 강간, 약탈 등 끝이 없었으며 생명 다음으로 귀중한 돈마저 종이쓰레기가 되어버린 것이다.

1968년 홍콩색상협회(香港索償協會)가 전후 재산보상을 요구하며 결성되어(회원 2만 세대) 일본정부에 대하여 총리가 바뀔 때마다 진정을 거듭하여 왔으나, 일본정부가 "샌프란시스코 강화조약 제14조에 의한 영국의 배상 포기로 해결이 끝났다"라고 하여 전혀 진전이 없자 서서히 회원도 감소하여 91년 현재 2천 5백 90세대(보유 군표액 5억 4천만 원)만 남게 되었다.

91년 5월 20일 홍콩색상협회 대표가 일본에 와서 외무성과 교섭을 하였지만 일본정부의 태도는 예나 다름없이 무시와 거부를 계속하고 있다.

그 때문에 홍콩군표색상협회는 93년 8월 15일 대표 16명을 선출하여 원고로 하고 일본정부를 피고로 하여 도쿄 지방재판소에 '홍콩군표보상청구재판(香港軍票補償請求裁判)'을 제소하였다. '일본인의 지원 모임'(오쿠보 기요시 대표)도 발족하였다. 변호단(우치다 마사토시 변호단장)은 군표강제를 헤이그 조약에 위반하는 재산권 침해이며, 이 조약 제3조에 따라 일본정부에 보상책임이 있다는 논리를 바탕으로 법정투쟁을 벌이고 있다.

제7장 아시아·태평양 각 지역에서의 소리

1. 필리핀—학살과 종군위안부

일본해군의 학살사건

필리핀은 태평양전쟁중 일미(日美) 양군이 직접 격돌한 전장이었기 때문에 현지의 필리핀 사람들이 입은 참화는 측량할 수가 없다. 특히 비전투원인 부녀자와 노인들이 많은 피를 흘렸다.

1941년 12월 8일 미영(美英)에 선전포고한 일본군은 맹렬한 기세로 42년 1월 2일 필리핀의 수도 마닐라를 제압하고 이후, 45년 1월 9일 미군이 린가엔 만(灣)에 상륙할 때까지 3년 동안 점령했다.

점령하의 일본병사의 잔학행위에 대해서는 일일이 들 수 없을 정도인데, 특히 패색이 짙어짐에 따라 간첩행위 및 항일게릴라를 빙자한 학살사건이 빈발하였다. 일본해군에 의한 학살사건으로 전후 유명해진 '인펀터·케이스'라든지 '바민타한'의 대학살은 그 상징이었다.

세르히오 가르시아(91년 전후보상 국제포럼 참가차 일본방문) 씨는 이 '바민타한'의 극소수 생존자중 한 사람이다. 그는 총검에 전신의 다섯 군데를 찔려 좌우의 폐를 관통당하였다. 그 때문에 전후에도 제대로 일을 할 수 없었다. 이러한 정신적, 육체적, 경제적 고통을 당한 끝에 91년 내일(來日)하여 외무성과 교섭하였으나 아주 쌀쌀한 대응만이 되돌아왔다. 웃통을 벗고 다섯 군데의 상처자국을 보이면서 "가이후 수상도 사죄의 말을 하고 있지 않나. 너희들도 사죄하면 어떻겠느냐"라면서 대들었으나, "일개 과장으로서는 말할 수 없다"면서, 보상에 대해서는 이미 필리핀정부와 전후처리협정이 체결되어 있어 보상에 응할 수 없다는 대응이었다.

필리핀인 종군위안부의 특징

1932년 상하이사건을 계기로 제도화된 일본의 종군위안부제도는 세 가지 목적이 있었다.

① 점령지(당시는 중국)에서의 치안확보를 위한 일본병의 강간방지.
② 성병이환방지(性病罹患防止) - 예: 시베리아 출병
③ 방첩(防諜): 현지 여성과의 교류에 따른 군정보 유출방지

따라서 이러한 목적 달성을 위하여 일본군은 식민지 조선의 젊은 여성을 조직적으로 동원하였다. 당초에는 일본인 여성도 일부 있었지만 나이도 많고 성병감염률도 높아 위험한 장소에 임의로 가는 경우는 적었다. 그에 비해 민족차별을 전제로 군대의 뜻대로 할 수 있는 조선인 여성은 위험한 전선에도 데려갈 수 있었으며, 성경험이 없는 여성들이었기 때문에 성병에 걸릴 걱정도 없었고, 언어(일본말과 점령지의 말)가 통하지 않아 방첩목적도 달성되는 만큼, 이것이 일본 종군위안부제도의 전형적인 형태가 되었다.

일본의 필리핀 점령은 42년 12월 8일 이후 미군과의 전투결과 점령이 일시적으로 실현되었을 뿐, 미군과 필리핀 사람들의 게릴라 활동이 끊임없어 안정적으로 지배할 수가 없었다. 그 때문에 일부를 제외하고는 조선인 위안부를 대량으로 필리핀에 배치할 수가 없었다.

그러나 일본군은 '대동아공영권'을 내걸면서도 실제로는 아시아에 대한 침략군으로서의 본질을 갖고 있었으며, 보급도 군장비 이외에는 충분치 못하였고 현지조달을 원칙으로 하였기 때문에, 식량, 거주용 건물, 기타 물자를 군표에 의하여 조달함으로써 폭력적 약탈이 횡행하였다. 그리고 침략군인 일본군의 성적 배설구로서 점령지의 필리핀 여성에 대한 강간과 그에 따른 축첩 행위가 일어났다. 이리하여 많은 필리핀 '종군위안부'들이 생긴 것이다.

말하자면 조선인 종군위안부가 본래의 목적에 부합하는 종군위안부라면 필리핀인 종군위안부는 침략군인 일본군이 점령지 여성을 성적 노예로 만든 것이다. 즉 비본래적인 종군위안부라고 할 수 있다. 그러한 의미에서 필리핀인 종군위안부는 중국이나 동남아시아 전역을 침략한 일본군의 점령지 여성에 대한 노예화 및 박해의 전형이라 할 수 있을 것이며 그 확산을 내재화하고 있었다.

또한 필리핀 종군위안부의 배후에는 침략군이 점령지 주민에 대하여 저지른 전반적 박해—예컨대 주민학살, 강제연행, 강제노동, 재산약탈, 박해 등도 헤아릴 수 있을 것이다.

이같은 생각에서 국제인도법(國際人道法), 특히 헤이그 조약에 따라 93년 4월 2일 18명의 피해자를 원고로 한 필리핀 종군위안부 재판이 도쿄지방재판소에 제소되었다(다카기 겐이치 변호단장). 그리하여 그 해 10월 다시 28명이 원고에 가담하게 되어 여러 지역의 다양한 피해형태가 일본 사회에 알려지게 되었다.

2. 말레이시아—태면철도(泰緬鐵道)의 '로무샤(勞務者)'

태평양전쟁의 개시는 그때까지 중립적 입장이었던 태국을 억지로 전쟁에 말려들게 하였다. 개전 직후인 41년 12월 21일에는 일본이 '일태동맹

조약(日泰同盟條約)'을 피붕 정부와 억지로 조인하고 일본군의 태국 영토 내의 자유통과를 확보하는 데 성공하였다. 곧이어 '원장(援蔣) 루트'(버마를 통한 중국 국민당정부 원조물자 수송로) 차단을 위한 버마 평정을 강행하여 다시금 '인팔 작전'을 전개하였다. 그리하여 그 병참로 확보를 위하여 태면철도와 군용도로의 건설을 시작한 것이다.

태면철도는 태국의 논부라독크에서 버마(현재의 미얀마)의 탄자비아까지의 총연장 414,916Km(거의 서울~부산간)의 국경 산악지대를 횡단하는 것이었다. 이는 영화 <콰이강의 다리>에서 흘러나오는 '콰이강 마치'라는 음악으로 널리 알려지게 되었는데, 전인미답의 정글을 헤치고 케오노이강을 따라 절벽을 깎아내는 난공사였다. 뿐만 아니라 삽, 곡괭이 등을 사용한 인해전술로, 물자나 자재도 "건설용 자재의 부족은 주로 남방점령지역 내에서 여력을 모집하여 내지로부터의 추송을 극력 피한다"(건설계획서)라는 철저한 '현지조달주의'로 밀고 나갔다. '인팔 작전'상 시간적 제약도 엄하였으며 42년 7월에 착공하여 이듬해 10월까지 불과 1년 4개월이라는 초돌관(超突貫) 공사로 만들어진 것이다.

또 '노동력은 현지노무와 포로로서 충당'하도록 지시되었기 때문에, 연합국 포로 5만 5천 명, 태국, 말레이시아, 인도네시아 등지로부터 10만여 명의 '로무샤'('노무자'라는 일본말이 그대로 현지어화하여 남아 있다)가 동원되었다.

무리한 공사 진행으로 12시간 이상에 걸치는 가혹한 노동이 주야에 걸쳐 강제되었으며, 말라리아 등 전염병 환자들도 식량과 약품 등이 부족한 상태에서 그대로 방치되었다.

이러한 가혹한 노동과 열악한 환경에 의해 침목(枕木) 수 만큼의 희생자를 냈으며(1m에 한 개의 침목을 썼다 함), '죽음의 철로'로 불리게 된 것이다.

이처럼 "침목 숫자와 같은 수의 사망자를 냈다"는 것이 전후 전범재판에서 포로학대로 추궁당하여, '태면철도'를 건설한 제5 및 제9철도연대 관계자들 중에서 많은 BC급 전범을 내게 되었던 것이다. 특히 일본군 병사 밑에서 직접 포로의 감독을 맡았던 조선인 군속이 그 대상으로 되었다(이 문제에 대해서는 별항 참조).

최근 태국의 국철과 관광국이 이 태면철도를 관광지로 선전하여 일본인 여행자들도 관광을 가서 흥겨워하고 있는데, 그 이면에서는 쓰다가 버려진 아시아 '로무샤'들의 한 많은 과거는 전후 망각의 저편으로 밀려나 버린 셈이다.

태면철도 피연행자 그룹대표인 송일개(宋日開, 1918년 생) 씨는 자기 체험을 다음과 같이 말하고 있다. 당시 송씨는 말레이시아의 네그리센비란 주의 세렌반에 살고 있었다.

1942년 8월 4일 아침 8시경 집을 나와서 근처 공원으로 산보를 나갔습니다. 도중에서 일본군인한테 정지를 당하여 군부로 갈 것을 권유받았지요. 그러나 실제로 무엇을 하는지는 전혀 말도 없이 군부로 가면 지금 일보다는 훨씬 대우가 좋다고만 해서 나 자신도 이후의 형편도 확실치 않았기 때문에 그 말을 듣고 일본 군부로 고용되기로 결정하였습니다. 기한은 1개월에서 3개월, 길어도 4개월이며 곧 집으로 돌아올 수 있다는 것이었고, 아마 지금까지의 일보다는 좋겠지 … 생각하였습니다. 곧 집으로 돌아가 간단히 짐을 꾸려 세렌반 역까지 갔지요. 다른 사람들과 합류하여 저녁 5시에 출발하여 그대로 태국의 간쟈부로까지 갔습니다. 간쟈부로라는 곳은 다리가 있었고, 일본군의 주둔지 같은 장소가 있었으며, 거기서 한 사람에 한 장씩 번호가 적힌 대쪽을 주더군요. 나의 번호는 669번이었지요. 그 뒤로 780번까지 있었으니까 그 날 도착한 그룹이 780명이었다고 생각합니다.

그 날부터 내리 3일간 걸었는데, 비가 오는 날이면 좁은 텐트 속에 50명 정도 들어가 그 자리에 선 채로 잠을 잘 수밖에 없는 상태였습니다. 현장에 도착해보니 영국인, 호주군 등 일본군 포로라고 생각되는 사람들이 많이 있더군요. 그들은 팬츠 한 장만 입고 있었으며, 많이 말라서 상반신은 피부병에 걸린 것과 같더군요. 그것을 보고 나도 이렇게 되는 것이 아닌가 하고 생각하였습니다.

거기서 무슨 일을 했느냐 하면, 처음에는 노무자가 생활할 로그하우스 비슷한 숙소를 짓는 일을 했습니다. 로그하우스는 2층 짜리며, 중간은 사람이 걸어다니도록 되어 있고 양쪽은 노무자가 나란히 자는 곳이지요. 2층에서 자는 병든 사람이 소변이나 대변을 누면 1층에 그대로 떨어져 1층서 자고 있던 사람은 변 범 벅이였지요. 또 피부병에 걸린 사람도 적지 않았으며, 다리같은 데 피부병이 걸 려 몹시 가려운 나머지 너무 긁어대 피가 터지고 뼈까지 보일 정도였지요. 그동 안 차차로 죽는 사람이 생기게 되었습니다.

비가 오는 날도 매일 노동, 노동이였지요. 로그하우스의 건설이 끝나자 철도 건설 일을 했지요. 간혹 영국 전투기가 날아올 때도 있었고 폭탄이 떨어져 다리 와 철도가 파괴되면 그것을 고치기 위하여 매일 주야로 노동을 강요당하였습니 다(1991년의 전후보상 국제포럼에서의 발언).

가혹한 노동에 더하여 전염병과 영양실조로 사망자가 속출하였다. 사 망한 '로무샤'는 마대 자루(돈그로스)에 넣어 강물에 던져버리거나 공사 중의 선로 노반에 묻어버리고, 선로 옆의 원시림에 던져버렸다.

1990년 11월 칸차나부리의 사탕수수 밭에서 약 7백 50구의 유골이 발 굴되었는데, 이것도 그 한 예일 것이다. 이러한 희생자의 숫자에 대해서는 정확한 기록도 남아 있지 않으며 도망간 사람의 숫자도 많은 만큼, 지금 도 전체 상황은 불명확한 상태이다.

투입된 '로무샤'의 총수는 버마측을 합하여 25만 명 내지 30만 명에 달 할 것이라고 하며, 그 중에서 희생당한 사람의 수는 알 수가 없다.

강제로 모집된 송일개 씨 등의 그룹인 7백 80명 중에서 살아돌아온 사 람은 겨우 49명이었다고 하니, 그 비율로 생각하면 태면철도 공사에서의 총 사망자는 방대한 숫자일 것이다.

전후 송씨는 이러한 희생자의 유족을 찾아나선 결과 2백 39명과 연락 이 되었으며, 피연행자그룹 협회를 만들어(3백 명) 일본정부에 미불임금 의 지불을 요구하는 운동을 전개하였다. 또한 86년 4월에는 말레이시아 주재의 일본대사관에 서한을 보내 2백 88명 분의 미불임금 정산을 요구 하였다. 이에 대한 일본대사관의 회답은 다음과 같은 것이었다.

2차 대전중 일본군 점령하에서의 손해 혹은 피해의 배상에 관해서는 당시의 말레이를 영유하고 있던 영국정부가 일본과 샌프란시스코 강화조약에 조인하여,

그 제14조 (b)에 "…배상청구권. 전쟁 수행중에 일본 및 그 국민이 취한 행동에서 발생한… 청구권을 포기한다"라고 규정되어 있기 때문에 배상청구권은 포기되었다.

또 말레이시아 독립 후, 일본과 말레이시아 정부 사이에 1967년 9월 21일 체결한 양국간의 원조협정 제2조에서 "2차 대전중 불행한 사건으로 발생한 모든 문제가 여기에서 완전하고 최종적으로 해결되었다는 데 동의한다"라고 명기되어 있다. 따라서 여기에서 미불임금의 정산에는 응할 수 없다.

송씨 등이 '로무샤'로서 계약을 한 것은 영국정부도 아니요 물론 전후에 탄생한 말레이시아 정부도 아니다. 어디까지나 일본군과 한 것이다. 송일개 씨 개인이 계약한 것이었고, 미불임금의 처리에 대하여 하등의 동의도 하지 않았다. 청구권은 포기되었다고 하는 일본정부의 주장은 도저히 성립할 수 없다고 해야 할 것이다.

또한 1993년의 '전후보상 국제포럼'에는 손건성(孫建成) 씨가 대표로 내일하여 말레이시아에서의 학살, 연행 등의 피해 회복을 호소하였다. 손씨의 귀국 후 다시금 회원이 증가하여 약 7백 명의 군표피해자, 학살, 위안부 피해자 등 가지각색의 전쟁 피해자가 일본에 대하여 보상을 청구하고 있는 것이다.

3. 인도네시아의 전 병보(兵補)

태평양전쟁중 일본군은 아시아·태평양 각지에서 정규군인 이외의 군속이나 준군인을 많이 만들었다. 인도네시아의 경우 그들 군속을 '병보(兵補)'라고 불렀다.

병보는 일본군의 일부로 편입되어 보조병으로서 1943년 4월에 자바에서 처음 모집되었으며 패전까지 4만 명 이상이 채용되었다고 한다. 그들은 배속된 부대에서 일본병을 위하여 잡역, 취사 등의 임무를 맡았는데,

개중에는 전선으로 보내져 전투에 참가한 사람들도 있었다.

1974년에 태평양전쟁 중 인도네시아에서의 최대 격전지였던 하루마헤라 제도(諸島) 모로타이도(島)에서 전 일본병의 유골 수습 및 기념비 건립이 있었다. 모로타이도의 전투에서는 8백 명 정도의 인도네시아 병보도 전사하거나 행방불명되었는데, 일본의 유골 수집단은 그 병보들의 것은 안중에도 없어 그냥 방치된 채로 있는 병보들의 유골도 있었다. 이같은 일본모참단(日本慕參團)의 행위는 인도네시아 사람들, 특히 전 병보들의 분노의 표적이 되었다.

이 사건이 계기가 되어 전 병보의 권리 옹호를 위한 단체가 결성되었다.

1980년경 각지에서 생긴 전 병보 모임은 일본대사관에 보상을 요구하면서 행동을 일으켰으나 거의 무시당하였다. 그래서 이들 단체가 통합한 전 병보중앙협의회(元兵補中央協議會)가 결성되어, 85년에는 대중단체법(大衆團體法)에 따른 단체로서 내무성에도 등록되었다. 91년 3월 현재, 이 단체에는 1만 5천 명의 전 병보와 사망 병보들의 8천 5백 미망인들이 모여 있다.

이들의 생활상태는 결코 좋은 편이 아니다. 전 병보의 80%는 그날 벌어서 그날 먹는 하루살이 생활이다. 그들 대부분은 윤택시(사람이나 물건을 운반하는 자전거)를 몰거나 합승마차의 운전수, 그리고 등유를 팔러 다니거나 하는 셋방살이 신세였다. 고리대금업자의 빚에 쪼들리며 고생하고 있는 사람이 60%나 되며, 자식들을 대학에 보낼 수 있는 사람은 3%에 불과하였다.

인도네시아 전 병보중앙협의회는 일본정부에 대하여 다음과 같이 요구하고 있다.

① 정식문서(正式文書)에 의한 해고(면직이 아닌)와 해고시 2계급 특진

1945년에 일본은 전면항복하여 전쟁은 끝났지만 전 병보들에게는 한

장의 해고통지도 제대통지도 없어 지금까지도 법적으로는 일본정부와의 관계는 끊어지지 않고 있는 것이다.

육군성은 1942년 9월 병보규정(陸亞密 3636)을 제정하고, 그에 따라 남방군이 1943년 4월 병보규정세칙(兵補規定細則)을 발령함으로써 병보의 채용은 공식적인 것으로 되었다. 따라서 병보는 천황에 의하여 승인된 일본군의 공적인 부대로서 존재하고 있었다. 그러나 1945년 8월 15일 일본군의 무조건 항복 후 8월 18, 19, 20일에 병보들은 장기휴가의 형식으로 귀향 조치되었으며, 자바 이외에서는 1947년까지 연합군에 의하여 투옥되었다. 자바 내의 병보에게는 약간의 쌀과 옷, 그리고 가장 가까운 역까지의 차표가 배부되었지만 자바 이외 지역의 병보들에게는 그나마 아무것도 주어지지 않았다. 일본군은 1945년 8월 18일 병보 해산명령을 내렸으나 병보들에게는 아무런 정식문서도 주어지지 않았다.

② 전 병보의 구 군인들과의 동등한 대우에 관한 법적 요구, 적어도 4년간의 실업급부

병보들은 전장에서는 일본군대와 같이 싸웠으며 식량이 없어 일본군인이 못먹을 때는 병보들도 못먹었다. 폭격을 받은 자도 있고, 총탄에 쓰러진 자들도 많았다.

1918년의 제네바 조약에 따라 인도네시아 전 병보는 일본인 군대와 동등하게 취급되어야 할 것이다. 전 병보는 그 조직의 편성, 각 부대의 임무에 따른 무장, 군사훈련, 계급, 급여의 지불 등으로 미루어볼 때, 일본군의 일부이며 구 일본군대가 받고 있는 갖가지 보상은 전 병보들도 받도록 하여야 할 것이다. 사실 구 네덜란드 령(領) 동인도군(東印度軍)에 있던 구 인도네시아 병에 대해서는 1949년 12월의 헤이그 조약에 의하여 인도네시아 국적을 취득한 자는 인도네시아 정부로부터, 네덜란드 국적을 취득한 자는 네덜란드정부로부터 은급 등을 받고 있다.

③ 근무중 시행된 급여의 1/3에 대한 공제저금 지불청구

전 병보들에게는 계급에 따라 급여가 지불되었는데, 1942년부터 급여의 1/3을 강제적으로 공제하여 우편저금에 들게 하고, 또 1/3은 고향의 양친 앞으로 송금되고, 본인에게는 1/3만 지급되었다. 많은 증언에 의하면 실제로서는 양친 앞으로는 송금이 되지 않았다고 한다. 그리하여 이 예금은 현재까지도 반환되지 않고 있다.

이 협의회에서는 이 미불급여의 지불을 청구하고 있다. 청구액은 현재의 통화가치로 환산하여 1인당 2백 70만 엔이며, 병보 총수 2만 5천 명, 합계 7백억 엔이다.

그러나 일본정부는 1958년의 일본–인도네시아 평화조약과 배상협정에서 이 문제는 해결되었으며 지불할 필요가 없다는 입장을 취하고 있다. 이 배상협정, 평화조약에는 병보에 대해서는 전혀 언급이 없다. 이것은 당시 인도네시아 정부가 병보 문제와 배상 문제는 별개라는 인식에 서 있었기 때문이다. 배상조약은 국제공법(國際公法)상의 문제이다. 병보와 일본정부의 관계는 사법상의 일이며, 전 병보가 사인(私人)으로서 일본정부에 법적 요구를 하는 데는 배상조약은 하등의 장해도 되지 않는 것이다. 전 병보는 사인으로서 또 법적 주체로서 법적 객체인 일본정부에 대하여 그 의무의 수행을 요구할 권리를 갖고 있다는 것이다.

4. 파라오 정신대

"끝없이 깊고 푸른 바다, 부서지는 파도로 하얗게 빛나는 바닷가, 아름다운 섬들" "머린 리조트의 모든 것을 갖춘 상하의 낙원" … 괌, 사이판, 파라오 …. 요즘 들어 이들 남양(南洋)의 섬들을 찾는 일본인 관광객들이 많다. 신혼부부나 젊은 직장여성들이 밝은 햇빛을 받으며 놀고 있지만, 옛날의 그 어두웠던 역사의 주름살 같은 것은 상상도 못할 것이다.

1차 대전에 참가한 일본은 1914년 10월 당시 독일령이던 남양제도를 무혈점령하였다. 베르사이유 조약 결과 이들 섬은 일본의 위임통치 하에 들어갔다. 1922년에는 파라오 제도의 코로루 도에 남양청(南洋廳)을 두고 사이판, 파라오, 얏프, 트랙크, 포나페, 야루트의 6개소에 지청을 두었다.

일중, 태평양전쟁이 시작되기 전까지 이들 남양제도는 '천국에 가장 가까운' 곳으로서 평화롭고 한가로운 생활이 이어졌다.

내가 출생한 곳은 아라가베산이라는 마을이며, 현재 도큐(東急)호텔이 있는 곳이지요. 아라가베산은 내가 철이 들 때부터 1934년까지는 아주 평화로운 마을이었습니다. 우리집 앞에는 백사장이 있었고 물고기나 조개도 얼마든지 있었습니다. 썰물이 되면 아이들이 뛰노는 운동장이 되었고, 조그마한 섬에 가면 새들의 알도 있었습니다. 마을은 약 10호 정도였고, 아이들과 매일같이 헤엄치고 고기잡고 새알이나 조개를 잡아먹으며 뛰놀았던 즐거운 나날이었습니다.

그러던 어느날 갑자기 큰 폭발음과 함께 큰 돌이 날아와서 우리집 지붕을 뚫고 내려 앉았지요. 부모님들도 깜짝 놀라 마을사람들과 같이 폭발소리가 난 곳으로 가보니 많은 일본사람들이 앞에 있는 조그마한 섬에서 무엇인가를 하고 있었습니다. 그리고 우리들에게 빨리 도망치라고 야단이더군요. 우리는 겁이 나서 곧 산쪽으로 도망쳤지요. 그러자 또 폭발소리가 나더군요. 저녁에 집에 돌아가보니 큰 돌 작은 돌 할 것 없이 지붕을 부수고 마구 방바닥에 떨어져 있었어요. 나는 놀라서 아버지에게 이것이 뭐냐고 물었더니 다이나마이트로 폭발한 돌이 날아왔다고 하시더군요. 나는 그 때까지 다이나마이트가 무엇인지 모르고 있었습니다. 아버지는 오늘 밤 안으로 돌이 날아오지 않는 곳으로 이사갈 것이니 짐꾸리는 것을 거들라고 하시고는 결국 그날 밤에 친척집으로 피난하였습니다. 그때의 폭발은 일본군이 비행기 기지를 만들기 위하여 조그마한 섬을 폭파하여 건설재료를 얻기 위한 것이라고 하였습니다. 그렇다면 왜 사전에 알려주지 않았을까 하는 생각이 들었습니다. 뒤에 안 일이지만 일본군부는 비밀리에 비행기 기지를 건설하고 있었기 때문에 스파이가 모르게 하기 위여여 사전통지를 하지 않고 다이나마이트를 폭파하는 작업을 시작한 것입니다. 너무나 심하다고 생각하였지요(1991년 전후보상 국제포럼에 참가한 베랑우의 전 정신대원 야노 마우델 씨).

이것이 일본군의 침략의 시초였다. 놀이터며 어장이었던 아름다운 모래밭, 고구마를 가꾸던 밭들도 모조리 매립하여 군사시설이나 비행장으로 만들었다. 전황이 어려워지자 식량부족으로 쌀은 배급제로 되었다. 차모르인이나 카나카인은 배급도 못받았으며 고구마밖에 사지 못했다.

차츰 일본군에 대한 봉사와 협력이 강제되었다. 공학교(公學校)의 생도들은 군사물자의 운반이나 건설작업에 동원되고, 청년들은 외부로 징용당했다. 야노 마우엘 씨도 그 중 한 사람이었다.

그때 정부로부터 뉴기니로 가는 모집이 있었지요. 일본과 장래 파라오를 위하여 일해보겠다는 건장하고 성적 좋은 청년 30명을 뉴기니에 파견하기 위한 모집이었지요. 50명 이상의 모집자 중에 나도 응모하여 합격하였습니다. 그리하여 30명이 선발되어 파라오 정신대(挺身隊)라는 이름의 대(隊)가 되어 1개월의 훈련을 마친 후에 뉴기니로 갔습니다. 그때의 모집은 일의 내용에 따라 목수, 기계공, 자동차 운전수, 사무원, 보통 노동자 등이었습니다. 나는 그때 사무원이었습니다만 자동차 운전면허증을 갖고 있었기 때문에 운전수로 응모하였습니다. 출발하는 날 한 사람이 병이 나서 못가 결국 29명이 되었습니다.

파라오를 출항하여 1주일 후, 목적지인 뉴기니 마누구와리에 도착하였습니다. 다음날 아침 5시에 전원이 일어나 야스다케(安竹) 대장(隊長)에 인솔되어 구보로 선창까지 10분만에 도착하자 군수물자를 실은 배에서 하역작업이 시작되었습니다. 약속이 다르다고 생각되어 이상하다 여겼습니다만 야스다케 대장이 "이제부터 매일 이 작업을 한다. 오전 9시에는 포트 모레스피에서 폭격기가 온다. 그러니 쉬지말고 빨리 군수물자를 내려야 한다. 그리고 트럭에 싣고 산중의 창고로 운반한다"라고 호령하였지요. 다들 열심히 하역작업을 하고 있는데 9시 10분 전에 공습경보가 울렸어요. 대장의 호령으로 모두가 트럭을 타고 산중으로 도망쳤습니다. 그러자 9시에는 B29보일 폭격기 8기가 마구잡이로 폭탄을 떨어뜨려 놓고 서쪽으로 사라졌습니다. 그러면 다시 선창으로 돌아와 하역작업을 하고 오후 2시에 대피하자, 또 B29 폭격기 8기가 날아와 폭탄을 투하했고, 또다시 밤 7시까지 작업이 계속되었지요. 나는 그 날 처음으로 우리들이 대단히 위험한 처지에 놓여 있다는 것을 알았습니다.

1943년에 들면서 미군의 총반격이 시작되었다. 2월 1일 결국 일본군은 가달카날 도에서 철퇴한 이후 제공·제해권은 미군에 장악되어 일본의 패색은 짙어만 갔다. 6월 30일 솔로몬 군도 렌도바드, 뉴기니 북안(北岸)의 낫소 만에 미군이 상륙하여 개구리 뜀뛰기 작전을 전개, 잇달아 남양의 섬들에 상륙하였다. 1944년 3월 31일에는 미군 기동부대가 파라오를 공격, 6월 15일에는 사이판, 7월 21일에는 괌도에 상륙하였다.

이러한 전황 아래에서 야노 마우엘 씨의 파라오 정신대는 6개월의 계약기간이 지나도 귀도는 불허된 채 그대로 근무가 강제되었다. 미군의 경계 속에 눈호르도의 비행장에 폭약을 운반하라는 명령을 받고, 폭약을 트럭과 배로 눈호르도의 비행장 가까이에 있는 동굴로 운반하는 등 위험한 노동에 종사하였다. 5월 27일에는 피아크 도와 눈호르도도 미군 기동부대에 점령당하였다. 마누구와리도 이틀간에 걸친 함포사격에 의하여 시가지는 초토화하였고, 야노 마우엘 씨 등의 정신대는 정글로 도망쳐 종전까지 산중에서 생활할 수밖에 없었다. 파라오로 돌아간 것은 1946년 5월 29일의 복원선(復員船)이었다.

그동안 페리류 도의 주민들도 강제소개 명령으로 파라오 본도의 산중으로 쫓겨갔으며, 종전까지 나무열매, 풀잎 등으로 겨우 연명하였다고 한다. 어떤 마을에서는 일본군이 섬주민을 집에서 쫓아내고는 식료인 야자열매 따는 것을 금지하고 밭에 있는 고구마도 모조리 군이 몰수함으로써, 어린이나 노인들 중에서는 굶어 죽는 경우가 많았다. 귀중한 카누도 도주 방지를 이유로 모두 파괴되었으며, 도망을 기도한 자는 체포되어 총살되었다.

이와 같이 일본 통치하의 파라오 주민은 여러 가지 피해와 희생을 강요당하였던 것이다. 이러한 피해에 대하여 전 정신대, 전 조사대, 전 해원양성소(海員養成所) 그룹을 중심으로 1989년 파라오의회 안에 구 식민지보상특별위원회가 만들어져, 일본정부에 대하여 전사자의 유골 반환, 행방불명자 조사, 일본군에서 3년간 일한 노동보수의 지불, 일본을 위하여 싸우다 전사한 사람들의 위령비 건립 등을 요구하며 교섭을 벌여왔다. 일본정부는 전후보상은 미크로네시아 협정에 의하여 해결이 끝났다는 입장으로 이들의 요구를 일절 무시해버리고 있다.

5. 파푸아 뉴기니 틴분케 마을의 학살

일본군은 1942년 11월 23일 파푸아 뉴기니의 라바울을 점령, 남동방면 작전(솔로몬 제도와 뉴기니 방면작전)의 최중요거점으로 삼았다. 육해군 9만 명 이상의 병력이 배치되었다. 그 후 일본군은 연합군(미군과 호주군 중심)의 반격에 대비하여 라바울을 측면에서 지키기 위하여 뉴기니 본도 각지를 침략하여 라바울에 대한 지원 거점을 만들었다. 이것을 동부 뉴기니 작전(서부 뉴기니는 지금의 인도네시아다)이라 하였다.

뉴기니 본도 북안(北岸)의 서세빅 주의 웨이워크는 그 거점의 하나가 되었다. 일본군은 1943년에 웨이워크에 상륙하여 그 후 각지로부터 병력을 집결하였다. 1943년 뉴기니 북안을 점령한 일본군(제18군)의 수는 십수만 명이나 되었다고 한다.

그러나 1943년부터 연합군의 맹반격으로 일본군은 차차 쫓겨가게 되었다. 44년 8월의 아이다베(웨이워크의 서쪽)전에서의 패퇴 이후, 일본군은 알레기산다 산계(山系)의 산남산령(山南山嶺)(세빅크 천의 중유역 북방)으로 후퇴, 말하자면 독안에 든 쥐가 된 셈이다. 파푸아 뉴기니 각지의 주민은 이러한 일본군과 연합군 간의 전쟁의 희생양이 되었다.

마을들은 군대에 점거당한 채 전장이 되고 전화에 불살라졌다. 주민들은 산중으로 피하고 남자들은 비행장 건설이나 탄약 운반의 중노동에 끌려가 온갖 고생을 다 했다. 식료원인 밭은 황무지가 되고 하천은 오염되었다. 주민들은 굶주림과 말라리아 등으로 고생하였다. 폭격과 전투에 휘말려 죽은 주민도 많았다. 특히 일본군의 주민에 대한 잔학행위, 고문, 살해, 농작물 수탈(연합군은 풍부한 식량을 갖고 있었으며 보급도 상당했다)이 각지에서 일어났다. 강간사건도 일어났다.

틴분케 마을 학살사건

세빅크천 유역의 초원지대에 있는 틴분케 마을은 1944년 호주군에 쫓긴 일본군이 점거하여 주민들은 세빅크천 상류의 마을들로 쫓겨갔다. 어느 날 호주군 비행기가 틴분케 내륙 10Km지점에 착륙하여 일본군을 공격하였다. 일본군은 이 공격이 틴분케 촌민의 스파이 활동에 의한 것이라고 생각하였다.

7월 14일 아침, 틴분케를 점령하고 있던 일본군은 자신들에게 협력적인 뉴라 마을 남자들을 통하여 피난을 가 있던 틴분케 마을사람들에게 "전쟁은 끝났다. 일본군이 돼지 등을 제공하며 화해를 하고자 하니 마을로 돌아오라"고 전했다. 틴분케 마을사람들은 그 말을 믿고 카누를 타고 세빅크천을 내려와 틴분케로 돌아왔다.

그러나 마을로 돌아온 사람들이 본 것은 나무에 매달려 있는 틴분케 마을의 한 남자였다. 그가 최초의 학살 희생자였다. 그는 가소와리(열대우림에 사는 큰 새)를 쏘는 화살로 어깨를 관통당하여 아직 숨은 붙어 있었다(시시미방 가우이 씨). 그것을 본 마을사람들은 그 전갈이 거짓말이며 함정이라는 것을 깨달았다.

일본병은 마을에 도착한 사람들을 카누에서 끌어내려 남자와 소년들 전원의 손과 손을 새끼줄로 묶어 폭격으로 생긴 큰 구멍 곁의 코코낫 나무 앞에 세웠다. 다음에는 그 중에서 8명을 뽑아 그들을 풀어주고 거기에 대기시켰다. 여자들과 아이들은 두 가옥에 가두었다.

새끼줄이 풀린 8명 중 먼저 4명의 청년이 구멍 앞으로 끌려갔다. 그러자 일본병이 끌어온 다른 마을의 남성들에 의하여 불이 지펴졌다. 물이 찬 드럼통이 불 위에 놓여졌다. 물이 끓기 시작하자 4명은 눈가림을 당하였다.

두 사람의 일본병 대장이 각각 2명의 오른 팔과 목을 잘랐다. 일본병은 한 사람을 죽일 때마다 끓고 있는 물 속에 일본도를 담근 후 천으로 닦고 또 같은 짓을 되풀이하였다. 일본병 대장의 이름은 하마 대위와 고바아시란 자였다.

다음에는 일본병이 니아우라 마을 남자들에게 도끼나 단도를 쥐어주고는 줄줄이 묶여 있는 남자들을 습격토록 했다. 처음은 화살로, 다음에는 도끼로, 그 다음은 단도 순으로 고통을 길게 하기 위한 잔학행위가 서서히 진행되어 갔다. 니아우라 마을 남자들에 의한 잔학행위가 끝나자 일본병들이 앞에 나서 이미 신음소리조차 없는 희생자들을 총검으로 찌른 후 마지막에는 총을 쏘았다. 그같은 학살 동안 틴분케의 여자들이나 아이들, 그리고 학살당하는 자들 모두 소리도 못지른 채 위압과 침묵 속에서 모든 것이 끝나고 있었다.

이렇게 하여 틴분케 마을의 99명의 남자가 학살당하였다. 그 전에 살해당한 여성 1명을 합해서 1백 명이 학살되었다.

저녁 때가 되자 일본병은 니아우라의 남자들에게 틴분케의 여성들에 대한 강간과 물자약탈을 허락하였다. 유아나 노인들과 같이 있던 여성들이 집에서 끌려나와 강간당하였다. 집집마다 약탈로 파괴되었다.

틴분케 마을사람들의 너무나 깊은 분노와 상처, 황폐와 빈곤은 지금까지도 계속되고 있다. 파괴된 가옥, 황폐된 마을의 재건은 너무나 어려웠다. 식량도 없고 자재도 없고 일손도 없는 것이다. 옛날같이 큰 집을 재건한다는 것은 불가능하였다. 지금의 집들은 옛날에 비할 수 없는 너무나 초라한 집들이다.

1992년 니혼(日本) TV 취재반이 틴분케를 취재해, 이 사건을 짧은 시간 방영하였다. 감독은 학살 책임자였던 하마 대위를 현지로 데리고 가, 죽은 마을사람들이 묻혀 있는 곳에 그가 무릎을 꿇고 사죄하는 장면도 방영하였다.

틴분케 마을사람들은 이 학살사건을 계속하여 호소하여 왔다. 그리고 1993년 파푸아 뉴기니 주재 일본대사관을 통하여 일본정부에 정식으로 보상청구서를 제출했다. 5천 백만 키나(1키나는 1달러)의 보상요구가 포함된 것이었다. 이에 대한 일본정부의 회답은 "샌프란시스코 조약에서 보상문제는 해결되었다"라는 것이었다.

6. 마샬 제도 학살사건

일본군은 마샬제도를 점령하여 미국에 대한 전략기지로서 제4해군시설부(第四海軍施設部)의 관할 하에 두었다. 당시 말레이 도에서는 약 1만 명의 조선인 군속이, 경비대사령부가 있는 말레이 본도에서 일본군속들에 의한 폭력적인 감독 하에서 비행장 건설공사에 사역당하고 있었다.

1944년 1월경 보급이 끊겨 식량이 거의 없어졌기 때문에 말레이도의 일본군은 환초의 각 소도(小島)에 분산하기로 하여 일본인 군속 약 20명, 조선인 군속 약 1백 25명이 체르 본도로 옮겼다. 체르 본도에서는 매일 쥐, 뱀, 물고기 등을 잡아먹었는데, 그 해 2월 23일과 27일 인접한 무인도로 먹을 것을 구하러 간 조선인 군속 각 1명이 일본인 군속 2명에 의해 살해되었다. 그들 일본인 군속 2명은 피해자의 살을 먹은 후 남은 살덩이를 체르 본도로 갖고 와 '고래고기'라고 하여 조선인 군속들에게도 먹게 하였다.

2월 28일, 피해자 2명이 돌아오지 않는 것을 걱정한 조선인 군속 수 명이 그 무인도로 가보고 나서 비로소 식인 사실을 알게 되었다. 조선인 군속들은 이대로 식량이 떨어지게 되면 무기를 많이 갖고 있는 일본사람이 조선사람을 살해하여 식량으로 삼을 것은 뻔한 사실이라는 것을 깨닫고, 이를 피하기 위해서는 일본사람을 살해하는 것도 하는 수 없는 일이라고 생각하고, 일본사람에게 신용이 높은 박종원(朴鐘元)을 리더로 하여 결속, 그 해 3월 1일 아침에 살해계획을 실행하려고 하였다. 그러나 계획은 중도에서 발각되어 일본사람과 조선사람 사이에서 총격전이 벌어져 일본인 군속들은 섬을 탈출하여 구원을 청하였다.

그 날 오후 3시경 환초내 룰크노르 도의 해군육전대(海軍陸戰隊) 약 60명이 체르 본도를 공격하여 바닷가에서 조선인 군속 및 와탁크 추장 이하 마샬인과 총격전이 벌어졌는데, 무기가 많은 일본측이 압도적으로 우세하였으며 조선인·마샬인측에서는 탄약이 떨어졌다. 그러나 일본인 육전대원들은 항복하여 두 손을 들고 나오는 조선사람까지도 공격하여, 조선인 군속 약 1백 명과 마샬인 주민 약 30명을 붙잡아 전원을 총살 또는 참살하였다. 이로 인하여 체르 본도에 살고 있던 마샬인은 여자, 어린이, 노인할 것 없이 모두 살해당했기 때문에 체르 본도는 오늘날까지도 무인도로되어 있다.

이 때 박종원은 조선인 군속 14명과 같이 탈출하여 미군함정에 의해극적으로 구조되었다.

이상과 같이 조선인 군속 및 마샬인 주민에 대한 진압과 박해는 말레이도 경비대사령 시가 대좌의 지휘 감독 하에서 이루어졌다.

이 체르 본도 학살사건 외에 루콘워도에서도 일본군은 주민 전원을 모아놓고 남자들에게 큰 구멍을 파게 한 후 먼저 남자들, 다음에는 여자와어린이들을 차례로 살해한 뒤 구멍에다 사체를 던져넣었다. 살해당한 사람은 1백 명이나 된다고 한다.

전후 마샬 사람들은 당시의 사실을 조사하여 일본정부에 보상을 청구하였으나, 일본정부는 1969년의 일미협정으로 해결되었다고 하고 있다.

7. 알류트인 강제이주와 보상

앗스도 점령

1942년 4월 드리틀 도쿄공습은 미군기에 의한 최초의 일본 본토 폭격이며, 알류샨 열도 미군기지가 일본군에게는 커다란 위협요소로 인식되었다. 1942년 5월 일본해군은 육군의 협력을 얻어 앗스도 공격을 준비하여 6월 8일, 호쓰미 소위가 인솔하는 1천 1백 43명의 일본군대가 앗스도에 상륙하였다. 이때 앗스도에는 42명의 알류트인과 2명의 백인 미국인이 있었다. 백인 미국인은 무선기사 휘스터 존스와 부인 에다(소학교 교사) 부부였다. 두 사람은 일본군의 포로가 되는 것을 두려워해 자살을 기도하여 남편은 사망하고 부인은 일본군의 치료를 받고 회복하였다. 일본군은 앗스도 점령중 미군기의 폭격을 받았으나 큰 피해는 없었다. 종군 카메라맨이던 스기야마 기치료(杉山吉良)는 일본병과 아이들 모습을 사진으로 남겨두고 있다. 앗스도 점령 2개월 반 후, 호쓰미 부대는 키스카로 이동하게 되었는데, 알류트인을 그대로 두면 정보가 누설될 우려가 있다고 생각하여 모두 일본으로 연행하기로 하였다. 알류트들인은 스토브나 보트, 선외기(船外機) 등을 요고마루(陽光丸)에 싣고 1,400달러의 현금도 갖고 나올 수 있었다. 그러나 그들의 집과 기타 건물은 불태워졌다.

오타루(小樽)에서의 생활

42명의 알류트인(그 중 1명은 선내에서 사망)은 홋카이도 오타루시 와가다케쵸(若竹町)의 국철 독신료(國鐵獨身寮)의 8조 한 칸에 수용당하였다. 그 지방의 경찰관이 관리인으로 동거하였다. 강제는 아니었으나 숙사에서 1Km 떨어진 비누공장에 하루에 1엔(일본인 노동자는 1엔 50전)의 임금으로 아침 9시 반부터 오후 4시까지 일하였다. 그러나 연어, 해표, 고래가 풍부했던 앗스도에 비해 일본의 식사는 너무나 빈약하였다. 귀국 후 미국 신문에 썩은 물고기와 야채를 먹이더라는 기사가 실렸으나, 이것은 건어와 김치를 말한 것이었다. 특별배급으로서 빵도 육고기도 있었지만 식사에 익숙해지지 않아 자주 배탈이 났다. 알류트인은 18세기에 러시아인과 접촉하여 천연두, 매독, 결핵이 만연하여, 당시 2만 명이었던 인구가 1940년대에는 2천 명까지 격감해 있었다.

오타루에 상륙하였을 때 20여 명은 이미 중증의 결핵환자였다. 앗스도에서는 고단백, 고칼로리 식사로 인해 결핵이 억제되었으나, 위생조건이 나쁜 수송선과 일본에서의 불충분한 영양상태 때문에 일시에 결핵이 확산된 것이었다. 이것은 미국에서도 마찬가지였다. 알류샨 열도 중에서 앗스도를 제외한 섬들에 사는 알류트인(881명)은 알래스카 남서부로 강제로 이주당하였으나(백인 미국인은 계속 거주하였다), 그 캠프에서도 일본의 경우와 거의 마찬가지로 40%의 알류트인이 결핵 때문에 사망하였다. 오타루에서는 와가다케쵸의 의사가 매일 알류트인 숙소를 찾아와 건강관리를 하였으며, 중환자는 오타루 요양소에 입원시켰으나 당시로서는 불치의 병이었던 결핵으로 알류트인들은 차례로 죽어갔다. 그 후 와가다케쵸에서 시미즈쵸(淸水町)의 전 소학교 건물로 이전하였으나, 그들의 생활의 태반은 오타루 요양소였다고 할 수 있었다.

패전과 귀국

1945년 8월 15일, 일본의 패전으로 알류트인은 해방되었다. 알류트인들과 교류가 있었던 경찰관, 의사, 간호부, 이웃 사람들은 알류트인으로부터 호감을 얻었지만, 처음에 관리를 하던 경찰관들은 일을 안한다면서 알류트인 여성을 때려 부상을 입힌 적도 있었다. 이 경찰관을 적십자사에 고소하려는 움직임도 있었으나 그들 알류트인에 신망이 두터웠던 2대째 관리인인 시가나이(鹿內) 경찰관이 설득하여 "시가나이 씨가 곤경에 빠지는 일은 할 수 없다"고 하여 적십자사에는 오타루 건의 처리에 대해서는 호의적인 보고가 이루어졌다. 그들 중에는 그대로 오타루에 살고 싶다든지 시가나이 씨에게 같이 미국까지 가자고 열심히 설득한 사람도 있었다. 시가나이 씨는 그들과 함께 아쓰기 기지(厚木 基地)까지 동행하였으나, 끝내 미국행은 거절하였다.

앗스도를 나올 때 42명이었던 알류트인은 3년 간에 22명이 사망하고 5명이 오타루에서 출생하였으며 결국 25명이 귀국하였다. 그 알류트인들은 45년 9월 17일 오타루를 출발하여 21일에 아쓰기에서 비행기로 피폭

직후의 히로시마 상공을 몇 번이나 선회한 후 오키나와에 당도하였다. 그 후 오키나와에서 수송선으로 마닐라까지, 다시 샌프란시스코, 시애틀을 경유해서 알류샨 열도의 아토가도에 도착한 것은 4개월 후였다.

그리고 앗스도에서 자살을 기도한 존스 부인 에다는 알류트인들과는 따로 요코하마의 요트 구락부에 수용되어 있다가 45년 8월 31일 해방되어, 9월 1일 시애틀에 도착하여 남동생과 재회하였다. 시애틀에서는 마중 나온 국무장관 해럴드 익스로부터 위로금, 미불급료로 7천 달러가 넘는 수표를 받았다. 이에 비하여 알류트인들은 귀향하는 데 4개월이나 걸렸으며, 한 사람에 1백 95달러의 생활보장금을 받았을 뿐이었다. 그뿐만 아니라 25명은 알류샨 열도에는 당도하였지만 고향인 앗스도로는 돌아가지 못했다. 미국은 소련에 가장 가깝고 군사기지로서 중요한 앗스도에 주민들이 살게 하려고 하지 않았다. 그렇기 때문에 그들은 역사적으로도 사이가 좋지 않은 800Km 거리의 아토카도에서 살지 않으면 안되게 되었으며, 아토가도 마을 북쪽에서 따돌림을 받으면서 몰래 생활하고 있다. 지금까지의 생존자는 겨우 13명뿐이다.

보상(補償)

귀국한 알류트인은 곧 일본에 대한 보상청구에 착수하였다. 점령군에 의한 민간인 재산침해, 강제이주 등은 헤이그 육전조약(陸戰條約, 1907년)에 위반되는 전쟁범죄이므로 피해자는 당연히 보상을 청구할 수 있는 입장에 있다. 앗스도의 알류트인은 일본정부에 대하여 22명의 사망자 보상금(한 사람당 1만 달러, 합계 22만 달러)과 교회나 여우장을 포함한 마을의 파괴에 대하여 37만 달러를 청구하였다. 미국정부는 1951년 몰수한 일본인 자산을 매각하여 23건의 청구를 하고 있던 알류트인에 대하여 3만 2천 달러를 지불하였다. 그 해의 샌프란시스코 강화조약에서 기타의 배상청구권을 포기하였기 때문에 알류트인에게는 커다란 불만이 남았다. 그 후 1970년대에 들어서 일계인 강제수용 문제(日系人 强制收容 問題)

와 같이 알류트인 강제수용 문제도 미국 의회에서 문제가 되어 1988년 '전시하의 시민강제이주에 관한 법률'과 '알류샨·푸로비레프 제도원상회복법(諸島原狀回復法)'이 제정되어 일계인에 대해서는 2만 달러, 알류트인에 대해서는 1만 2천 달러의 보상이 실현되었다. 그때 앗스도민에 대해서도 마을의 보상으로서 1천 5백만 달러 이내의 보상금이 예산으로 계상되어, 결국 일본이 해야 할 보상이 실질적으로는 미국정부에 의하여 이루어진 것이다. 이와 같이 미국만 보상을 하고 일본은 아무 것도 하지 않는다는 것은 일본이 도의를 실행하는 능력이 없다는 것을 나타내는 전형적 사례로서, 앞으로도 지적될 것이다—본고의 대부분은 이 문제에 계속 관심을 갖게 된 메지로(自白) 학원 단기대학의 스튜어트 헨리 교수의 연구에 의한 것이다.

8. 재일한국인 전상자(戰傷者)

태평양전쟁중 일본군 군속으로서 오른팔을 잃어버린 재일한국인 정상근(鄭相根) 씨가 1991년 1월 31일 일본정부에 '전상자전몰자유족 등 원호법의 적용과 1천만 엔의 손해배상'을 요구하는 소송을 오사카 지방법원에 제기했다.

정씨는 1921년 11월 10일 한국의 제주도에서 출생, 21세 때인 1942년 강제명령에 의해 일본해군의 군속으로서 징용되었다. 7월 1일 부산항에서 배를 타고 남양 마샬 군도 윗 제도에 상륙하여 그 섬에서 전차 수리나 비행장 건설공사에 종사하고 있었다. 1943년 12월경 미군의 폭격을 받아 오른팔 절단, 왼쪽 엄지손가락 기능장해, 양쪽 고막장애로 난청이 된 중상을 입었다.

전지에서 치료한 후 1944년 1월 병원선으로 귀국, 요코스카 해군병원에 입원하였고, 그 후 미에켄 우지야마다(三重縣 宇治山田)의 일본적십자

병원으로 옮겨져 6개월의 입원치료을 받았는데, 다시 도쿄 시바우라의 해군시설본부에서 치료를 받던중 일본의 패전으로 중단되었다.

정씨는 한쪽 팔을 잃고 양쪽 귀가 부자유스러우며 아무런 보상도 없이 생활기반이 전혀 없는 패전 후의 일본에 내팽개처진 것이었다. 고생 끝에 오사카에서 폐품 회수업 등을 하면서 1949년 일본인 여성과 결혼하였다. 1954년 이후 88년까지는 서적상을 경영하면서 아이들도 셋이나 되었으나 현재는 무직이다.

일본정부는 1952년 4월 30일 '전상자전몰자유족 등 원호법'을 제정하여 군인·군속 등의 공무상의 부상이나 역병 또는 사망에 관하여 군인·군속이었던 자 또는 그 유족에 대하여 장해연금이나 장해일시금에 의한 원호를 하기로 되었다. 그러나 정씨는 일본인의 군인·군속과 똑같이 일본 군인·군속으로서 일본 정부에 의한 전쟁에 징용되어 전사상을 입은 재일한국·조선인에 대해서는 "호적법의 적용을 받지 아니하는 자에 대해서는 당분간 적용 안한다"라는 부칙 때문에 보상대상에서 제외됐던 것이다. 정씨는 원호법 공포 당시는 일본국적이었으나 호적은 한국에 있었기 때문에 적용되지 않았다.

1962년에는 자신의 의사에 따르지 않고 일본국적을 상실하였다 해도 (샌프란시스코 강화조약의 발효에 따라 조선적에 속한 자의 일본국적은 상실되었다고 했다), 후일 귀화한 사람에 대해서는 원호법이 적용되기로 되었는데, 1965년에 체결된 일한조약 이후는 귀화하여도 원호법의 대상에서 제외되었다. 그 후 한국정부는 신청을 낸 9천 5백 명의 전 일본군인·군속 등의 사망자 유족에 대하여 1인당 30만 원(19만 엔)씩을 배분하였는데, 재일한국인에게는 그것마저 적용되지 않았다. 그래서 정씨의 투쟁이 시작되었다. 1971년 정씨는 연금지급을 요구하며 후생상에게, 1979년에는 오사카부(府)에 각각 청원서를 제출하였으나 양쪽 다 국적을 이유로 각하되었다.

원호법은 일본제국 신민으로서 전쟁에 참가한 데 따른 전사상자에 대한 국가보상이며, 특히 식민지 지배라는 위법상태에서 일본국가의 전쟁수행의 희생자가 된 한국·조선인에 대해 일본국가가 솔선하여 보상을 해야 하는 도의적·정치적 책임이 있다는 것은 명백하며, 일본사람에 비해 불이익을 받는 것은 절대로 용서해서는 안될 것이다.

한국·조선인은 일한합병에 의하여 일본국적을 강요당하였으며, 일본제국 신민의 의무로서 전장에서 군역에 종사하게 되었던 것이다.

카이로선언, 포츠담선언의 수락, 샌프란시스코 조약 체결에 의하여 일본의 조선침략, 식민지 지배는 전면적으로 부정되어 모든 것을 식민지 지배 이전의 상태로 되돌린다는 원상회복의 원칙이 일본의 의무로 되었다. 그 일환으로서의 조치가 조선인의 일본국적 상실이었다. 한국·조선인 사상자에게는 원상회복을 한다 해도 전사자의 생명이나 전상자의 신체의 일부가 원상으로 돌아올 수 없는 이상, 일본은 그들에 대하여 적어도 일본사람과 동등 혹은 그 이상의 국가보상을 해야 하는 책무가 있는 것이며 그것이 실질적으로 원상회복을 하는 길일 것이다.

이 원상회복(일본국적 상실)을 거꾸로 적용, 원호법에 국적조항이라든지 호적법을 끌어다가 재일 한국·조선인 전사상자를 원호법의 대상에서 제외한다는 것은 일본정부가 고의로 전후책임을 회피하는 것일 뿐만 아니라 범죄적 행위이기도 하다. 그리고 분명히 일본 헌법 제14조의 법률 앞의 평등원칙에도 위반된다고 아니할 수 없다.

또 이 원호법의 국적조항은 내외인 평등을 일컫는 국제인권규약에 위반된다는 것도 명백하다. 일본은 1979년에 이 '경제적, 사회적 및 문화적 권리에 관한 정치적 권리에 관한 국제규약(B규약)'에 가입하고 있다.

B규약 제26조는 "모든 사람은 법률 앞에 평등하며 어떠한 차별도 없이 법률에 의한 평등의 보호를 받을 권리를 갖는다. 이를 위하여 법률은 모든 차별을 금지하고 인종, 피부의 색깔, 성(性), 언어, 종교, 정치적 의견, 기타의 의견, 국민적 또는 사회적 출신, 재산, 출생 또는 기타의 지위 등 여하한 이유에 따른 차별에 대해서 평등하며 효과적인 보호를 모든 사람

에게 보장한다"라고 규정되어 있다.

원호법의 국적조항이 이들의 규정에 위반하고 있다는 것은 명백한 사실인 것이다.

프랑스 육군의 세네갈인 퇴역군인 742명이 "1960년에 세네갈 독립 이전에 프랑스 육군에서 군무에 종사한 세네갈 국적의 퇴역군인의 연금지급액이 프랑스 국적을 갖는 프랑스사람보다 불이익의 취급을 받는다는 것은 B규약 제26조의 평등조항에 위반된다"라고 유엔 규약인권위원회에 제소하였다.

이에 대하여 이 위원회는 다음과 같은 견해를 채택한 것이다.

"세네갈의 독립에 따라 취득한 국적에 의하여 별다른 취급이 이루어지고 있다. 국적은 제26조 제2의 '타의 지위'에 해당한다…. 연금은 국적으로 말미암아 지급되는 것이 아니고 과거에 있었던 군무 때문에 지급되는 것이다. 세네갈 군인들은 프랑스사람과 같은 조건으로 프랑스 육군에서 국무에 복무하여 왔다. 세네갈 독립 후는 프랑스 국적이 아니고 세네갈 국적으로 되었지만 그 후에라도 14년간은 연금에 관하여 프랑스사람과 같이 취급되어 왔다. 국적의 변경은 그 자체 별다른 취급을 정당화하는 근거는 될 수 없다. 왜냐하면 연급 지급의 근거는 군무를 제공한 것에 있는 것이지 세네갈사람이건, 프랑스사람이건 제공한 군무는 같기 때문이다. 따라서 위원회는 규약에 금지하는 차별에 해당한다고 판단하는 것이다."

다음에 1965년의 일한청구협정에 따르더라도 보상 문제는 아무런 해결도 없다는 점이다.

이 협정은 어디까지나 일본과 한국과의 국가간 약속이었지 그로 인하여 피해자 개인이 갖고 있는 일본정부에 대한 피해보상청구권은 하등의 제약을 받는 것은 아니다. 또 협정에서 특히 재일한국인의 재산, 권리, 이익에 관해서는 이 협정이 적용되지 않는다는 것이 명기되어 있다. 따라서 일한조약을 근거로 하여 재일한국인의 보상청구를 거부한다는 것은 인정할 수가 없는 것이다.

1991년에 들어서면서 정씨의 제소 외에도 가나가와켄(神奈川縣)에 사는 석성기(石成基) 씨와 사이타마켄(埼玉縣)의 진석일(陳石一) 씨가 원호법에 의한 연금청구를 후생상에게 제출하고 제소의 각하처분 취소를 요구하여 92년 도쿄 지방재판소에 제소하였다. 이 재판은 비교적 빠르게 진행되어 94년 7월 15일에 청구기각(청구기각)의 판결이 언도되었다. 이 판결에서도 예나 다름없이 수인한도론(受忍限度論)이 전개되어 보상을 하는가 안하는가는 입법정책의 문제이며 조선반도 출신자에 대한 보상 문제는 "한국정부와 일본정부의 약정에 따라 해결하는 것을 예정하는 한편," 국적조항을 만들어 배제한다는 것은 "충분한 합리성이 있다"라고 한다. 그러나 다른 쪽에서는 "일본의 식민지통치 하에서 일본국적을 강요당하여 그 때문에 전쟁에 종사하게 되었음에도 불구하고, 후일에 그 보상 문제에 이르러서 국적 등을 이유로 일체의 보상을 거부한다는 것은 용서될 수 없다는 점"은 "경청할 만한 점이 있다는 것도 부정할 수 없는 것이다"라고 하여 "그러한 의미에서는 입법부작위(立法不作爲)의 상황에 있다고 할 것이다"라고 부언하고 있다. 이와 같이 실태는 부당·부적당하나 국회의 문제라고 하여 재판소가 판단에 끼어들지 않는 것은 그같은 사람의 문제와 같다고 할 수 있다. 삼권분립에서 검증기능을 갖는 사법이 용기를 가지고 스스로의 권한을 행사하는 것은 도대체 언제나 가능한 일이겠는가.

9. 강제연행 노동자와 기업책임

1991년 9월 말 한 사람의 한국인 남성이 니혼고강 가와사키제강소(日本鋼管川埼製鋼所)에 대한 소장을 들고 일본을 찾아왔다. 김경석(金景錫) 씨다. 강제연행된 조선사람이 연행해 간 회사를 상대로 사죄와 배상을 청구하는 소송을 일으킨 것은 이것이 처음이었다.

김씨가 강제연행된 것은 1942년 10월이었다. 한 집안의 일꾼인 장형이 연행될 뻔하여 당시 16세였던 김씨가 '대신' 연행된 것이다. "서울역에 집합시켜 신체에 장해가 없는가를 검사한 후 열차로 부산까지 가서 다음은 배로 시모노세키로 건너갔다. 거기서 또 열차를 타고 갔다. 지카다비(일본식 신발)를 신은 노무자 같은 사람이 계속 감시를 하고 있었으며 여하간 겁이 났다"라고 한다.

당도한 곳이 니혼고간 가와사키제강소였다. 배치된 곳은 제2제강과 기중기 운전공이었다. 크레인 조작요원으로 평일은 12시간, 토요일(주야근 교대일)은 18시간의 쉴새 없는 중노동이었다. 식사는 보리와 밀가루를 토목공사용의 삽으로 섞은 밥과 소금물 같은 국이었다. 감시와 구타의 나날이었으며, 유일한 즐거움인 급료도 연행 당시의 약속과는 너무나 달랐다. 당초에 책임자는 "너희들이 말을 잘 듣고 일을 잘 하면 한 달에 80엔은 나온다"라고 약속을 했는데, 실제로는 30일간 열심히 일해도 총액은 25엔밖에 안되었다. 거기서 저금공제회비, 국방헌금 등을 공제하고 나면 손에 떨어지는 것은 10엔 남짓했다. 작업복도 지급되지 않고 전부 갖고 있던 것이나 고향에서 보내온 것이었다.

김씨와 같이 강제연행되어 가와사키제강소에 끌려온 조선사람은 약 2천 명 정도였다.

1943년 4월 니혼고간 노무책임자의 "조선인은 일도 못하면서 밥만 축낸다"라는 발언이 실린 팜플렛이 계기가 되어 조선인 노동자의 스트라이크가 발생하였다. 4월 10일 조선인 노동자 8백 37명이 조선으로 귀국시켜줄 것을 요구, 다음날 야간근무자 3백 명도 스트라이크에 들어갔다. 12일에는 주모자 15명이 검거되어 스트라이크는 끝났다.

김경석 씨는 그 팜플렛 소지자로서 주모자로 몰려 사무소내에 연행되어 목도로 죽을 정도로 구타당하여 오른쪽 어깨뼈 골절, 오른쪽 팔 탈구의 중상을 입었다. 그리고 이 골절로 일할 수 없게 되어 1944년 2월에 귀국하였다.

"괴로운 생활이 연달았지요. 형님은 그 후 역시 연행되어 홋카이도 유바리(夕張) 탄광에서 노동을 했고 전후 곧 죽었다는데, 어디에 묻혔는지도 모르지요. 아버지는 일찍 돌아가시고 어머니는 1989년 87세에 "너는 어떻게 해서라도 형님의 뼈를 찾아서 묘를 써야 한다"는 말씀을 유언으로 남기고 돌아가셨습니다. 한국에서는 부모님의 유언을 지키지 못하면 인간이 아니라고 말하고 있습니다. 어떻게 해서라도 일본에서 방황하고 있는 형님의 영령을 모시고 돌아가려고 합니다."

그 후 재한 피폭자인 한국인 미쓰비시(三菱) 징용공동지회의 사람들에 의해 미쓰비시중공업의 책임을 추궁하는 운동도 시작되고 있다.

1991년 8월 '아시아·태평양지역 전후보상 국제포럼'에 참가한 양기성(梁基成) 씨도 그 중의 한 사람이다.

양씨는 1944년 8월에 징용영장에 의해 강제연행되어 히로시마에 있는 미쓰비시중공업, 히로시마기계제작소에 취로하게 되었다. 당시 미쓰비시 측은 급료는 공무원 수준으로 보장하고, 일가의 일꾼이 없어지니까 가족의 생계가 이루어지도록 급료의 반액은 반드시 자택으로 송금하고, 또 급료에서 공제한 저금은 귀국할 적에 돌려준다는 약속을 하였다. 그러나 이들 약속은 완전히 사라졌다. 고향에 송금되어 있어야 할 생활비는 단 한 번도 가족 손에 건네진 바가 없었고 전후 40년 이상이 경과한 현재에도 단 1전의 돈도 돌려주지 않고 있는 것이다.

1945년 8월 6일, 출근한 양씨 등이 조례를 마치고 현장에서 막 작업을 시작할 즈음에 원폭이 떨어졌다. 번갯불과 함께 폭풍이 일자 전원이 방공호로 뛰어들었으나, 그때 양씨는 허리를 다쳤다. 전후 다섯 번 수술을 되풀이하였으나 결국 후유증은 지금까지 계속되고 있다고 한다.

1992년 7월, 같은 피폭자 징용공이며 나가사키의 미쓰비시 중공업에서 근무했던 김순길(金順吉) 씨가 회사와 국가를 상대로 미불임금 지급과 보상을 요구하며 나가사키 지방법원에 제소하였다.

또 그 해 9월에는 도야마(富山) 지방재판소에 한국인 여자정신대원들이 후지고시(不二越)라는 기업을 상대로 재판을 제기하는 등, 기업책임의 추궁도 눈에 띄게 늘었다.

일중전쟁, 태평양전쟁중 이들 일본기업의 강제연행자에 대한 혹사·학대행위는 전쟁중이었으니까 하는 수 없다, 또는 국가의 명령에 따랐을 뿐이라고 하여 면책되는 것은 아니다.

또한 부끄러운 것은, 전후 들어 당시 혹사와 학대의 당사자였던 일본건설공업회(日本建設工業會, 건설회사 모임)가 오히려 화선노무대책위원회(華鮮勞務對策委員會)를 설치하여 중국인이나 조선인을 사용했기 때문에 기업이 손해를 입었다면서 일본정부에 국가보상을 요구하여, 중국인 및 조선인 노동자 등 3만 5천 명에 대한 총액 4천 6백만 엔을(당시) 획득한 사실이다. 그러나 그들이 자신들에 의한 직접 피해당사자인 중국인, 조선인 노동자에게는 단 1엔이나마 보상을 하였다는 흔적은 전혀 없다.

제/3/부

전후보상의 실현을 위하여

제1장 일본정부의 변화

　이때까지만 해도 일한조약 체결을 위한 교섭과정 등에서 일본측이 과거의 식민지 지배나 전쟁체제에 대하여 강압적인 태도를 취한 것은 한 두번이 아니었지만 진지한 태도로 사죄한 적은 없었다. 겨우 '반성'이라든지 '유감'이라는 표현이 사용되었을 뿐이다. 거기에는 과거의 부정의를 인정하고 싶지 않은 일본정부의 의향이 여실히 반영되어 있는 것이다.

　일본정부가 스스로 과거의 부정의에 대하여 공식적으로 처음 사죄한 것은 90년 4월 18일 중의원 외무위원회에서 사할린 잔류 한국·조선인 문제에 관련하여 당시 나카야마 타로(中山太郎) 외상이 국회에서 한 답변이다. 이때 이가라시 고죠(五十嵐廣) 사회당 의원은 사할린 잔류 한국·조선인 문제라든지 재한 피폭자 문제를 들고 일한의 '마음의 문제'의 중요성을 강조하고, 위정자로서의 공식적인 사죄가 불가결하다는 것을 지적하였다. 그 결과 나카야마 외상은 '자신의 의사가 아니고 당시의 일본정부의 의사로서 사할린에 이주당하여 전쟁종결과 함께 현지에 잔류하여 생활하지 않으면 안되었던 비극으로서, 일본으로서는 진심으로 미안하다는 생각을 갖고 있다'라고 여태껏 들어보지 못한 표현으로 공식적인 사죄를 한 것이다. 이것이 일본정부가 식민지 지배의 가해행위에 대하여 '유감'에서 '사죄'로 처음 전환하기 시작한 대목이다. 그리고 그 약 1개월 후 한국의 노태우 대통령 방일 때 천황은 '우리나라에 의하여 생긴 이 불행한 시기에 귀국의 많은 분들이 겪은 고통을 생각하니 나는 통석의 염(念)을 금할 수 없습니다'라고 말하였다. 이것은 명확히 '사죄'는 아니다. 단지 일본이 가해국으로서 식민지 피해를 자아낸 잘못을 인정하고 있는 것이다.

이 점에서 가이후 수상의 일한 수뇌회담에서의 발언은 더욱 솔직한 것이었다.

"이 기회에 과거의 한 시기, 조선반도의 여러분이 우리나라의 행위에 의하여 견딜 수 없는 괴로움과 슬픔을 체험한 것에 대하여 겸허히 반성하고 솔직히 사죄의 마음을 전하고자 합니다. 그러한 인식 아래서 소위 과거에 기인한 여러 문제, 즉 3세 문제(三世 問題), 재한 피폭자 문제, 재사할린 한국인 문제의 해결을 향하여 성의를 갖고 다루어 나가겠습니다."

이 가이후 수상의 솔직한 사죄발언을 통해서 구지배층과의 단절을 느끼게 하는 새 세대를 직감할 수 있었다.

이와 같은 흐름 속에서 일본정부는 종군위안부 문제에 대해서도 소극적이기는 하지만 차차 변화를 보이기 시작하였다.

90년 6월까지 일본정부는 '업자가 여성들을 데리고 간 것이지 군은 관계 없다'라는 태도를 취했지만 91년에는 '자료가 없어서 모르겠다'로 변하고, 태평양전쟁유족회의 재판 제기 후인 92년 1월 요시미 요시아키(吉見 義明) 교수가 관련 자료를 발견한 이후에는 '군의 관여를 인정한다'로 되었다. 그래서 미야자와 수상이 같은 달 방한 때 이 문제를 사죄하기까지 이른 것이다. 즉 노태우 대통령과의 회견 후 가진 기자회견에서 '(종군위안부 여러분에게) 충심으로 사죄와 반성의 마음을 말씀드린다. 단 보상에 대해서는 일본 국내에서 계속중인 소송의 결과를 지켜보고 있다. 사실관계에 대해서는 성심 성의껏 다루어 나가겠다'라고 발언한 것이다.

이 자체는 커다란 성과이기는 하다. 그러나 역사적 사실에서 볼 때 '관여'란 종속적 표현은 업자가 중심이며 군은 편의를 도모한 정도로 관여하였을 뿐이라는 뉘앙스를 담고 있으며, 일본정부가 역사적 사실을 충분히 인식한 후에 사죄하였다고는 도저히 볼 수 없는 것이다. 그러나 종군위안부에 대해서 '강제연행'이 있었느냐 없었느냐가 커다란 쟁점이 된 것에는 의미가 있다. 피해가 보다 무겁고 국가의 법적 책임이 직접 문제로 되기 때문이다. 한국정부는 그와 같은 보고서를 작성하였다. 그러나 '연행'의 강제성보다는 위안부 생활의 강제가 보다 중대한 것이다. 당시 성 경험이 없는 여성들에게 목적을 명백히 하면 절대로 응할 리 없었을 것이고 연행을 강제하더라도 도중에서 도망이나 자살하는 일이 많았기 때문에, 연행 때는 공장이나 병원에서 근무한다는 등 거짓말을 하는 경우가 많았다. 물론 그래도 위안부들이 모이지 않고 군의 긴급요청이 있을 때에는 군과 경찰, 조선총독부가 연휴해서 그야말로 강제적으로 연행을 감행하는 경우가 많았다. 태평양전쟁유족회의 재판 원고 9명 중 5명은 기망(欺罔)에 의한 것이며, 4명은 군이나 경찰에 의한 체포 같은 경우였다. 어떠한 방법이었든 간에 아무것도 모르는 여성들을 연행해서 중국이나 동남 아시아까지 군의 수송기관으로 이동시켰으며 군의 감시 등 도망방지 상태 속에서 위안부 생활을 시켰고, 성적 노예상태에 방치해둔 것이 보다 중대한 문제인 것이다. 이와 같은 일본군과 일본정부에 의한 종군위안부 정책과 그 실행경과의 전체맥락을 명백히 하는 것이 무엇보다 요구되고 있는 것이다.

이러한 점에서 볼 때 93년에 들어서면서 일본정부가 종래부터 거부해오던 이름을 밝히면서 '전 종군위안부'로부터의 직접 청취를 한국에서 실행하겠다는 의향을 표명하고 더욱이 그 결과 강제연행에 대해서도 이를 인정할 방침임을 시사하게 된 것은 새로운 변화였다. 일본 방위청 등의 자료만으로서는 명백한 '강제'의 자료가 나오지 않는다. 본인들로부터 이야기를 들으면 '강제'의 실태가 나타날 것이다. 이는 내외 여론의 압력결과라고 할 수 있을 것이다.

제2장 전후보상 문제의 현단계

1993년 여름은 전후보상 문제에서 여러 가지 중요한 진전이 있었던 뜻 깊은 시기이기도 했다. 먼저 미야자와 내각은 7월 말 종군위안부문제조사의 주무관청인 내각외정심의실(內閣外政審議室), 외무성(外務省) 북동 아시아과 등과 합동으로 방한하여 유족회 재판의 변호사 동석을 인정하여 한국 현지에서 '전 종군위안부'로부터의 증언청취를 하였다. 이 수 일간에 걸친 증언청취를 바탕으로 8월 4일 '소위 종군위안부 문제에 대하여'라는 제2차 보고서가 발표되었으며, 고노 관방장관의 담화가 있었다.

이때에 이르러 일본정부는 일본에 의한 '연행'의 강제와 '위안소생활'의 강제가 본인의 의사에 반하여 이루어졌으며, 위안부의 심신에 수많은 고통과 치유될 수 없는 상처를 입힌 것을 처음으로 인정하였으며, '사죄와 반성의 마음'을 표명하였다. 그리고 '그와 같은 마음을 일본으로서 어떻게 표현할 것인가'라는 문제에 대하여 진지한 검토를 약속하였던 것이다. 이것은 이때까지의 '관여'만을 인정한 일본정부의 '인도적 입장'에 서는 '보상에 가름하는 조치'를 넘어서 '강제'라는 성적 노예화를 강요한 박해, 즉 전쟁범죄를 인정하고 '사죄'하였으며 법적 책임의 이행으로서의 '보상' 실행을 약속한 것이라고 생각된다. 개개의 피해자에 대하여 죄와 책임을 인정하고 '사죄와 반성의 마음'을 표시한다는 것은 '보상'을 실행하는 것이 아니면 안될 것이다. 그럼에도 불구하고 이후 매스컴들은 이제까지와 다름없이 '보상에 가름하는 조치'라는 표현을 쓰고 있는 것이다. 보상에 가름하는 조치는 보상도 아니고 사죄의 표현이라고도 할 수 없다.

그리고 자민당 정권이 바뀌고 새로이 발족한 호소가와 내각은 8월 10일 수상 기자회견에서 태평양전쟁에 대하여 '나 자신으로서는 침략전쟁이었다, 잘못된 전쟁이었다고 인식하고 있다'라면서 '나는 과거 역사에 대한 반성과 구별을 명확히 하겠다'라고 함으로써, 희생자에 대한 보상을 다루는 것을 전제로 하는 '구별'을 명확히 하겠다고 천명하였다.

나아가 8월 15일, '전국전몰자추도식'에서 호소가와 수상이 한 "아시아 근린 제국을 비롯하여 전 세계의 모든 전쟁희생자와 그 유족에 대하여 마음으로부터 애도의 뜻을 표한다"라는 추도사는 도이 다카코(上井たか子) 중의원 의장의 "우리들의 과오로 말미암아 참담한 희생을 강요당한 아시아의 여러분들과 우리들은 아직도 화해를 안하고 있는 것입니다"라는 애도사와 함께 일본정부가 아시아의 전쟁희생자를 명확히 시야에 넣고 성의껏 다루겠다는 것을 표명한 것으로 받아들여졌다.

또 호소가와 수상은 8월 23일 국회에서의 소신표명 연설에서 "과거 우리나라의 침략행위나 식민지 지배 등이 많은 사람들에게 참을 수 없는 고통과 슬픔을 가져온 데 대하여 새삼 깊은 반성과 사죄의 뜻을 올린다"라고 하였다. 이것은 일본에 의한 타민족에의 박해행위가 전쟁범죄였다는 것을 인정하고 사죄한 것이 되어 전후보상을 다루는 출발점으로서 평가되었다.

이와 같은 수상의 발언을 듣고 아시아의 사람들이 비로소 자신들을 향한 성의를 느낀 것은 분명했다.

그런데 이와 같이 부풀어 오른 기대가 그 후 물을 뒤집어 쓴 격이 되었다. 그 이후에도 사죄의 구체적인 보상에 대하여 질문을 하면 일본정부는 "전후처리조약으로서 해결했다"라고 되풀이하면서 전후보상 문제를 피하려 하고 있기 때문이다.

그즈음 나는 거기서 생각하지 않으면 안될 문제가 두 가지 있다고 생각하였다. 개인 보상청구권의 발생과 전후처리조약이다. 전술한 바와 같이 국제법에 위반하여 전쟁범죄가 이루어졌을 때에 그 피해자에 대하여 가해국은 손해배상(보상)을 해야 하는 의무가 발생한다. 고노 관방장관의 담화나 호소가와 수상의 '침략전쟁' '침략행위'를 인정한 발언은 그야말로 그들이 국제인도법(國際人道法)을 위반하여 전쟁범죄를 저질렀다는 것을 정부가 인정한 것이라고 보아야 할 것이다.

문제는 그것으로 발생한 개인의 보상청구권이 샌프란시스코 강화조약이나 아시아에서의 개별 조약(일한조약, 일비조약 등)으로서 소멸되느냐 하는 것이다. 그러나 국가간의 조약에서 국가 그 자체가 갖는 권리와 외교보호권(外交保護權)만을 소멸시킬 수 있다는 것이 일본정부의 공식해석이며, 그것은 91년 8월 27일 참의원 예산위원회에서 야나이(柳井) 조약국장이 명확히 답변하고 있는 바이다.

개인의 보상청구권은 각 조약에 의하여 소멸되어서는 안된다는 것을 다시금 확인하는 것이 중요하다는 것이다.

94년 6월 30일 사회, 자민, 사키가케 3당 연립정권이 발족하였다. 사회당 위원장을 수상으로 하는 무라야마 정권은 예상 외의 정치 상황을 자아내기도 하였으나 전후보상의 실현을 바라는 사람들에게는 바라고 바라던 내각이라 하여도 좋을 것이다.

수상인 무라야마 도미이치(村山富一) 씨는 94년 6월 6일 '이제야말로 전후보상을!' 시민집회(7백 명 참가)에 출석하여 "일본사회당은 국내외에서 선두에 서서 전후보상의 실현을 위하여 여러분들과의 연대를 더욱 강력히 해나가겠다"라고 공개 장소에서 약속한 사람이다. 또 이가라시 관방장관은 사할린 잔류 한국·조선인 문제를 놓고 의원간담회 사무국장으로 오랫동안 우리들과 같이 사할린 잔류 1세 등의 보상을 위하여 노력하여 온 분으로서, 93년 '8·15추도 모임'에는 건설상으로 있으면서 참가하여

'과거의 반성과 사죄를 표하는 구체적인 방법'에 대하여 "나로서는 이때까지의 운동을 통해 호소가와 내각에서 그 실현을 위하여 노력하였다고 생각하고 있다. 우리나라가 국제사회에서 널리 신뢰를 얻으려면 이 문제를 성실히 해결하는 것이 다른 어느 것에 못지않는 전제일 것이다"라는 인사를 하였다.[1]

또 고노 외상은 93년 8월 4일 종군위안부 문제에 관한 관방장관 담화를 통해 "정부는 이 기회에 다시금 그 출신지의 여하를 막론하고 소위 종군위안부로서 갖은 고통을 경험하고 심신에 되찾을 수 없는 상처를 입으신 모든 분들에 대하여 진심으로 사죄와 반성의 뜻을 말씀드린다. 또 그러한 뜻을 우리나라로서 어떻게 표시할 것인가에 대해서는 관련 전문가들의 의견을 들으면서 금후에도 진지하게 검토하여야 할 것으로 생각한다"라고 말하였다. 이때까지의 정부 견해 중에서는 가장 정성어린 성실한 견해를 표명한 정치가였다.

또 이 내각에는 사회당 전후보상문제 특별위원회의 위원장이던 야마구치 스루오(山口鶴夫) 씨가 총무청장관에, 침략전쟁 등 과거 문제의 취급에 열심인 시키가케 대표 다케무라(武村) 씨가 대장상에, 이데 마사가스(井出正一) 씨가 후생상에 앉아 모두 전후보상에서는 중요한 자리에 취임하고 있다.

지금까지의 관료행정, 특히 외무성에 과거 외교와의 정합성을 중요시하는 커다란 벽이 있다는 것은 알고 있다. 그러나 미국은 완벽을 기하기 위해서는 현재가 완벽하지 않다는 것을 인정한다는 생각을 갖고 있다. 잘못을 고치는 용기가 민주화의 요소인 것이다.

또 김영삼 한국 대통령이 물질적 보상은 필요 없다고 거듭 강조하고 있는 것이 장해로 되고 있다고 말하는 사람도 있다 한다. 그러나 이것은 국가 간의 문제로서 발언하는 것이다. 지금 일본은 과거의 부정의를 바로

---

1) 『戰後補償實現のために』, 梨の木社.

잡는 최후의 기회에 서 있다. 이 기회를 놓치면 영구히 도의국 일본(道義國 日本)의 건설은 불가능한 것이 되고말 것이다.

전쟁범죄는 국제법 위반이며, 그 피해자가 가해국가인 일본이 보상을 하는 것은 법적인 책임이라는 점을 명확히 확인할 수만 있다면 그 책임 이행을 위하여 어떻게 하면 좋을까는 명백해지는 것이다.

전후 50년이란 긴 세월이 흘러서 피해자의 확정은 곤란하다. 현재 진상은 명백하지 않다. 내각과 국회에 조사위원회를 만들어 진상규명과 더불어 아시아와의 역사인식 공유 등의 작업을 서두르지 않으면 안될 것이다.

다른 한편에서는 곧 착수할 수 있는 작업으로서 아시아에 대한 보상기금의 제공을 목적으로 하는 제3섹터적 센터를 일본 국내에 설치하는 것 등이 구체적으로 검토되어야 할 것이다. 정부가 현재 생각하고 있는 '아시아 교류센터' 등의 구상은 피해자에 대한 '사죄와 반성'의 표명과는 너무나 거리가 먼 정책이라는 것을 알아야 할 것이다.

제3장 전후보상 문제를 둘러싼 국제적 전개

일본군의 아시아 사람들에 대한 박해라는 시점뿐 아니라 여성의 성적 자유의 침해, 국가에 의한 성적 노예화라는 전대미문의 종군위안부 문제는 일본 국내뿐 아니라 국제적으로도 커다란 파문을 던졌다. 한국에서는 많은 여성단체가 결집하여 '정신대문제대책협의회'(이정옥·이효재 공동대표)가 적극적인 활동을 펴고 있으며, 일본에서도 이 문제를 다루는 수많은 시민단체가 생겼다. 필리핀에서도 일본군의 성적노예문제조사위원회(타스크·호스)가 결성되었고, 대만과 북조선에서도 민간과 정부에 의한 조사기관이 생겼다.

이와 같이 각지에서 이 문제를 다룸으로써 많은 전 '종군위안부'들의 존재가 확인되고 있다. 한국에는 1백 61명, 북조선에는 1백 31명, 대만은 약 50명, 필리핀에는 약 1백 50명이 조직적으로 확인되었으며, 기타 중국 10명, 인도네시아 8명, 말레이시아 2명 등이 개인적으로 이름을 밝힌 것으로 알려지고 있다. 또 네덜란드인 여성 몇 명도 확인됨으로써, 문제는 아시아 전체에서 유럽으로까지 퍼지게 되었다. 미국에서도 워싱턴, 뉴욕 등 주요 도시에서 한국인을 중심으로 한 운동단체가 활발히 움직이고 있다. 그러한 덕택으로 전후보상 문제는 일-조 정상화교섭의 중요 과제로 떠올랐으며, 일한 간의 중요한 외교 테마가 되었다. 그리고 국제사회에서도 강한 관심을 보이고 있다. 또한 92년 유엔 인권위원회의 현대노예제부회(現代奴隸制部會)에서도 이에 관한 논의가 시작되었고, 유엔 인권관계자가 지속적으로 다루는 문제가 되었다. 그리고 92년 12월 도쿄에서 열린 국제공청회에서는 유엔 관계자가 피해자와 직접 면담하는 기회를 가졌는데 일본 국내에서의 논의와 국제 사회의 반응이 직접 교류한 중요한 회의였다. 그 논의에는 일치하지 않는 점도 있었으나, 이때까지 국내에서 주장하여온 국제인도법(國際人道法)을 무기로 한 전후보상의 논리가 국제사회에서도 전면적으로 지지되었다는 것을 확인한 것이 귀중한 성과라 하겠다. 또 93년에 들어서면서는 4월에 현대노예제부회에서 이 문제가 논의되었으며 6월에는 오스트리아의 빈에서 열린 세계인권회의의 중요 의제로 됨과 동시에 8월에는 판 보벤 특별보고관의 보고서가 인권위원회에 제출되었다. 그 심의는 국제여론을 이끄는 것으로 중시되어 일본정부에 대한 커다란 압력으로 되고 있다.

제4장 이후의 문제

이상과 같은 생각에 따라 일본의 이후 과제를 다음과 같이 지적할 수 있을 것이다.

첫째로, 종군위안부 문제에 대하여 그 전체적인 진상·해명을 위하여 하지 않으면 안될 일이 아직도 많이 있다. 아니 이제 겨우 그 초기 단계에 들어섰다는 정도의 인식을 하여야 할 것이다.

우선 피해자로부터의 사정 청취는 한국뿐만 아니라 북조선, 필리핀, 대만, 중국, 홍콩, 인도네시아, 말레이시아, 화란 등의 전 종군위안부, 성적 희생자·가해자였던 일본 군관계자들로부터의 증언 축적이 필요한 것이다. 이 사정 청취행위는 단순히 사실을 듣는 것만이 아니라, 사죄 자세에 따른 위안부들의 정신적 명예회복과 위자(慰藉)를 포함하는 것으로서 일본 정부는 그 성의를 가능한 한 많은 사람들에게 직접 전하는 것이 중요하다.

이와 관련된 자료는 방위청에 보관중인 일부 자료가 발견되었을 뿐이지 법무, 경찰 관계는 아직도 거의 비밀로 되어 있다. 미군이나 연합군의 자료도 본격적으로 조사해야 한다. 이와 더불어 피해자와 마찬가지로 가해자측의 일본군 전 군인이나 군속, 군의나 종군간호부들로부터의 사정 청취도 불가결한 일이다.

　그리고 그러한 사실의 해명과 병행하여 국회에서는 공청회를 개최하여 국민들 앞에서 피해자들이나 관계자들의 증언을 들어 사실을 명백히 함으로써 역사인식의 공유화 작업을 벌이지 않으면 안될 것이다. 독일이나 미국의 사례를 보더라도 의회에서의 공청회는 국민의 인식을 명확히 하는 데 매우 중요한 역할을 하기 때문이다. 이와 같은 사실의 해명을 위하여 정부뿐만 아니라 관민일체로 된 조사위원회도 검토되어야 할 것이다.

　둘째로, 심각한 전쟁희생자는 꼭 종군위안부뿐만이 아니다. 강제연행, 군인, 군속을 강제당하고, 노예상태를 강제당하고, 학대, 고문을 받고 살해당한 식민지의 젊은이들, 중국이나 아시아에서 일본군의 침략행위에 의한 재산약탈, 강간, 학대, 학살을 받은 수 천만 명에 대한 진실을 해명하는 것도 종군위안부 문제에 못지않게 중요한 것이다. 여기서 종군위안부 문제에만 대처하면 된다는 생각은 분명히 불균형하다는 것을 확인하고자 한다.

　셋째로, 이상과 같이 우리들의 국가와 사회가 과거에 범한 범죄를 스스로가 명백히 하는 작업을 통하여 밝혀진 범죄에 대해서는 그 '전쟁책임'을 확인하여 형사제재를 추궁하는 일이 필요하고, 전후의 원상회복의무로서의 '전후보상' 차원에서 이것을 완전히 이행하지 않으면 안될 것이다. 물질과 사람의 원상회복과 함께 금전적 대체보상은 그 중핵적인 책임이다. 또 말할 수 없는 굴욕과 모욕, 학대를 입은 사람들의 정신적 명예를 회복하기 위하여 직접적으로 그리고 국회를 통해 진지하게 사죄하는 일도 불가결한 것이다. 그처럼 전쟁책임을 지는 행위에 나서는 것만이 이와 같은 범죄를 되풀이하지 않는다는 도의를 스스로 인정할 수 있는 사회를 만드는 것이기 때문이다. 그래서 전쟁책임의 이행에 관해서는 무엇보다도 피해자측의 의향이 가장 존중되지 않으면 안된다.

　넷째로, 이와 같은 자세를 몇 번이고 확인함으로써 이것을 후세에 전하는 작업을 하지 않으면 안된다. 여기에는 전시중 강제연행노동자들에 의해서 건설된 터널이라든지 위안부의 집 등을 역사적인 유물로 보존하고 또 역사적 자료를 보존·전시하는 기념관을 내외에 건설하여 교과서나 교육내용에 바르게 채용하는 것 등의 내용이 포함된다. 현재 후생성이 야스쿠니(靖國) 신사 옆의 쿠단(九段)에 1백억 엔 이상을 들여 건설을 추진하려 하고 있는 '평화기념관'이 3백만 일본인 피해자를 위한 것으로 구상되고 있는 것은 역사의 흐름과 일본의 전후책임의 무게를 무시한 것이며, 시대에 역행하는 짓이라 아니할 수 없다.

이상과 같은 바람직한 전후 사회에의 전망은 이후의 운동과 정부의 대응에 따라 결코 불가능한 일이 아닌 것이다. 아시아와의 관계를 진지하게 생각한다면, 그리고 일본이 참된 국제화를 실현하려는 생각이라면 자연스럽게 우러나오는 결론인 것이다.

그러기 위하여 우리들은 아시아의 각 지역과 제휴하고 있는 일본의 여러 시민단체가 교류와 연대를 강화하고, 아시아 각지의 피해자단체나 운동체와의 정보교환과 신뢰관계를 구축하며, 국제적인 지원을 받으면서 일본정부와 일본사회의 변화를 촉구하지 않으면 안된다.

현재 일본은 정치·사회 전반에 걸쳐 변혁을 하여야 할 시기이다. 차제에 전후보상 문제를 우선적인 과제로 하여 일본사회 전체가 다같이 밀고 나갈 수 있도록 사회와 정치 각 방면에서 노력해가는 것이 무엇보다 시급히 요청된다고 하겠다.

전후보상관계연표

1874 4 - 대만 출병.

  75 5 7 강화도사건. 화태(사할린), 찌시마교환조약 체결. 화태 전도를 러시아령, 우르프도 이북의 찌시마열도를 일본령으로 함.

  76 2 26 일조수호조규 조인.

   8 7 - 임오사변. 서울서 조선병이 일본공사관을 습격.

  84 12 - 갑신사변. 서울서 친일파 쿠데타.

  94 8 1 일청전쟁 발발.

  95 4 17 일청전쟁 종결인 시모노세키 조약 체결(일청강화조약 조인). 일본이 대만을 영유(領有).

      6 17 대만총독부 개설. 군사우편저금제도 창설.

     10 - 민비 암살. 서울서 일본인 장사들이 쿠데타.

  98 5 - 대만에서 토지조사사업 개시(~1905. 3. 31).

  99 7 28 외국인 노동자 입국제한법 실시.

1904 2 10 일러전쟁 개전.

     2 23 일한의정서 체결.

     8 22 제1차 일한협약. 군사우편위체저금 규칙시행.

  05 9 5 일로전쟁 종결인 포츠머스 조약 체결(일로강화조약 조인). 북위 50도 이남, 남화태를 일본이 영유.

    10 - 관동주에 관동총독부 설치.

    11 17 제2차 일한협약(을사보호조약).

  06 2 1 통감부(統監府) 설립.

    3 2 초대통감 이토 히로부미(伊藤博文) 서울에 오다.

    11 - 남만주철도(주) 설립.

  07 3 3 화태청 발족.

08 12 - 동양척식회사 설립.

09 10 26 이토 히로부미. 할빈에서 안중근(安重根)에 사살당함.

10 8 22 일한합병조약 조인. 공포는 동년 8. 29. 조선총독부 설치 10. 1.

   9 10 조선서 토지조사사업 본격 개시(~1918. 11).

  10 10 신해혁명 시작.

  12 11 중화민국 성립.

14 7 28 제1차 세계대전 개전.

15 1 18 일본, 대화(對華) 21개조 요구.

18 8 2 시베리아 출병.

19 3 1 조선서 3·1독립운동 시작.

   6 28 베르사이유 강화조약 조인. 제1차 세계대전 끝남.

20 12 - 조선에서 산미증식(産米增殖) 계획 추진으로 일본 본토의 식량공
        급기지화.

21 7 1 중국공산당 결성.

22 - - 조선호적령 발령.

23 9 1 관동대진재로 재일 조선인 학살됨.

25 1 20 북경서 일소기본조약 조인(일소국교회복, 북화태 이권획득).

   4 22 치안유지법.

   5 5 보통선거법 제정.

   5 30 상해에서 5·30사건 일어남. 일본계 공장 노동자학살에 항의 데모.

27 1 20 제1차 산동출병.

   6 27 동방회의가 '대지(對支)정책강령' 발표.

28 4 19 제2차 산동출병.

   5 3 제남사건.

   6 4 장작림폭살사건.

   6 29 치안유지법 개정(사형, 무기징역을 추가).

  11 - 조선 광주에서 항일학생운동 일어남(~1930. 3. 1).

30 10 27 대만에서 반일주민봉기(霧社사건).

31 9 18 유조호(柳條湖)사건 발생. 만주사변 시작.

32 1 28 제1차 상해사건.

   3 1 '만주국' 건국 선언.

33 3 27 일본, 국제연맹 탈퇴.

37 4 1 대만에서 본격적인 황민화 운동 개시.

7	7	노구교(盧構橋) 사건으로 일중전면전쟁으로 발전.
8	13	제2차 상해사변(일본군 상해점령).
10	1	조선총독부가 '황국신민의 서사(誓詞)'를 제정.
10	12	국민정신총동원중앙연맹 결성. 1938년 7월 1일 동 조선연맹 결성.
12	13	남경대학살. 상해 교외에 '위안소' 개설.

38 4 1 국가총동원법 공포. 시행은 동년 5년 5일. 5월 4일에는 「국가총동원법을 조선, 대만 및 화태에 시행하는 건」.
　4 3 조선서 육군특별지원병제도 실시.
　11 3 '동아신질서' 건설 성명발표.

39 1 1 일본군, 해남도 점령.
　1 7 국민직업능력신고 공포. 실시 6. 1.
　5 - 석탄광업연합회가 후생성, 상공성 등에 조선인노동자집단이입에 관하여 수차례 진정.
　5 12 노몬한 사건.
　6 - 재일 조선인 통제강화를 위하여 중앙협화회 설립.
　6 21 홍콩에서 학생 반일데모.
　7 8 국민징용령 공포. 실시 10. 1.
　7 28 내무, 후생차관이 「조선인노동자 내지(內地) 이주에 관한 건」을 통첩.
　9 - 「조선인노동자 모집 요강」 「조선인노동자 이주에 관한 사무취급 수속」 제정. 이때부터 조선서 탄갱 노동자 강제연행 시작됨(모집 방식의 강제연행 개시).
　10 8 제1회 강제연행 조선인 노동자가 북해도 탄광 유바리 광업소로.
　11 10 조선총독부가 「조선인의 씨명에 관한 건」 공포. 40.2부터 창씨 개명 강제.

40 1 20 조선총독부가 「조선직업소개소령」을 공포. 서울, 대구 등 6개소에 직업소개소 설치.
　2 11 대만에서도 개명 운동 시작되다.
　9 23 일본군, 북부 인도지나 반도에 진주.
　9 27 일본, 독일, 이태리, 삼국동맹 조인.
　10 12 대정익찬회(大政翼贊會) 발족. 조선노무협회 설립.

41 6 - 화북노공협회(華北勞工協會) 설립.
　7 25 홍콩에 있는 일본인의 전재산 동결.

7 28 일본군, 남부불인(南部仏印)에 진주.

11 22 「국민근로보국협력령」 공포.

12 2 후생, 내무 양차관이 「노동동원실시계획에 따른 조선인 노무자 내지이입(內地移入)에 관한 건」을 통첩.

12 8 일본군이 하와이 공습. 말레이반도에 상륙개시.

12 25 홍콩정부, 페닌슐라 호텔의 일본군전투지령실에서 무조건 항복에 조인(홍콩의 흑색 성탄절=블랙 크리스마스).

12 26 일본군이 사용하는 '군표'를 홍콩의 합법적인 화폐로 하고, 홍콩달러 2원을 군표 1원과 교환한다고 선포.

42 1 2 마닐라 점령.

2 15 싱가포르 점령. 싱가포르에서 일본 제25군(야마시다 중장)은 화교숙청령을 발하고, 4~5만의 화교 남자를 총살. 동년 3~4월에 말레이반도 각지에서도 여자나 어린이들을 포함한 학살이 있었음.

2 20 일본정부는 정식으로 홍콩의 일본통치를 포고.

2 - 각의에서 「조선인 노동자 활용에 관한 방책」을 결정. 또 조선총독부가 「선인(鮮人) 내지이입 알선요령」을 결정('官알선'방식의 강제연행 개시).

3 8 랭군 점령.

3 16 파릿팅기(말레이반도) 마을의 학살.

4 1 대만에서도 육군특별지원명령 실시.

4 10 바탕반도 점령(바탕의 죽음의 행진).

4 - 홍콩 및 내지에서 인쇄된 군표를 발행, 강제적으로 홍콩달러와 교환 개시.

5 1 영국령 버마 북부의 만다레 점령. 남방진행작전 일단락.

5 8 조선서 '징병제' 각의 결정. 44년 실시.

5 - 육군성은 대만인, 조선인을 군속으로서 연합국 포로의 감시에 종사시킨다는 내용의 포로처리요령을 결정. 동년 6~8월 사이에 조선인 군속 3,223명이 모집되어, 노구치 부대에서 엄한 군대교육을 받은 후, 8. 15 태국, 말레이시아, 자바의 포로수용소에 배치되다.

6 8 태면철도(泰面鐵道) 건설 명령 하달되다. 동년 11월 착공, 43년 10월에 완성.

6 8 일본군 알류샨 열도, 앗스섬에 침공. 2개월 후 42명의 알류트 인을 북해도로 강제이주.

	7 24	일본정부는 군표 1원을 홍콩달러 4원과 교환한다고 포고.
	8 –	연행한 조선인 노동자의 이동방지를 위하여 협화회(協和會)가 노무수첩을 배포.
	9 23	일본육군성, 「병보협정(兵補協定)」을 제정.
	11 27	「화북노동자내지이입에 관한 건」을 각의 결정.
43	6 30	홍콩총독, 군표 이외의 통화의 사용금지 조치를 발령.
	11 5	대동아회의(大東亞會議)를 도쿄서 개최.
	11 27	카이로 선언.
44	2 28	마샬군도. 체르본 도서에서 일본군이 조선인 군속 약 100명, 마살인 주민 약 30명을 학살.
	7 14	파푸아 뉴기니의 틴분케 마을에서 일본군이 마을사람 100명을 학살, 65명의 여성을 강간 강탈하다.
	8 –	여자정신근로령 공포.
	9 1	대만서 징병제 실시.
	9 –	조선인노동자의 연행에 징용령을 실시.
45	2 4	미, 영, 소 수뇌가 얄타회담.
	6 30	'하나오카 사건' 일어나다.
	8 6	히로시마에 원폭 투하.
	8 9	나가사키에 원폭 투하. 소련이 대일 선전포고.
	8 13	화태청이 긴급소개책(緊急疎開策) 실시.
	8 15	일본 무조건 항복.
	9 1	포츠담선언 수락 영국군정부는 군표의 무가치를 선언하고, 통화로서의 사용을 금지하다.
	9 8	미군, 인천항 상륙. 미소에 의한 조선 남북 분할.
	9 –	시모무라 육군대신이 「포로취급관계 연합군측 신문에 대한 응답 요령 등에 관한 건 등」을 냄.
	10 8	마닐라에서 야마시다 육군 대장의 재판 개시. 동년 12. 8 사형 판결. 이후 각지에서 BC급 전범재판 계속.
	10 15	재일조선인연맹 결성.
	11 20	뉘른베르그 국제군사재판 개정.
	12 17	재일 한국·조선인의 참정권 정지.
46	2 1	군인은급을 전면 정지.
	2 17	GHQ가 귀국에 관한 기본적 지령 「귀국에 관한 각서」를 발령. 재

일 한국인 귀국자의 일본재입국을 금지.

5 3 극동국제군사재판(도쿄 재판) 개정. 전시 보상특별조치법 제정.

10 1 뉘른베르그 재판 판결. 교수형 12명.

10 3 재일조선거류민단 결성.

11 3 일본 헌법 공포.

11 27 소련지구귀국 미소잠정협정.

11 - 연합국 배상위원회의 포레 미국대표가 최종보고. 일본에 엄한 배상안.

12 5 소련지역에서의 전기(前期) 집단귀국 개시.

12 19 소련지구귀국 미소협정.

47 5 2 외국인등록령 공포. 조선반도 출신자는 외국인으로 간주하고 등록의무를 부과함.

11 7 하나오카 사건 관계자, 연합국에 의하여 요코하마 BC급 재판에서 재판을 받음. 48.3.1 6명에 유죄판결(後에 전원석방)

48 3 - 대일배상평가위원 스트라이크가 포레안(案)보다 약한 배상안을 보고. 드레퍼 배상조사보고단 보고(죤스톤보고서)를 발표(배상의 대폭삭감과 경제부흥의 계획권고).

8 15 대한민국 수립

9 9 조선민주주의인민공화국 수립

11 12 극동군사재판판결. 교수형 7명. 무기금고 16명, 유기형 2명.

12 10 유엔이 세계인권선언 채택.

49 2 22 한국, 대일배상조사심의회 설립.

5 - 맥코이 극동위원회 미국대표가 일본에서의 중간배상보상중지를 성명. 배상예정액 30%선에서 끝남.

10 1 중화인민공화국 성립.

11 - 미국이 대일강화 7원칙을 공표. 대일배상포기 방침을 천명. 필리핀 등이 반대.

50 6 25 조선전쟁 발발.

51 6 12 경찰예비대령 공포.

9 8 샌프란시스코 강화조약 조인(52. 4. 28 발효).

9 8 일미 안전보장조약 조인(52. 4. 28 발효).

10 4 출입국관리령 공포.

52 1 - 일본과 필리핀 사이에 배상문제에 관한 협의 시작됨. 필리핀 측은

　　　　　　80억 불 청구.

2 15　제1차 일한회담.

4 19　법무성 민사국장 통달에 따라 재일 한국·조선인은 일본국적을 상실, 출입국관리령의 대상이 되다.

4 28　외국인등록법 공포 시행.

4 28　일중평화조약 체결. 대만은 일본에 대한 배상청구권을 포기.

4 30　전상병자전몰자유족 등 원호법 공포. 수급자는 일본국적을 갖는 자에 한정되며 약 36만 명의 조선인 군역복무자와 구식민지의 군인·군속은 제외되다.

6 　9　인도와 평화조약 체결.

6 　–　스가모 형무소에 구치된 조선인전범 29명과 대만인전범 1명이 인신보호법에 따른 즉시석방을 요구하며 도쿄 지방재판소에 제소 7월 30일 최고재판소가 기각 판결.

7 27　조선전쟁 휴전협정 성립.

53 8 　1　은급법 개정공포(군인은급의 부활).

10 21　일한회담 결렬. 이후 4년 반 중단.

54 6 　9　방위청, 자위대 발족.

11 　5　「일본과 버마연방 간의 평화조약」「일본과 버마 간의 배상 및 경제협력에 관한 협정」 조인(10년간 2억 달러 공여, 5천만 달러 배상).

55 4 　1　'한국출신전범자동진회(同進會)'(83년 '동진회'로 개칭) 결성.

4 27　외국인등록에 지문날인제도 실시 시작.

5 　–　적십자국제위원회(ICRC)에 대하여 연합국포로의 보상금 450파운드 지불.

5 25　재일본조선인총연합회(총련) 결성

7 　9　태국과 전시중의 채무에 대하여 특별엔(円)협정 체결.

8 　6　제1회 원·수폭금지 세계대회 개최.

56 6 29　서독「연방보상법」성립.

7 23　필리핀과 배상협정 조인(5억 5천만 달러 상당의 용역과 재화에 의한 배상, 2억 5천만 달러의 민간상업차관).

8 10　일본원수폭피해자단체협의회(일본피단협) 결성.

10 19　일소공동선언 발표. 일소 국교정상화

12 18　일본, 유엔에 가맹.

57　3　31　원자폭탄피폭자의 의료에 관한 법률(원폭의료법) 공포. 시행 4. 1.

　　8　　1　사할린에서 후기(後期)집단귀국 개시.

58　1　20　인도네시아와 평화조약, 배상협정을 체결(12년간 2억 2,308만 달러의 용역 및 재화 공여).

　　2　　4　일본-인도통상협정, 엔차관협정 조인(첫 엔차관 180억엔을 공여).

　　2　　6　사할린억류귀환한국인회 결성(그 후 '화태귀환재일한국인회'로 개칭).

　　－　－　연합국홍콩협회내에 색상조(索償組: 대일 배상청구그룹)를 설치하여 전쟁배상청구운동에 들어감.

59　5　13　남베트남과 배상협정, 차관 협정 조인(5년간 3,900만 달러 지불).

60　6　19　일미 안보조약 자연 승인.

62　－　－　홍콩의 전쟁배상요구운동 관계자에 영국정부가 배상청구권포기(샌프란시스코 강화조약)를 서한으로 설명.

63　3　29　'일면경제협력협정(日緬經濟協力協定)' 체결(버마에 1억 4천만 달러 공여).

　　8　15　제1회 전국전몰자추도식 거행.

　12　　7　원폭소송, 도쿄 지방재판소에서 판결. "원폭투하는 국제법 위반. 그러나 손해배상청구권은 국제법상에도 국내법상에도 개인에게는 없음."

64　4　28　전몰자서훈 시작함.

65　6　22　일한기본조약, 일한법적지위협정 체결(무상 3억 달러, 유상 2억 달러의 대한 원조, 66. 1. 17 발효).

　12　　7　출입국관리특별법 공포.

67　7　10　한국서 사단법인 한국원폭피해자원호협회 발족.

　　9　21　말레이시아 및 싱가포르와 혈채(血債) 협정(양국에 대하여 무상공여 29억 4천만 엔).

68　5　20　원자폭탄피폭자에 대한 특별조치에 관한 법률 공포. 시행 9. 1.

　　8　－　화태억류귀환한국인회의 박노학(朴魯學) 등이 작성한 사할린 '귀환희망자명부'(66년 1~6월, 총계 1,744세대 6,924명). 한국정부로부터 일본정부와 소련정부에 제출되어 외교교섭의 자료로 됨.

　　9　18　일본군표를 소지하는 노인들이 홍콩색상(索像)협회를 조직. 군표의 태환, 군정피해의 배상을 요구하며 일본총영사관에서 데모.

　10　　2　원폭증치료를 위하여 밀입국한 손귀달(孫貴達) 체포. 동년 11월 4

일 징역 6개월, 집행유예 2년 판결(야마구치 지방재판소). 동 11
월 8일 강제송환.

69 2 14 관광비자로서 내일하여 입원한 한국피폭자 2명에 대하여 후생성
은 피폭자수첩 교부를 거부.

　　4 18 「미크로네시아 협정」 조인(일미 양 정부, 쌍방 5백만 달러씩 무상
공여).

　　12 3 원폭증치료를 위하여 밀입국한 손진두(孫振斗) 체포. 71. 1. 30 징
역 10개월 판결(사가 지방재판소 카라쓰 지부).

　　12 8 박종석(朴鐘碩)이 히다치 제작소에 대하여 해고무효확인을 청구
하며 요코하마 지방재판소에 제소(히다치 취직차별재판). 74. 6.
19 승소.

　　12 10 한국서 화태억류교포귀환촉진회 결성(그 후 ‘中蘇이산가족회’라
개칭).

71 1 19 한국 「대일 민간청구권신고에 관한 법률」 제정.

　　6 17 오키나와 반환협정 조인. 72년 본토 복귀.

72 9 29 일중공동성명 발표. 미크로네시아 배상청구위원회가 설립되다.

73 4 － 태평양전쟁유족회(88.6 ‘태평양전쟁희생자유족회’로 개명) 결성.

74 3 30 손진두(孫振斗), 피폭자수첩각하 처분의 취소를 구하는 소송을 후
쿠오카 지방재판소에 제기. 74. 3. 30 승소. 75. 7. 17 항소심(후쿠
오카 고등재판소)서 승소 판결. 78. 3. 30 최고재판소에서 승소
판결.

　　4 30 후쿠오카현이 신청시에 소급하여 피폭자수첩 교부.

　　7 22 한국원폭피해자원호협회 회장이며 자신이 피폭자인 신영수(辛泳
洙)가 도쿄도에 피폭자수첩 신청. 7.25 수첩 교부. 이후 내일한 한
국피폭자가 차례로 수첩을 신청.

　　8 8 전 미쓰비시 징용공 박해군(朴海君) 등이 미쓰비시 중공업 히로시
마 조선소에 대하여 미불임금의 지불을 요구. 미쓰비시측은 거부.

75 9 1 후생성이 ‘적법입국이면 외국인에게도 피폭자수첩 교부’라고 히로
시마시의 조회에 회답.

　　10 1 화태잔류자귀환청구소송(사할린 잔류 4명이 ‘일본으로 귀환할 수
있는 지위의 확인’을 요구하며 도쿄 지방재판소에 제소). 88. 6. 15
취하로서 종료.

76 1 22 이나바(稻葉) 법상이 참의원 결산위원회에서 사할린 잔류 한국·

조선인 문제에 대하여 "강제연행한 사람들에 대하여 일본이 원상 회복의 형태로 복귀시킨다는 것은 도의상의 책임으로서 남아 있다"고 발언.

9　6　소련의 미그25 전투기가 하고다테에 착륙. 일소관계 악화.

77　8 13　대만인 전 일본병 전사상보상소송(12명의 대만인 전 일본병이 일본정부에 대하여 일률적으로 500만 엔의 보상을 요구하며 도쿄 지방재판소에 제소. 92년 최고재판소에서 패소 확정.

78　5 30　소노다(園田) 외상, 국제인권규약에 서명(76. 6. 6 일부 비준).

8 12　일중평화우호조약 조인. 중국은 배상청구권을 포기.

79　6　6　원호(元號)법 제정

80　4　1　한종석(韓宗碩)은 외국인등록에서 지문날인 거부 제1호.

10　8　일한 양국정부간에 '재한피폭자도일치료실시에 관한 합의서' 작성. 치료기간 2개월 원칙. 치료비는 일본측, 교통비는 한국측.

11 17　한국피폭자 10명이 도일치료의 시험케이스로 내일. 이후 5년의 기한으로 진행된 도일치료는 86. 11. 20에 사실상 끝남. 입원환자 합계 349명.

12 11　원폭피해자대책기본문제간담회가 소노다 후생상에게 의견서 제출. 국가보상의 입장에서 대책을 강구하여야 할 것이라면서, 전쟁 피해에 대한 '국민수인론(受忍論)'을 전개, 현행법을 추인.

81　3　2　중국잔류일본인고아 47명 처음으로 정식 내일.

4　-　시베리아 강제노동보상소송(전국억류자보상협회 62명이 국가에 대하여 손해배상을 청구하며 도쿄 지방재판소에 제소).
89. 4. 18 청구기각 일심 판결. 고재에서 패소. 현재 최고재판소에 계정중.

11 20　사할린 체호프 거주 박형주(朴亨柱) 일가가 육친과 재회하기 위하여 일시 방일(가족재회를 위한 사할린에서의 일시 방일 제1호).

82　1　1　난민조약, 일본에 대하여 발효. 출입국관리 및 난민인정법 제정.

7 26　중국정부가 일본의 교과서는 침략의 사실을 왜곡하고 있다고 항의. 8. 3에는 한국정부도 항의.

8　4　외국인등록법개정안 성립. 등록갱신기간 3년에서 5년으로.

83　1 11　나카소네 수상 방한. 일한공동성명.

9　1　KAL기 격추사건. 일소관계 냉각화.

84 12 21　내각 관방장관의 사적 자문기관인 전후처리문제간담회가 보고서

제출해 "이 이상 국가에서 조치할 것은 없다"라고 함.

86 9 5 후지오(藤尾) 문부상(나카소네 내각)이 "일한합병은 한국측에도 책임이 있다"고 발언.

11 6 소련정부가 소연방개정출입국규제의 추가 조항을 발표(발효는 87. 1. 1).

87 7 7 뉴욕거주 중국인이 '대일 배상요구 중국인동포회'를 결성.

7 17 사할린 잔류 한국, 조선인문제의원간담회 설립. 중의원, 참의원 합계 170명의 의원이 참가.

9 18 의원입법에 의하여 「대만주민 전몰자의 유족에 대한 조위금 등에 관한 법률」이 성립. 대만인 전 일본병의 유족과 전상병자에 1인당 200만엔의 조위금 지급 결정(1988년도 예산부터).

12 28 88년도 사할린 관계 예산 833만천 엔, 그 중 육친재회비용 391만엔의 정부예산안 결정.

88 5 9 오쿠노(奧野) 국토청장관(다케시다 내각), "일중전쟁은 침략전쟁이 아니었다"고 발언.

5 30 전후 처음으로 일본정부의 재한피폭자조사단 한국방문.

8 10 제2차 세계대전중의 억류일본계인 생존자 약 6만 명에 대하여 1인당 2만 달러의 보상금을 지불한다고 「日系米人보상법」이 미 상원 본회의에서 성립. 9. 29 예산화. 89. 2. 15~ 일본에 귀국한 유자격자 조사실시. 90. 10 지불개시. 이 법률은 알류트인에 대한 개인 보상 1인당 1만 2천 달러와 앗스도민에 대하여 1천 5백만 달러 이내의 보상도 결정.

9 22 캐나다 정부, 전시 강제수용된 일계 캐나다인에 대하여 공식 사죄하고 약 1만 2천 명의 생존자에게는 1인당 2만 천 캐나다달러의 보상금 지불을 결정. 89. 6 지불을 개시. 89. 8. 5~15 일본에 귀국하한 유자격자의 조사실시.

8 - 한원수(韓元洙)가 사할린에서 일본을 경유해 한국에 영주귀국.

12 8 모토지마(本島) 나가사키 시장, 시의회에서 "천황에 전쟁책임이 있다"고 발언.

89 1 24 89년도 '재사할린한국인지원 등 특별기금거출금' 1억 엔(사할린 관계 예산 5천 8백만 엔) 정부안 결정(90년 동액, 91년 1억 2천만엔).

1 1 베라우의회 하원, '구식민지에 대한 배상청구와 무역관계특별위원

회'를 설치.

2 - 사할린 및 소련 본토거주 한국인(소련적, 무국적)의 한국방문(일본경유) 가능케.

5 28 '오키나와전 강제소개 말라리아 희생자원호회' 결성.

7 14 일한 양 적십자사가 재사할린 한국인의 친족재회를 지원하기 위하여 '재사할린 한국인지원공동사업체'를 발족.

12 15 사할린 공동사업체에 의한 제1회 모국방문단 23명이 소련항공, 대한항공의 정기편, 니가타 경유로 모국방문.

90 3 22 오스트레일리아의 전 군인단체 '퀸즈랜드주 전 전쟁포로배상위원회'가 6천여 명 분, 총액 약 180억 엔의 배상금을 일본정부가 지불하라고 유엔 인권위원회에 청원서 제출.

3 24 사할린 거주 조선민족 약 3만 5천 명의 권리옹호와 이산가족재회를 요구하는 첫 통일조직 '사할린조선인협회'(현 '사할린주 고려인협회')를 결성.

4 18 사할린 문제에 정부가 공식으로 사죄(중의원 외무위원회에서 나카야마(中山) 외상). 우정성(郵政省)도 미불 우편저금의 환불에 전향적으로 나서겠다고 발언.

5 10 '연합국포로단체연합'(네덜란드, 영국, 캐나다, 미국, 오스트레일리아, 뉴질랜드) 설립. 일본정부가 포로 1인에 대하여 2만 달러를 지불하라는 요망서를 유엔 인권위원회에 제출.

5 20 사할린 공동사업체, 사할린-서울 간 정기직행편 운항(월 1회)을 결정, 챠타 운항비는 일본정부가 전액부담한다(1억 엔). 노태우 한국 대통령 방일. 한국측에서 강제연행자 명부제출을 요구함.

5 24 일한 수뇌회담서 가이후 수상이 재한피폭자에 원호기금 40억 엔을 제의함.

6 6 노동성, 종군위안부에 대하여 "민간업자가 데리고 다녔다"며 일본군의 관여를 부정.

7 5 '하나오카' 사건 생존자 및 유족이 가지마 건설본사에서 가지마측과 배상교섭, 양자 공동성명 발표. 가지마측은 기업의 책임을 인정하고, 생존자와 유족에게 사죄.

8 29 사할린 잔류 한국, 조선인 보상청구재판(사할린 잔류자, 영주귀국자, 유족 등 21명이 일본정부에 1인당 1천만 엔의 보상을 요구하며 도쿄 지방재판소에 제소).

9 30 한-소 국교수립

10 - '사할린주 한인노인회'가 강제연행 1세의 청문조사 실시.

11 9 북경서 '하나오카' 사건 수난자 추도회. 생존자 39명, 유족 약 1백 명이 참가.

12 - 구 일본군 장교의 '죄행공술서'가 남경의 '侵華日軍南京大虐殺遇難同胞記念館'에, 독일 외교관의 현지로부터의 보고문서가 구 독일 국립중앙공문서관에 각각 보존되어 있음이 판명됨.

91 1 28 재일한국인 전상자이자 전 군속 석성기(石成基)가 원호법에 따른 총액 13,900만 엔의 장해연금 심사청구를 가나가와현 복지부 원호과를 통하여 후생상 앞으로 제출. 6. 7 각하 통지. 7. 30 의의신청서를 제출.

1 30 제1회 일조 국교정상화교섭. '사죄'와 '보상' 요구에 일본측 '보상의 의무는 없다'는 태도.

2 13 재일한국인 상이군인 손해배상청구재판(재일한국인전상 전 군속 정상근 씨가 원호법의 원호를 받을 수 있는 지위의 확인과 1천만 엔의 국가배상을 요구하며 오사카 지방재판소에 제소).

2 22 일본정부, 사할린 잔류 한국, 조선인의 대일청구권 인정함(중의원 예산위원회에서 정부견해를 변경).

3 5 노동성이 강제연행자 9만 840명 분의 명부를 한국에 제출.

4 2 재일 한국인전상 전 군속 진석일(陳石一) 씨, 히가시 마쓰야마 시청에 원호법에 따른 총액 1억 1천 2백만 엔의 장해연금 청구를 신청. 후생성은 이를 각하.

- - '홍콩군표색상협회' 대표단 청원차 처음 내일.

7 15 '제암리사건(堤岩里事件)'의 한국인 유족 7명이 사죄와 손해배상의무의 확인을 요구하며 도쿄 지방재판소에 제소.

8 3 도쿄에서 '아세아, 태평양지역 전후보상 국제포럼' 개최. 사할린, 중국, 한국, 홍콩, 대만, 필리핀, 말레이시아, 인도네시아, 베라우, 일본 등 10개국에서 피해자가 참가.

91 8 20 사할린 가미시기가 한인학살사건에 따른 진사 등 청구재판(1945년 8월 18일 가미시기가에서 일본군 헌병과 경찰관에 의하여 아버지와 형이 학살당한 한국거주 유족 김경순(金景順) 씨 등이 일본정부의 사죄와 2억 엔의 위자료를 요구하며 도쿄 지방재판소에 제소).

9 27　한국, 북학 유엔 동시가입.

10　3　니혼코캉 소송(日本鋼管訴訟)(한국거주 김경측(金景則) 씨가 니혼
코캉에 대하여 손해배상과 진사를 요구하며 도쿄 지방재판소에 제
소).

11　4　일본정부, 재한피폭자원호의 거출금 40억 엔 중 17억 엔을 대한적
십자사에 건네주다. 96. 2. 17. 잔액 23억 엔을 거출.

11 12　한국, 조선인 BC급 전범자의 국가보상 등 청구소송(한국인 전 BC
급 전범과 유족이 손해배상과 사죄문 등을 요구하며 도쿄 지방재판
소에 제소).

12　6　아시아 태평양전쟁 한국인희생자 보상청구재판(전 일본군인, 군
속, 종군위안부 등 35명(92. 4. 13. 6명 추가제소)이 일본정부에
대하여 1인당 2천만 엔의 보상을 요구하며 도쿄 지방재판소에 제
소).

12 12　태평양전쟁유족회 보상청구소송(한국인 전 군인, 군속, 강제징용
피해자 유족 24명이 일본정부에 대해 후생연금, 노동재해보험법의
적용과 사죄를 요구하며 도쿄 지방재판소에 제소).

12　-　일본정부는 92년도 예산안에서 사할린에서 영주귀국한 한국인의
생활실태를 조사하는 '재사할린 한국인지원에 관한 조사비' 5천
37만 4천 엔을 처음으로 계상(93년 동액, 94년 조사비 2천 52만 4
천 엔으로 증액).

92　1 10　일본군이 위안소의 설치와 종군위안부의 모집을 감독, 통제하고
있었다는 통달 및 진중일지가 방위청연구도서관에 소장되어 있음
이 판명.

1 13　가토(加藤) 관방장관이 조선반도 출신의 종군위안부 문제에서 '구
일본군의 관여'를 인정하여 사죄담화를 발표.

92　1 16　미야자와 수상 방한. 종군위안부 문제에 '사죄' 발언.

2　1　일조 국교정상화교섭에서 북조선측이 종군위안부 문제에 대한 진
상규명과 사죄 및 보상을 요구.

2 17　광주천인소송(光州千人訴訟)(한국의 전 군인, 군속 강제연행, 강
제노동의 피해자 약 1,200명이 사죄와 보상을 요구하며 도쿄 지방
재판소에 제소).

3 31　오키나와현, '전쟁말라리아' 문제의 조사결과에 따라 원호법의 적
용에 의한 유족 구제를 일본정부에 요청.

7 6 일본정부, 위안부 문제에서 '정부 및 군대의 관여'를 인정한 조사
      결과를 발표. '강제연행'은 부정.
7 31 미쓰비시 징용공 보상소송(미쓰비시 중공업 나가사키 조선소에서
      강제노동을 당하고 피폭한 한국인 김순길(金順吉) 씨가 일본정부
      및 미쓰비시 중공업에 대하여 배상과 미지불임금 지불을 요구하며
      나가사키 지방재판소에 제소).
8 12 중국군부, 일중전쟁중 구 일본군에 의한 독가스전에 관한 내부연
      구를 밝힘. 사상자 8만 명 이상.
8 13 재일한국인의 원호법장해연금 지급거부처분취소소송(장해연금의
      청구를 각하당한 재일한국인 전상 전 군속 석성기(石成基)씨, 진
      석일(陳石一)씨가 처분취소를 요구하며 도쿄 지방재판소에 제소).
      94. 5. 14 진석일씨 사망. 94. 7. 15 '입법부작위(立法不作爲)의 상
      태'라고 청구기각 판결.
8 25 우키지마마루(浮島丸) 피해자국가보상청구소송(구 일본해군의 특
      수수송선 '우키지마마루'의 폭발, 침몰로 사망한 조선인 유족 50명
      (83. 8. 23 22명 추가)이 공식사죄와 보상, 유골의 인도를 요구하
      며 교토 지방재판소에 제소).
8 28 대일민간법률구조회 불법행위책임존재확인 등 청구소송(한국인
      변호사 등 363명이 식민지지배 민족박해 등의 위법확인과 보상,
      사죄, 원상회복책임의 확인을 요구하며 도쿄 지방재판소에 제소).
9 14 일본국가가 '군대의 관여'를 법정에서('태평양전쟁유족회 보상청
      구소송' 제2회 구두변론) 처음으로 인정하다.
9 30 후지고시(不二越) 미불임금 등 보상청구소송(전쟁중 여자정신대
      원으로서 징용된 재한 한국인 이종숙(李鍾淑) 씨 등 3명이 미불임
      금과 노재(勞災), 강제노동 등에 대한 손해배상을 요구하며 도야
      마 지방재판소에 제소).
11 5 한국인상이군인 보상청구소송(버마에서 부상한 구 일본군인 김성
      수(金成壽) 씨가 보상을 요구하며 도쿄 지방재판소에 제소).
11 9 시베리아 억류 한국인 국가배상청구소송(시베리아에 억류당한 재
      일한국인 이창석(李昌錫) 씨가 은급수급의 지위확인과 보상을 요
      구하며 교토 지방재판소에 제소).
12 9 '일본의 전후보상에 관한 국제공청회' 개최. 7개국의 피해자와 유
      엔, NGO 관계자가 참가.

12 25 부산 '종군위안부' 여자정신대 공식사죄보상청구소송(부산 등지에
거주하는 전 '위안부'나 여자정신대로서 강제노동에 종사한 한국
인 여성 10명이 공식사죄와 보상을 요구하며 시모노세키 지방재
판소에 제소).

93 4 2 필리핀 '종군위안부' 보상청구소송(필리핀의 전 종군위안부 46명
(93. 9. 20 추가제소)이 1인당 2천만 엔의 보상을 요구하며 도쿄
지방재판소에 제소).

4 5 재일한국인 전 '종군위안부' 사죄보상청구소송(재일한국인 전 종
군위안부가 공식사죄를 요구하며 도쿄 지방재판소에 제소).

6 1 대만인 전 일본병 18명이 군사우편저금의 환불을 요구하며 우정
성에 진정(환불청구소송에서 82년에 최고재판소가 일본정부에 원
리금 지불을 명하고 있다. 단, 물가 슬라이드청구는 기각).

6 7 미야자와 정권이 대만인 전 일본병의 확정채무환불문제는 연내에
결론을 내겠다고 약속.

6 29 학자, 문화인이 국립 '전몰자추도평화기념관'(후생성이 1995년내
에 건설, 완성하여 일본유족회에 운영위탁 예정)의 '설계의뢰연기'
성명을 발표.

8 4 고노(河野) 관방장관(미야자와 내각)이 종군위안부 문제에서 '강
제연행' '군대의 직접관여'를 인정하는 제2차 조사보고서와 담화발
표.

8 10 호소가와 수상이 '침략전쟁, 잘못된 전쟁'이란 인식을 표시. 인도
네시아인 6,700명이 인권옹호단체 '인도네시아 법률부조협회'에
구 일본군의 강제노동에 대한 보상요구를 위한 수속등록을 하다.

8 13 홍콩군표보상청구소송(홍콩달러와 일본군이 발행한 군표를 강제
로 교환당한 홍콩의 중국인 17명이 보상을 요구하며 도쿄 지방재
판소에 제소).

8 - 유엔 인권위원회 차별방지소위원회에서 환 보벤 보고서가 채택되
다.

8 14 '아시아태평양지역 전후보상문제 국제포럼 93'

8 15 '8·15 시민에 의한 추도의 모임' 개최.

8 26 재일 한국·조선인 전 상이군속보상청구소송(전 상이군속 강부중
(姜富中) 씨가 원호법의 원호를 받을 수 있는 지위확인과 9천 2백
만 엔의 보상을 요구하며 오쓰 지방재판소에 제소).

9 2 인골소각중지 주민소송(731부대로 송치된 뒤 행방불명된 중국인 유족이 신주쿠 구청장에게 인골의 신원확인과 유골 반환, 주민소송으로 인골소각의 공금지출금지 등을 요구하며 도쿄 지방재판소에 제소).

9 24 일한 외상회담에서 사할린 잔류한국, 조선인의 영주귀국 문제에 관하여 실무자협의 개최 합의(제1회 10. 1 서울. 제2회 11. 29 도쿄).

10 - 일, 필리핀 양국 변호사, 저널리스트들로 구성된 합동조사단이 필리핀 민다나오섬에서 일어난 일본군 패잔병에 의한 주민학살, 인육사건 희생자 유족의 청문조사 실시.

10 20 '제3차 이에나가(家永) 교과서소송'에서 8개소의 문부성 검정중 3개소에 위법판결이 남.

11 6 일한 수뇌회담(한국, 경주)서 호소가와 수상이 '창씨개명' '위안부' '징용' 등에 대하여 가해자로서 반성과 진사의 변.

11 - 아사히신문의 전후보상문제에 관한 여론조사에서 응답자 중 51%가 '보상해야 한다'고 응답.

12 - 괌도의 민족단체 '챠모노 네이션'이 일본군에 의한 전쟁피해자 약 1만 명에 보상지불을 요구하는 요망서를 재괌도 일본영사관에 제출.

94 1 11 일한 양 정부 합동조사단이 재사할린 한국인의 실태조사 실시.

1 24 네덜란드인 전 포로, 민간억류자 손해배상사건(구 네덜란드령 동인도(현 인도네시아)에서 일본군의 포로로 된 화란인 전쟁희생자 단체 '대일 도의적 보상청구단'의 대표 8명이 1인당 2만 달러의 보상을 요구하며 도쿄 지방재판소에 제소).

5 26 연합국포로단체연합의 6개국이 일본정부를 상대로 공동으로 손해배상소송을 협의.

6 22 가키자와(枾澤) 외상이 참의원 외무위원회에서 "반강제적인 것이었다는 사실을 부정할 수 없다"고 중국인 강제연행을 정부로서 처음으로 인정하는 답변.

7 15 일본정부, 전후보상문제의 구체책으로서 '아시아교류센터(가칭)에 의한 청소년 교류의 확대' 등 전 종군위안부를 위한 '여성자립센터'의 설치 등 1천억 엔 규모의 사업을 내년부터 실시할 방침을 굳힘. 개인보상은 안할 방침.

7 15 파푸아 뉴기니 틴분케 학살사건 피해자가 사죄와 보상을 요구하는 요망서를 일본정부에 제출.

7 23 무라야마 수상, 일한 수뇌회담에서 식민지지배에 대하여 '충심으로 사죄'하며, 사할린 문제는 '조급히 지원책'을, 종군위안부 문제에 대해서는 '사죄와 반성'의 마음을 나타내는 방법을 예의검토중이라고 말하다.

1994 8 13 '전후보상국제포럼 94' 개최.
～ 14

(1994. 8. 1 작성)

후기

1990년에 접어들면서 본격적으로 시작된 전후보상운동(戰後補償運動)은 아직 역사가 짧지만 전개된 문제제기는 전후 일본의 본연의 자세를 송두리째 흔들어놓을 정도로 컸다. 여러 가지 테마를 가지고 많은 분들이 벌써부터 관여하여 왔다. 이 책은 그러한 분들의 성과에 의하여 뒷받침되고 있다. 특히 독일 근대사의 사토 다케오(佐藤健生) 선생, 선구자라 할 다나카 히로시(田中宏) 선생, 우쓰미 아이코(內海愛子) 선생, 와다 하루키(和田春樹) 선생, 그리고 수많은 시민운동가 여러분께 감사를 드리고 싶다.

이 책을 통해서 전후보상을 바라는 분들의 실정이 이해되고, 전후보상에 대한 논리의 구축(構築)에 도움이 된다면 정말 다행이겠다. 그리고 이와 같은 사고방식이 일본의 전후보상뿐만 아니라 이제껏 이뤄져 왔고 또 앞으로도 계속될, 전쟁범죄 피해자의 구제를 위한 문제제기가 되었으면 하고 생각한다.

최근 2년 동안의 구상을 담은 전후보상문제의 총론이라고 할 수 있는 이 책을 출판하는 데 많은 자극과 도움을 주신 출판사 여러분들께도 감사를 드린다.

1994년 7월
다카기 겐이치

■ 지은이 소개

다카기 겐이치(高木健一)
1944년 和歌山縣에서 출신
1970년 동경대학 법학부 졸업
1973년 변호사 개업
현재 전후보상국제포럼 실행위원회 대표
저서 『サハリンと日本の戰後補償』(1990)
　　　『從軍慰安婦と戰後補償』(1992)
　　　『待ちわびるハルモニたち』(1987)
　　　『國際人權規約先例集』(공저, 1988)
　　　『在韓被爆者問題を考える』(공저, 1988)
　　　『香港軍票と戰後補償』(공저, 1993)
　　　『戰後補償を考える』(편저, 1992)
　　　『戰後補償·實現のために』(편저, 1994)
　　　『資料·戰後補償問題國際議事錄第一集』(편집위 대표, 1993)

■ 옮긴이 소개

최용기
1928년 출생
일본 메이지대학 졸업
현재 메이지대학 법학부 강사

전후보상의 논리

ⓒ 최용기, 1995

지은이／高木健一
옮긴이／최용기
펴낸이／김종수
펴낸곳／도서출판 한울

편집책임／오현주

초판 1쇄 인쇄／1995년 5월 20일
초판 1쇄 발행／1995년 5월 30일

주소／120-180 서울시 서대문구 창천동 503-24 휴암빌딩 201호
전화／326-0091～5
팩스／333-7543
등록／1980년 3월 13일, 제14-19호

Printed in Korea.
ISBN 89-460-2223-X 93910

값 7,000원